Namgyal Lhamo Taklha

Geboren in Lhasa

Namgyal Lhamo Taklha

Geboren in Lhasa

Autobiografie

Aus dem Englischen
von Ursula Bischoff

nymphenburger

Dank an Jürgen Manshardt
für die kritische Durchsicht der tibetischen Begriffe.

Bei Eigennamen wurde die offizielle Schreibweise belassen,
ch wird im Deutschen wie *tsch* und *j* wie *dsch* ausgesprochen.

Besuchen Sie uns im Internet unter http://www.herbig.net

Schutzumschlag: Wolfgang Heinzel
Schutzumschlagmotiv: Bruno Baumann, München.
Satz: Schaber Satz- und Datentechnik, Wels
Gesetzt aus 10,6/15,3 Punkt Sabon
Druck und Binden: GGP Media, Pößneck
Printed in Germany
ISBN 3-485-00915-6

Mein Leben war ein Abenteuer,
das mir die Möglichkeit bot
zu wachsen.

Inhalt

Vorwort

Ich stand hinter einem Kleiderständer und war in Gedanken ganz mit der Planung einer neuen Auslage für unseren Tibetan Arts and Craft Shop in der Madison Avenue 693 in New York City beschäftigt, als ein elegant gekleideter älterer Herr den Laden betrat und sich nach der Herkunft unserer ausgefallenen kunstgewerblichen Artikel erkundigte. Er stand in der Mitte des Raumes und staunte über die farbenprächtigen Rollbilder und exotischen Wandteppiche, die prunkvollen Seidengewänder an den Kleiderständern, die Pelzkappen mit den bunten Seidenquasten und die bestickten Stiefel. Er wollte wissen, ob ich ebenfalls aus Tibet sei. Als ich bejahte, löste ich damit ungewollt eine Kette weiterer Fragen aus. »Stimmt es, dass die Tibeter eine Tasse Buttertee nach der anderen trinken und dass es dort spirituelle Meister gibt, die über die Kraft verfügen, sich während der Meditation in die Lüfte zu erheben?« Ich bemühte mich, seine Fragen, so gut es ging, zu beantworten. Bevor er den Laden verließ, gab er mir einen Rat: »Junge Frau, Sie sollten Ihre Geschichte aufschreiben. Damit sie nicht in Vergessenheit gerät.«

Heute denke ich oft an all die jungen Tibeter, die im Exil oder unter der kommunistischen Herrschaft der Chinesen leben. Die Exiltibeter erleben nur einen kleinen Ausschnitt ihrer reichen und faszinierenden Kultur, die dem Untergang geweiht ist. Sie haben nie das besänftigende Rauschen der Weidenbäume in Tibet gehört. Sie haben nie an einem sonnigen Tag die frische Brise in Lhasa gespürt noch in den schimmernden Flüssen gebadet, die durch Senfpflanzen- und Erbsenfelder fließen. Wie meine eigenen Kinder wurden sie im Exil geboren und haben Tibet, unsere Heimat, nie kennen gelernt: Sie sind die Kinder Indiens, der Schweiz oder Amerikas.

Die Kinder, die jetzt in Tibet leben, wachsen mit Angst und Repressionen auf; man erzählt ihnen, das alte Tibet, das Tibet vor 1959, sei rückständig, grausam und korrupt gewesen. Misstrauen und Furcht sind ihre ständigen Begleiter unter einer Besatzungsmacht, die danach trachtet, die einzigartige Kultur, Sprache, Tradition und letztlich das tibetische Volk selbst zu zerstören.

All diesen Kindern möchte ich durch meine Geschichte ihre Heimat ein Stück näher bringen. Ich erzähle von meinem Bemühen, mir im Exil ein neues Leben aufzubauen und dabei die wesentlichen Elemente unserer Kultur und unseres Erbes zu bewahren.

Dieses Buch ist der jungen tibetischen Generation gewidmet.

Namgyal Lhamo Taklha
Dharamsala, Indien

Einführung

Das Tibet, das ich kenne, gibt es nicht mehr: ein freies, souveränes Land, isoliert vom Rest der Welt, in dem sich das Leben der einfachen, tief gläubigen Menschen um Ernten, Mahlzeiten, religiöse Feste und spirituelle Pilgerreisen drehte. Mit seiner einzigartigen Kultur und innenpolitischen Strukturen, die so verwoben und verfilzt sind wie Yak-Haar, verteidigte Tibet mit aller ihm zu Gebote stehenden Kraft sein Recht auf Selbstbestimmung und schottete sich beinahe vollständig von allen fremden Einflüssen ab.

Ich wurde 1942 in Lhasa geboren, als Spross zweier alter tibetischer Familien, Tsarong und Ragashar, deren Mitglieder seit Generationen der tibetischen Regierung angehörten. Ich wuchs im Hause der Familie Tsarong auf, aus deren Reihen außerdem seit mehreren Generationen Ärzte hervorgegangen waren, die sich auf die Traditionelle Tibetische Medizin spezialisiert hatten. Meine Großmutter väterlicherseits, Pema Dolkar Tsarong, heiratete den Sohn eines Bauern, der 1910 dem Dreizehnten Dalai Lama das Leben gerettet und seine Gunst gewonnen hatte. Während der Flucht des Dalai Lama ins indische Exil hatte er Truppen angeführt, die Streitmacht der chinesischen Verfolger in Chaksam besiegt und es Seiner Heiligkeit ermöglicht, sich in Indien in Sicherheit zu bringen. Zur Belohnung für seine Tapferkeit wurde mein Großvater zum Oberbefehlshaber der tibetischen Streitkräfte ernannt. Er heiratete in die Familie Tsarong ein und nahm ihren Namen an. Von da an hieß der Held der Schlacht von Chaksam Dasang Dadul Tsarong. Meine Geschwister und ich wuchsen in diesem Haushalt auf, der insgesamt aus fast sechzig Familienmitgliedern und Bediensteten bestand, ein schützendes Netzwerk, das von unserem heiß geliebten Großvater Tsarong geknüpft und beherrscht wurde. Wir nannten ihn deshalb Pola, Großvater: Er war der Funke, die Kraft und das Leben unserer Familie.

Pola war ein Patriot, aufgeschlossen und zukunftsorientiert, der die militärische Taktik der russischen Streitkräfte beobachtet hatte, als er der Exilregierung des Dreizehnten Dalai Lama in der Mongolei diente, und in der Taktik der britischen Streitkräfte geschult worden war, als der Dalai Lama Zuflucht in Darjeeling, Indien, gesucht hatte. Pola brachte mit seinen Plänen, das Land zu modernisieren, die ›alte Garde‹ der hohen klösterlichen Würdenträger zur Verzweiflung. Als Oberbefehlshaber der Streitkräfte und Minister der Regierung besaß er großen Einfluss. Er war bestrebt, das Verteidigungswesen, das Bildungssystem, die Nachrichtenübermittlung und das Transportsystem zu verbessern. Damit sollte einer militärischen Intervention ausländischer Mächte vorgebeugt und Tibets Souveränität bewahrt werden, sodass es ein unabhängiges Mitglied der Weltgemeinschaft werden konnte.

Tibets theokratische Führung und einige adelige Groß-
grundbesitzer gerieten in Panik bei dem Gedanken an
eine hohe Besteuerung und den Verlust staatlicher Zu-
schüsse, die bislang großzügig für religiöse Dienste be-
messen worden waren, nun jedoch in den Aufbau einer
zivilen und militärischen Infrastruktur investiert werden
sollten. Die Klöster fürchteten den allmählichen Nieder-
gang des tibetischen Buddhismus und einige von Polas
Zeitgenossen warfen ihm vor, er sei ein Opportunist,
dem es an Loyalität mangele. Trotz der Anfeindungen
sagte Pola den konservativen Kräften den Kampf an und
es gelang ihm, den Dreizehnten Dalai Lama für seine
Ideen zu gewinnen, eine Streitmacht aufzubauen, hoffnungsvolle Studenten zur Ausbildung ins Ausland zu
schicken und eine weitläufige Modernisierung des Landes
in Betracht zu ziehen.

Diese Entwicklung dauerte jedoch nicht lange an.
Während der kurzen Periode des Friedens befanden die
theokratische Führung und einige fortschrittsfeindliche
Beamte, das Land brauche keine Armee, und drängten
den Dalai Lama, alle ausgebildeten Offiziere ihrer militärischen Posten zu entheben. Der Dalai Lama war ein
Befürworter des Wandels, doch war er vor seinem Tod im
Jahre 1933 nicht mehr in der Lage, sein Land aus dem
alten System zu lösen. Mein Großvater, der mit seinen
Bemühungen um eine Modernisierung Tibets gescheitert
war, zog sich aus der Politik zurück; er wandte sich der
Aufgabe zu, die Angehörigen seiner eigenen Familie zu
fortschrittlichen Menschen zu erziehen und ihnen eine
neue Welt jenseits des Himalaya zu erschließen.

Pola entpuppte sich als erfolgreicher Unternehmer mit internationalen Kontakten. Er unterhielt Handelsbeziehungen nach Osten und Westen und lud Kaufleute und Diplomaten aus aller Welt zu einem Besuch im Hause Tsarong ein. Gelehrte, Politiker, hohe Militärs, Bergsteiger und buddhistisch Interessierte füllten das Haus mit Geschichten und Bildern aus einer Welt, die für meine Geschwister und mich weit entfernt und zu fremdartig war, als dass wir sie hätten verstehen können. Wir kauten Kaugummi aus den Vereinigten Staaten und blätterten staunend in den Ausgaben des *National Geographic*, doch nie hätten wir uns vorstellen können, dass wir eines Tages ein Leben führen würden, das wir nur aus diesen Magazinen kannten.

Meine Großtante Rinchen Dolma Taring war die erste tibetische Frau, die ihr Land 1922 verließ, um eine Schule in Darjeeling, Indien, zu besuchen; es war ein Internat unter der Leitung amerikanischer Baptisten. Jahre später wurde mein Vater Dundul Namgyal Tsarong auf eine Jungenschule der Jesuiten geschickt, während seine Geschwister meiner Großtante in die Mount Hermon School folgten. 1951 wurden meine Geschwister und ich ebenfalls in der Mount Hermon School in Darjeeling angemeldet.

Im Alter von neun Jahren änderte sich mein Leben grundlegend: Aus dem privilegiert aufgewachsenen kleinen Mädchen, das behütet, liebevoll umsorgt und von dem religiösen Idealismus einer längst vergangenen Epoche Tibets beschützt worden war, wurde eine Schülerin, die zu einer ethnischen Minderheit in einer modernen, technologisch fortschrittlichen, kosmopolitischen Gesellschaft gehörte. Ich sah das erste Automobil meines Lebens, aß meinen ersten Hotdog, trug zum ersten Mal einen knielangen Rock und nahm zum ersten Mal an einer Sonntagsschule teil. Meine heimische Kleidung wurde zum exotischen Dekor, meine eigene Sprache blieb ungesprochen. Nach und nach dehnte sich meine kleine, abgeschottete tibetische Welt aus, wuchs über Zeit und Raum hinaus.

Ich lernte zusammen mit meinen amerikanischen, europäischen und asiatischen Klassenkameraden Englisch, westliche Literatur, Geografie, Biologie, Mathematik und las in der Bibel. Ich war mit den Werten und Vorstellungen von Menschen konfrontiert, die nicht mit Buttertee und Buddhas Barmherzigkeit, sondern mit Roastbeef und den Gleichnissen Christi aufgewachsen waren. So war es mir möglich, mich in eine geistige Fluchtburg des Vergessens zurückzuziehen. Ich musste lernen, mit dem Gefühl der sozialen Fremdheit umzugehen und meine eigenen Unsicherheiten zu überwinden.

Diese Lektion, die mir zunächst Angst machte, sollte für den Rest meines Lebens von entscheidender Bedeutung sein. Es dauerte nur wenige Jahre, bis die Welt, die mir von Kindesbeinen an bekannt und vertraut war, aus den Fugen geriet: Mein Land wurde besetzt, meine Familie auseinander gerissen und teilweise ausgelöscht, und mein Elternhaus enteignet. Ich war mit einem Mal ein Flüchtling, heimatlos, staatenlos, verloren inmitten der rasant wachsenden Bevölkerung Indiens.

Als die kommunistischen chinesischen Machthaber in

den Fünfzigerjahren die Herrschaft in Tibet übernahmen, versuchten sie, jeden Aspekt der tibetischen Kultur zu entwurzeln und unsere heiligen Lehren zu verunglimpfen. Während sie sich als Retter des Volkes aufspielten, arbeiteten sie in aller Stille daran, uns physisch, mental und spirituell zu brechen. Ihre Methoden waren skrupellos und vielfältig. Geschwächt von der Hungersnot, die von den Chinesen verursacht worden war, und voller Trauer über die vielen Tibeter, die umgekommen waren bei dem Versuch, sie mit Gewalt zu assimilieren, empfanden wir Misstrauen gegenüber unserer eigenen Familie und Einsamkeit angesichts der Zerstörung unserer kulturellen und spirituellen Werte.

Obwohl nicht alle meine Angehörigen den Chinesen entkamen, floh der Großteil meiner Familie wie viele andere nach Indien ins Exil. Dort galt es, Herausforderungen ganz anderer Art zu bewältigen: Wir mussten in einem fremden Land ein neues Zuhause schaffen, uns in eine fremde Umgebung integrieren, dabei trotz allem die eigene Sprache, Kultur und Religion bewahren, uns mit geringen finanziellen Mitteln gegenseitig helfen und vor allem Möglichkeiten finden, unser Land von den Chinesen zurückzubekommen. Dank harter Arbeit, Ausdauer, einer tief verwurzelten inneren Kraft und Unterstützung und Zuspruch aus aller Welt haben sich die Tibeter zu einer einzigartigen Exilgemeinschaft entwickelt, die zu ignorieren sich China nicht leisten kann.

Ich hatte das Glück, in Indien zu leben, Menschen aus der ganzen Welt zu begegnen und eine gute Schulbildung zu erhalten. Da meine Fähigkeiten der tibetischen Exilre-

16

gierung von Nutzen waren, begann ich als Dolmetscherin und Übersetzerin im Büro Seiner Heiligkeit des Dalai Lama in Neu Delhi zu arbeiten. Später war ich an Wiederansiedlungsprojekten von Tibetern in Europa beteiligt und tätig im Gesundheitsdienst für Tibeter in Indien und Nepal.

Ich heiratete einen älteren Bruder des Dalai Lama, brachte zwei Kinder zur Welt und lebte in Ländern, die mich immer weiter von der Welt meiner Kindheit fortführten: von Indien in die Schweiz, von dort in die USA und wieder zurück nach Indien. Da ich jedoch schon früh Kontakt mit anderen Wertesystemen hatte und meine innere Kraft aus einem spirituell geprägten Umfeld bezog, verlor ich nie das Gefühl für meine Identität als Tibeterin.

Ich schreibe dieses Buch, um Tibets einzigartige kulturelle und religiöse Traditionen zu dokumentieren. Als ich nach einem modernen Nomadenleben in eine tibetische Siedlung in Indien zurückkehrte, erkannte ich zum ersten Mal die Bedeutung meiner Wurzeln. Seelenfrieden wurde für mich wichtiger als materieller Besitz. Meinen Landsleuten zu helfen und einen persönlichen Beitrag zur Wiederherstellung der Souveränität unserer Heimat zu leisten ist meine Aufgabe und mein Lebenssinn. Ich hoffe heute von ganzem Herzen, dass China die Notwendigkeit erkennen wird, die tibetische Frage ehrenhaft, angemessen und friedlich zu lösen.

Geboren in Lhasa

Nach dem tibetischen Kalender wurde ich am zweiundzwanzigsten Tag des fünften Monats im Jahr des Wasserpferdes (1942) geboren. Wie man mir erzählte, war es ein freudiges, Glück verheißendes Ereignis, nicht nur, weil ich das erste Enkelkind in der Familie Tsarong war, sondern weil an jenem Tag auch die monatliche Lieferung an Öl, Gerste, Erbsen und Weizen von unseren Ländereien in Tsang eingetroffen war. Vermutlich hätte man meine Ankunft noch mehr begrüßt, wenn ich ein Junge geworden wäre, der Erbe der Familie Tsarong. Ich wäre dem Vorbild meiner Vorfahren gefolgt und hätte eine angesehene Position in der tibetischen Regierung eingenommen. Doch auch als Mädchen wurde ich liebevoll aufgenommen.

Meine Mutter hat mir oft von meiner Geburt erzählt. Sie war erst sechzehn und seit knapp einem Jahr verheiratet. Dem tibetischen Brauch entsprechend, war die Geburt eine Familienangelegenheit, bei der keine modernen Ärzte oder Hebammen hinzugezogen wurden. Meine Mutter lag dreißig Stunden in den Wehen; Beistand leisteten ihr nur meine beiden Großmütter und ein Dienstmädchen. Der liebevolle Zuspruch ihrer Angehörigen, starker Buttertee, der Rauch gesegneter

Heilkräuter und ihre eigene innere Stärke waren ihre einzige Hilfe. Da die qualvollen Schmerzen sie am Stillliegen hinderten, ging sie im Raum auf und ab, was meine Ankunft beschleunigte. Als der Augenblick der Geburt kam, glitt ich in die Hände meiner Großmutter mütterlicherseits.

Im Gegensatz zu den im Westen üblichen Klinikgeburten, die überaus effizient, aber bisweilen ziemlich unpersönlich vonstatten gehen, erforderte die Niederkunft in Tibet die Einhaltung bestimmter Rituale. Um böse Geister zu vertreiben, die es darauf abgesehen hatten, die Seele von Mutter oder Kind zu rauben, wurde Räucherwerk entzündet, eine Mischung aus Weihrauch und Wacholderzweigen, verschiedenen Kräutern und gemahlener Gerste. Haare oder Teile von den Kleidungsstücken heiliger Lamas wurden ebenfalls beigefügt und Gefäße mit dem brennenden Räucherwerk im Raum umhergetragen. Aus Butter, Gerstenmehl und Wasser knetete man einen Teig, formte ihn zu einem Würfel oder Fisch und gab ihn der werdenden Mutter zu essen, während einer der männlichen Anverwandten mütterlicherseits ein bestimmtes Mantra rezitierte, um die Geburt zu erleichtern.

In einigen Häusern wurden Pfauenfedern und Bärenhaar verbrannt und die Asche einer Schale mit Wasser beigemengt. Ein männlicher Verwandter der werdenden Mutter rezitierte ein bestimmtes Mantra, blies dabei auf das Wasser und drängte die Gebärende danach, die Mischung zu trinken. Gemäß der tibetischen Überzeugung kam das Kind in aller Regel kurz nach diesem Ritual zur Welt. Heilkräuter, Wurzeln und Mineralien wurden ebenfalls als geburtsfördernde Arznei verabreicht.

Die Tibeter sind von Haus aus sehr abergläubisch und es ranken sich viele Mythen um die Geburt. Das Leben eines Kindes steht beispielsweise unter einem guten Stern, wenn es in einer unverletzten Embryonalhülle zur Welt kommt. Das war bei meinem jüngeren Bruder Tseten Gyurmey der Fall, der später als reinkarnierter buddhistischer Lehrer, als Drikung Kyapgon Chetsang Rinpoche (einem der beiden derzeitigen Linienhalter des Drikung Khagyü-Ordens), anerkannt wurde. Er kam am vierten Tag des sechsten tibetischen Monats zur Welt. Der Tag hat im tibetischen Buddhismus eine ganz besondere Bedeutung: An ihm verkündete Buddha die Vier Edlen Wahrheiten. Als mein Bruder in der Embryonalhülle geboren wurde, gab er keinerlei Lebenszeichen von sich. Zum Glück war der englische Arzt der britischen Handelsmission, Dr. Guthrie, bei der Geburt zugegen. Als die Familie glaubte, das Kind sei tot, übernahm Dr. Guthrie alles Weitere. Er packte meinen kleinen Bruder an den Füßen, ließ ihn kopfunter hängen, gab ihm einen Klaps auf das Gesäß und präsentierte der Familie einen schreienden männlichen Säugling. Meine Mutter war ihm zeitlebens dankbar für diese beherzte Tat.

Nach der Geburt badete oder ölte man das Neugeborene ein, kleidete es in ein weiches lockeres Gewand und wickelte es in eine Decke. Dann schob man dem Kind ein winziges Stück Butter unter die Zunge, bevor man es der Mutter zum Stillen brachte. Damit die Wöchnerin wieder zu Kräften kam, setzten ihr die Verwandten eine heiße

21

Brühe aus Knochen oder Lammfleisch und geschmolzene Butter zum Essen vor. In der Traditionellen Tibetischen Medizin heißt es, dass die Windenergien (tib. *Lung*) der Mutter durch die Geburt aus dem Gleichgewicht geraten und mit warmen Mahlzeiten und viel Ruhe wieder harmonisiert werden müssen.

Zwei Tage nach meiner Geburt wurde im Haus meiner Großmutter mütterlicherseits eine Reinigungszeremonie, ein *Pang-sel*, für mich durchgeführt. Der Familienpriester rezitierte bestimmte Gebete und schüttelte das mitgebrachte, in Milch getauchte Büschel *Kushagras* zuerst über meiner Mutter und mir und danach überall im Raum aus. Meine Eltern erhielten das rituelle Festmahl, bestehend aus gekochtem Reis mit Rosinen, *droma* (ein Wurzelgemüse, das Ähnlichkeit mit kleinen Süßkartoffeln hat) und Buttertee, vorgesetzt. Freunde der Familie, denen sie mich bei dieser Feier präsentierten, überreichten ihnen die traditionellen weißen Begrüßungsschals, *khadak* genannt, und Seidenbekleidung für sich selbst und für mich als Geschenk.

Da meine Eltern nach der tibetischen Tradition lebten, erforderte der Tag, an dem ich das Haus zum ersten Mal verließ, besondere Vorbereitungen. Meine Mutter zog den Kalender zurate, um herauszufinden, welcher Tag für das Vorhaben günstig war. Sie suchte meine schönsten Kleider heraus, wickelte mich in eine Seidendecke und schmückte mich mit Schutzamuletten, zum Beispiel Silberdosenanhängern, Muschelschalen, Bändern, die von einem heiligen Mann gesegnet waren, und einem silbernen Anhänger, einem *melong*. Auf diese Weise war ich gegen Unheil gefeit. Ein Rußfleck auf der Nasenspitze sollte zusätzlich bedrohliche Geister fern halten. Meine Mutter, die ebenfalls ihre kostbarsten Seidengewänder und Schmuckstücke angelegt hatte, besuchte mit mir an diesem Tag verschiedene Tempel und ihr Elternhaus. Diese Rituale wurden auch bei meiner jüngeren Schwester Norzin und meinen drei jüngeren Brüdern befolgt.

Meine ersten Erinnerungen an Tibet hüte ich wie einen kostbaren Schatz: Ich hatte eine unbeschwerte Kindheit, so ungetrübt wie der Kyi-tschu-Fluss, der ›Fluss des Glücks‹, und die frische Luft in Lhasa. Meine vier Geschwister und ich wuchsen in der liebevollen Geborgenheit der Familie auf und genossen viele Annehmlichkeiten. Ich war ein lebhaftes Kind, das gerne im Freien spielte oder die Gesellschaft der erwachsenen Familienmitglieder suchte. Bei unseren Bediensteten machte ich mich nicht besonders beliebt, weil ich sie ständig auf Trab hielt. Wenn sie ihre Ruhe vor uns fünf Rangen brauchten und nichts half, sperrten sie uns in unsere Zimmer ein. Doch gewitzt, wie ich war, machte ich ihnen oft einen Strich durch die Rechnung, indem ich das Schloss mit einer Stricknadel oder einem anderen spitzen Gegenstand öffnete. Einmal, als dieser Trick nicht funktionierte, kletterte ich auf das Fenstersims und rief einem Passanten zu, er möge mir nach draußen helfen.

Der Umgang mit meiner Schwester Norzin, die ein Jahr jünger ist als ich, war bedeutend einfacher. Still und geduldig, hörte man nie ein harsches Wort von ihr. Obwohl sie kein hübsches Kind war, wurde aus ihr eine elegante, attraktive Frau. Mein Bruder Tsewang Jigme, der ein Jahr nach Norzin geboren wurde, war ebenfalls ruhig und brav; er wurde von allen Bediensteten ›unser Goldjunge‹ genannt. Der Nächste war Tsetsen Gyurmey, der als reinkarnierter Lama anerkannt wurde. Er war schon als Kind viel klüger als alle anderen in der Familie. Der Letzte im Bunde, Tseten Paljor, war der Frechste von allen. Er ist sieben Jahre jünger als ich und hatte nichts als Unfug im Kopf. Auch er bereitete unseren Bediensteten viel Verdruss.

Wir fünf Kinder verbrachten nicht viel Zeit mit unseren Eltern oder Großeltern, weil sie oft anderweitig beschäftigt waren. Sie übten gleichwohl großen Einfluss auf unsere Erziehung aus. Mein Vater war ein wortkarger Mann, sehr freundlich, sanft und zuvorkommend. Er behandelte jedermann mit ausgesuchter Höflichkeit. Oft vergrub er sich stundenlang in seinem Arbeitszimmer oder in seiner Dunkelkammer, wo er seine Fotos oder Filme von Tibet entwickelte. An ihm war außerdem ein Mechaniker verloren gegangen: Er reparierte Radiogeräte, Motorräder und sogar einen aus Indien importierten Jeep.

Meine Mutter war dagegen geselliger und verbrachte mehr Zeit mit uns; sie bestrafte uns oft und führte ein strenges Regiment. Amala, der tibetische Name für Mutter, war ausnehmend hübsch mit ihrem hellen Porzellan-Teint und der schmalen Nase. Ihr Nasenrücken war abgeflacht und sie erzählte sehr gerne die Geschichte, dass Katzen ihr einst auf der Nase herumgetanzt hätten und sie davon flach geworden wäre. Sie schaute stundenlang in ihren Handspiegel und versuchte vergebens, die Haut über der Nase zu dehnen, damit sie mehr Kontur erhielt. Sie hatte eine Vorliebe für Make-up und betonte ihre schmalen Augen mit Khol-Stiften aus Indien. Da sie bereits mit fünfzehn verheiratet wurde, hatte sie keine ausländische Schule besucht wie mein Vater und seine Schwestern, doch sie liebte westliche und indische Musik. Sie hielt sich etwas darauf zugute, modern und modisch chic zu sein und verwandte Stunden auf ihre Garderobe, wenn ein Fest bevorstand. In ihren schillernden Brokatgewändern, mit kostbaren Juwelen geschmückt, sah sie wie eine glitzernde, mit Edelsteinen besetzte, wandelnde Statue aus.

Im Hause Tsarong lebten auch meine Großmutter und mein Großvater väterlicherseits: Mola und Pola Tsarong. Die Haushaltsführung oblag Mola, die sehr großzügig war. Sie kannte keine Muße und war ständig mit Stricken, Beten, Eintragungen in ihr Haushaltsbuch, der Überwachung des Personals oder Gartenarbeit beschäftigt. Sie trug stets ein schlichtes schwarzes, handgewebtes Wollkleid, *sherma* genannt, und besaß ein so einnehmendes und würdevolles Wesen, dass alle sie liebten und achteten.

Die Tsarongs lassen sich auf die Familie meiner Großmutter mütterlicherseits zurückführen und sind Nachfahren des namhaften tibetischen Arztes Yuthok Yonten Gonpo. Gleichwohl war mein Großvater Tsarong Pola der am meisten Respektierte und galt als tragende Säule der Familie. Bekannt unter dem Namen Dasang Dadul, war er weder ein berühmter Arzt wie einige meiner Vorfahren noch ein Aristokrat, sondern ein Mann aus dem Volke. Er war in Penpo geboren, einem Dorf in Zentraltibet. Es heißt, dass er aus einer Bauernfamilie stammte; nach dem frühen Tod seines Vaters heiratete seine Mutter einen Pfeilschnitzer. Deshalb war Dasang Dadul allgemein als Sohn des Pfeilschnitzers bekannt. In jungen Jahren trat Pola, wie wir ihn nannten, in die Dienste des Dreizehnten Dalai Lama, als Mitglied der Palastwache in der Sommerresidenz. Der Dreizehnte Dalai Lama war so beeindruckt von seinem wachen Verstand, dass er ihn zum Mitglied seiner Leibgarde ernannte.

1904, als die britische Armee unter dem Kommando von Colonel Younghusband Tibet belagerte, legte die tibetische Regierung dem Dalai Lama dringend nahe, das Land zu seiner eigenen Sicherheit zu verlassen. Pola bewies Mut und Loyalität, als er mit dem kleinen Tross des Dalai Lama in die Mongolei und nach China reiste. 1909, als die Chinesen in Tibet einmarschierten, wurde er zum Helden. Der Dalai Lama war auf der Flucht nach Indien, um im Exil für Tibets Unabhängigkeit zu kämpfen. Bei Chaksam Ferry waren die chinesischen Truppen den Fliehenden auf den Fersen; Pola und eine kleine Schar tibetischer Soldaten zwangen die Chinesen zum Rückzug und hinderten sie daran, den Dalai Lama gefangen zu nehmen. Später wurde Pola zum Oberbefehlshaber der tibetischen Streitkräfte ernannt.

Als der Vater meiner Großmutter, Tsarong Shapey, und ihr Bruder während der politischen Wirren 1912 einem Attentat zum Opfer fielen, war die Familie Tsarong ohne männlichen Erben. Ein persönlicher Bediensteter des Dalai Lama und Freund der Familie Tsarong sprach bei Seiner Heiligkeit mit dem Ersuchen vor, Dasang Dadul die Erlaubnis zu erteilen, Tsarong Shapeys Witwe zur Frau zu nehmen und als Oberhaupt der Familie und Verwalter der Liegenschaften anerkannt zu werden. Die Bitte wurde gewährt und Seine Heiligkeit stattete Pola sogar mit einer Mitgift aus.

Da Tsarong Shapeys Witwe kein direkter Abkömmling der Familie war, bestanden die Ältesten der Sippe darauf, dass Pola sich außerdem mit einer der vier Töchter von Tsarong Shapey vermählte. Er wählte die älteste, meine Großmutter. Später nahm er auch noch zwei jüngere Schwestern meiner Großmutter zur Frau, von denen eine schon in sehr jungen Jahren Witwe geworden war.

Pola war ein Mann, der gefürchtet, aber auch von allen geliebt wurde. Er dachte fortschrittlich, glaubte an die Vorteile einer modernen Ausbildung und schickte, was bei seinen Zeitgenossen in Tibet eine Seltenheit war, seine Kinder und Enkelkinder auf ausländische Schulen. Er war immer da für Verwandte und Freunde, die seinen Rat suchten. Wie in den meisten tibetischen Familien stand er als ältestes Familienmitglied dem Haushalt vor. Bei Entscheidungen, die uns Kinder betrafen, hatte Pola als Familienoberhaupt und nicht meine Eltern das letzte Wort.

Pola war indes mehr als die tragende Säule der Familie. Er hatte auch viel Sinn für Humor. Er war immer zu Späßen aufgelegt und verstand es, uns aufzumuntern. Er war ein muskulöser Mann von durchschnittlicher Größe und Statur und hatte breite, leicht hängende Schultern. Sein Gesicht war gebräunt und seine Augen wirkten sehr ausdrucksvoll. Wenn er sich leger kleidete, trug er ausgebeulte Hosen in westlicher Machart, Jackett und Schlapphut. Er war stets sehr arbeitsam, schrieb Briefe, empfing Geschäftspartner, plante das nächste Beschneiden der Obstbäume oder stutzte Tomatenpflanzen. Pola wachte jeden Morgen um drei Uhr auf, zündete eine Kerosinlampe an, um die Korrespondenz zu erledigen, dann machte er seine Morgentoilette und inspizierte sein Anwesen noch vor Morgengrauen. Der Rest der Familie stand frühestens vier Stunden später auf.

Unser Tag begann mit dem Frühstück, das wir um sieben Uhr im Bett einnahmen. Es gab eine Schale mit geröstetem Gerstenmehl (*tsampa*) oder gekochtem Reis und heißen Buttertee. Manchmal aßen wir dazu Fleischpasteten (*sha-ba-lep*), die vom Vortag übrig geblieben waren, oder in Dampf gegarte gefüllte Teigtaschen (*momos*). Nach dem Frühstück wurden wir von Hausangestellten gewaschen und angezogen, bevor wir unsere Großeltern und Eltern begrüßten. Dann erhielten wir unsere tägliche Ration Näschereien von meiner Großmutter, die immer einen kleinen Vorrat an Köstlichkeiten hatte: tibetischen Süßkäse, Dörrfleisch, Trockenobst, eingelegte Früchte aus China und Süßigkeiten und Kekse aus Indien. Hin und wieder gab es sogar Kaugummi und Schokolade, die Mr und Mrs William Englesman aus St. Louis, Missouri, schickten; sie waren Brieffreunde meines Großvaters aus Amerika. Es dauerte vier oder fünf Monate, bis ein Paket aus St. Louis in Lhasa eintraf, und wir waren immer sehr aufgeregt, wenn wir es öffneten. Den Kaugummi-Päckchen lagen Gebrauchsanweisungen in englischer Sprache bei, die mein Vater für uns übersetzte. Ich erinnere mich, wie uns die Bediensteten anfeuerten, wenn mein Großvater, meine Eltern und sämtliche Enkelkinder wetteiferten, wer die größten Blasen zustande brachte. Für mich war Amerika ein anderer Planet und Kaugummi stammte vom Mond.

Wir Kinder verbrachten den größten Teil der Zeit mit unseren Kindermädchen und den Kindern der Bediensteten, mit denen wir im Garten und Hof spielten. Der große Garten verwandelte sich dabei meistens in ein Fantasieland.

Wir bastelten Puppen aus Lumpen und malten ihnen mit Holzkohle Gesichter auf. Wir zeichneten die Umrisse unserer Häuser in den Sand oder schmückten uns mit Hüten, Kopfputz und Halsbändern aus Weidenzweigen und wild wachsenden Schwertlilien. Wir vergnügten uns stundenlang sorglos in unserer Welt, die aus Steinen, Zweigen, Ästen und Matsch bestand.

Ich liebte die Teestunde am Nachmittag, wenn sich die ganze Familie mit ihren Gästen im Garten oder im Wohntrakt der Großeltern bei süßem indischen Tee, Pfannkuchen, Korinthenbrötchen und Pasteten versammelte, die unser Koch Tsering Wangchug zubereitet hatte. Die Erwachsenen tauschten den neuesten Klatsch aus, sprachen über Geschäfte oder Politik, und ich hörte am liebsten Geschichten über unbekannte ferne Länder wie Indien, China und die Vereinigten Staaten von Amerika. Die Welt außerhalb Tibets interessierte mich sehr.

Im Herbst sahen wir dem Drachenkampf zu. Drachen steigen zu lassen galt in Lhasa als ernst zu nehmender Sport. Wenn jemand dabei ertappt wurde, dass er ihm zu einer anderen Zeit als der dafür vorgesehenen frönte, musste er mit einer Geldbuße rechnen oder zur Strafe unentgeltlich im Straßenbau oder bei der Errichtung öffentlicher Bedürfnisanstalten mitarbeiten. Im Herbst war die ganze Stadt auf den Beinen, um zu feiern. Wenn man ein paar Tage vor dem Wettbewerb über den Marktplatz oder den Barkhor (den Umwandlungsweg um den Jokhang Tempel) ging, sah man, wie die neuen Drachen ausgebreitet und für den Wettbewerb gerüstet wurden. Aus viereckigen Bambusrahmen und handgeschöpftem tibetischem Papier gefertigt, das so fein war wie japanisches Reispapier, wurden sie mit verschiedenen traditionellen Mustern bemalt: ›Der mit dem Bart‹ erhielt je eine durchgängige Begrenzungslinie zu beiden Seiten des Drachengestells, ›Der mit den verdrehten Augen‹ zwei Kreise in unterschiedlichen Farbtönen und ›Der mit dem Schwanz‹ zog einen langen Papierschweif hinter sich her. Ich erinnere mich noch gut an die bedrohlichen Kämpfe der Drachen, deren Schnüre mit Leim und pulverisiertem Glas überzogen waren. Wenn sie sich in der Luft befanden, wirbelten sie auf und nieder in einem Gewirr aus Bambus, zerfetztem Papier und messerscharfer Schnur; der letzte Drachen am Himmel trug seinem Besitzer viel Applaus und große Mengen an Wettgeldern ein. Bei diesen Drachenkämpfen ging es nie ohne den einen oder anderen Unfall ab. In dem Trubel fielen immer einige Zuschauer von den Hausdächern und landeten unsanft auf dem harten staubigen Boden.

Eine unerschöpfliche Quelle der Unterhaltung war für meine Geschwister und mich, wenn es uns gelang, unseren Großvater bei seiner Inspektionsrunde im Lagerraum zu erwischen. Dann spielte er ›Kaufladen‹ mit uns und breitete seine Schätze vor uns aus: mit Halbedelsteinen besetzte Ohrringe und Ringe, alte Zinndosen, die vor langer Zeit fremdartig anmutende englische Kekse enthalten hatten, Notizbücher aus Indien, Bleistifte, Federmesser und anderen wundervollen Krimskrams, den wir bestaunten. Da er seine Ware nicht zu verschenken pflegte, baten wir unsere Eltern oder Mola um Geld und lernten so die Kunst des Handelns. Pola war immer zu Späßen aufgelegt, die bisweilen recht derb waren. Einmal erzählte er uns, er befände sich in Trance und ein Orakelgeist habe Besitz von ihm ergriffen. Er plusterte sich auf, schnaubte und jagte uns durch das ganze Haus. Als er meine Brüder Jigme und Rinpoche fing, verabreichte er ihnen eine gehörige Tracht Prügel. Heulend rissen sie sich los, um Trost bei der übrigen Familie zu suchen.

Manchmal wickelten wir uns in Polas weiten Umhang und er erzählte uns anstößige Geschichten vom berüchtigten ›Onkel Tönpa‹ aus Tibet. Meine Mutter war erbost, aber sie schwieg aus Respekt vor dem Familienoberhaupt.

An Feiertagen besuchten wir häufig das Elternhaus meiner Mutter. Ihre Familie entstammte einem der ältesten Adelsgeschlechter Tibets. Die Familie Ragashar (auch Dhokar genannt) ließ sich auf die Linie der Ghazie zurückführen. Überlieferungen zufolge stammt das tibetische Volk aus der Vereinigung eines Affen, einer Emanation der Göttin des Erbarmens, Avalokiteshvara, und eines Menschenfressers, einer Emanation Arya Taras, ab. Sie zeugten sechs Söhne und die Familie Ragashar gehört zu den direkten Nachfahren eines dieser Söhne; die Herkunft wird ausschließlich über die männliche Linie bestimmt.

Mein Großvater Ragashar Pola war ernst und schweigsam und sein Verhalten prägte die Atmosphäre im Haus. Während die Bediensteten im Haus Tsarong ihr Haar kurz trugen (außer den älteren) und sich zwanglos benahmen, wirkten die Diener im Hause Ragashar steif und förmlich mit ihren langen Zöpfen und den traditionellen goldenen Ohrringen mit Türkisen. Ragashar Mola stammte aus der Königsfamilie Sikkims. Sie war eine hoch gewachsene Frau von kräftiger Statur, offenherzig, fröhlich und liebevoll. Sie war fortwährend in Bewegung und ging mit einem schweren Schlüsselbund durch das Haus. Wenn sie anlässlich eines Feiertages ihre Prunkgewänder anlegte, wirkte sie sehr imposant mit ihrem hohen Kopfputz und dem ausladenden, für die Gegend um Tsang typischen Schmuck – ein lebendes Monument in der Gesellschaft von Lhasa.

Wir liebten die Besuche im Hause Ragashar. Mola verwöhnte uns mit unseren Lieblingsspeisen und, mit Köstlichkeiten beladen, kehrten wir nach Hause zurück. Wenn wir knapp bei Kasse waren, griff Pola unter sein Sitzpolster aus Brokat und besserte unser Taschengeld mit ein paar Geldscheinen auf.

Das Haus Ragashar lag im Zentrum der Stadt und die Räumlichkeiten meiner Großeltern befanden sich vis à vis des Jokhang Tempels; vom Fenster aus blickte man direkt auf den Barkhor hinunter. Stundenlang beobachteten wir die Gläubigen, die sich vor dem Kloster andächtig niederwarfen oder es auf dem rituellen Wandelgang feierlich umrundeten. Wir sahen Nomaden in Schaffellumhängen mit alten silbernen Gebetsmühlen in den Händen. Die Bauern aus den umliegenden Dörfern kamen in ihrem Festtagsgewand in die Stadt: Sie trugen weiße Wollkittel und zerknitterte Filzhüte und ihre Frauen und Kinder schwarze Wolle. Zahlreiche Mönche und Nonnen umrundeten in Kastanienbraun und Safrangelb das Kloster. Die Damen der feinen Gesellschaft Lhasas wählten für ihren Besuch stets eine prunkvolle Aufmachung, um die Blicke auf sich zu lenken.

Als ich ungefähr acht Jahre alt war, wurden Norzin und ich in einer Privatschule in Lhasa angemeldet. Die offiziellen staatlichen Schulen waren den Jungen vorbehalten: Sie wurden dort auf ein Leben im Kloster, auf ein Laienamt oder auf eine Laufbahn als Arzt der Traditionellen Tibetischen Medizin vorbereitet. Die Privatschulen wurden von gelehrten Männern geführt, die eine sehr unterschiedliche Ausbildung hatten. Die Privatschulen verlangten kein Schulgeld und standen Kindern aus allen Teilen der Bevölkerung offen. Niemand wurde wegen seiner Herkunft diskriminiert. Falls die Familie es sich leisten konnte, machte sie allen Schülern und dem Lehrer am ersten Schultag ein Geldgeschenk. Der Lehrer erhielt außerdem Säcke mit Gerste, Teeziegel und Kleidung. Der Astrologe bestimmte einen günstigen Tag für den Schuleintritt und nach der Verteilung der Geschenke fand eine kleine Zeremonie statt, in deren Verlauf der neue Schüler den anderen Tee und Reis darbot und dem Lehrer einen zeremoniellen weißen Schal (*khadak*) überreichte.

Meine Konzentrationsfähigkeit ließ zu wünschen übrig; die Langeweile und die Herausforderungen des schulischen Alltags durchzustehen war für mich ein Kampf. Daran gewöhnt, den ganzen Tag im Garten und Hof herumzustreunen, fühlte ich mich im Klassenzimmer eingesperrt. Der Stundenplan war ziemlich eintönig. Wir lernten lesen, schreiben, Grammatik, rechnen und unzählige Gebete. Ein großer Teil des Unterrichts war in den ersten Jahren dem Bemühen gewidmet, uns das komplizierte tibetische Alphabet beizubringen. Im Schneidersitz über unsere Arbeit gebeugt, mussten wir zuerst mit kreidebedeckten Schnüren Linien auf unseren Schiefertafeln ziehen und danach immer wieder die gleichen Buchstaben nachmalen. Sobald die Tafel voll und das Ergebnis vom Lehrer geprüft und verbessert worden war, begannen wir wieder von vorn. Mit der Zeit gingen wir zu einzelnen Worten und danach zu ganzen Sätzen über und wenn wir nach einem Jahr oder zwei Jahren bewiesen hatten, dass wir eine ordentliche Handschrift besaßen, durften wir auf Papier schreiben.

Der Schulvorsteher, ein Mann namens Phala Tschangtso Kusho, war Schatzmeister der Adelsfamilie Phala. Da seine Pflichten im Hause Phala einen Großteil seiner Zeit in Anspruch nahmen, kümmerte sich sein ältester Sohn um die Schulangelegenheiten und hatte de facto seine Stellung übernommen. Dieser ›gelehrte Mann‹ war erst Anfang zwanzig, furchtbar streng, überheblich und fortwährend darauf bedacht, seine Macht zu demonstrieren. Wenn Schüler während des Unterrichts kicherten oder tuschelten, zwang er die Missetäter, zur Strafe eine Stunde lang bäuchlings auf dem Fußboden zu liegen. Wenn er wirklich verärgert war, machten die Jungen Bekanntschaft mit der Peitsche und die Mädchen erhielten Schläge auf die Handfläche.

Eines der merkwürdigsten Rituale fand am Ende der Prüfungszeit statt. Die Schüler mussten sich ihren Noten entsprechend aufstellen und erhielten vom Lehrer einen Hieb mit dem Bambusstöckchen, die Jungen auf die Wange, die Mädchen auf die Handfläche. Der Schüler mit den besten Noten erhielt vom Lehrer einen Hieb, der zweitbeste vom Lehrer und vom Klassenprimus, und so ging es weiter, die ganze Reihe hinunter. Die Schüler mit den schlechtesten Noten, die das Schlusslicht bildeten, weinten und bluteten nach überstandener Tortur.

Die Rivalität zwischen den Schulen war groß und nach dem Unterricht kam es oft zu Straßenschlachten zwischen den älteren Jungen. Wir trugen alle Messer bei uns, um unsere Schreibfedern aus Bambus zu spitzen, und mit dieser Waffe wurden die Schulfehden ausgetragen. Ich erinnere mich, wie die Jungen der Ngarongsha-Schule eines Tages den Jungen aus meiner Schule in einer schmalen Gasse auflauerten. Zuerst stritten sie, dann gingen sie mit dem Messer aufeinander los. Unser Dienstmädchen erschien gerade noch rechtzeitig, um Norzin und mich von den Kampfhähnen wegzulotsen und in der nächsten Gasse in Sicherheit zu bringen.

Zu dieser Zeit wurden wir Zeuge eines wichtigen und erinnerungswürdigen Ereignisses in unserem Leben, das uns glücklich und traurig zugleich stimmte. Als mein zweitältester Bruder Tsetsen Gyurmey in einer feierlichen

Zeremonie als Reinkarnation des Oberhauptes der Drikung Kagyu Linie, einer Schule des tibetischen Buddhismus, anerkannt wurde, war er erst drei Jahre alt. Es
herrschte große Aufregung, als mehrere hochrangige
Mönche meine Familie mit dem Ansinnen aufsuchten,
meinen Bruder mitzunehmen und der Obhut der Drikung zu überlassen. In unserer Dienerschaft wurde
gemunkelt, meine Mutter habe gezögert, unseren kleinen
Bruder in ein Kloster zu schicken, wo er unter Fremden
aufwachsen würde. Ein paar Tage danach erfuhren wir,
dass meine Großeltern, insbesondere mein Großvater
mütterlicherseits, darauf bestanden hatten, das Kind dem
Kloster zu überlassen, da der Regent Thaktra das letzte
Wort gesprochen und meinen Bruder als Reinkarnation
des verstorbenen Drikung Chetsang Rinpoche bestätigt
habe. Darüber hinaus erinnerte sich meine Mutter an
eine Begebenheit während einer Pilgerfahrt zu einer heiligen Stätte, die sie unternommen hatte, als sie mit meinem Bruder schwanger war. Sie war einem heiligen Mann
begegnet, der ihr prophezeite, das ungeborene Kind werde entweder früh sterben oder ein bedeutender Mann
werden. Infolgedessen hatte sie Angst, meinem Bruder
könne etwas zustoßen, wenn sie ihm nicht gestattete, ins
Kloster zu gehen.

Als es für den Rinpoche an der Zeit war aufzubrechen,
trug er eine Mönchskutte, eine Robe aus goldfarbener
Seide und einen flachen, reich geschmückten Hut aus
Pappmaschee. Nicht allen kleinen Lamas war dieser
Kopfschmuck gestattet: Es war ausschließlich den hoch-
rangigen Lamas vorbehalten. Es bedurfte einiger Überre-

dung, bis er sich letztlich einverstanden erklärte, die steifen spitzen Stiefel aus Leder und Brokat anzuziehen.

Es war ein prachtvolles Schauspiel. Meine Großmutter und meine Mutter trugen ihr kostbarstes Geschmeide über den Brokatgewändern, unsere Dienerinnen hatten ihren dreieckigen Kopfschmuck aus Korallen angelegt, der typisch ist für Zentraltibet, und riesige goldene, mit Türkisen besetzte Schutzamulette hingen an Edelsteinketten um ihren Hals. Die Frauen der Regierungsbeamten trugen einen Kopfschmuck aus Perlen mit großen Korallen, die auf einen dreieckigen Untergrund aus ausgestopftem roten Filz genäht waren. Er wurde mit Haken in den Haaren befestigt, die auf bestimmte Weise geflochten waren.

Der Abschied von meinem Bruder begann mit einer offizellen Zeremonie im großen Hausschrein, bei der die Gesandten des Drikung-Klosters und der Kämmerer unserer Familie die traditionellen Gebetsschals aus Seide austauschten. Es gab Buttertee, Rosinen und *droma* mit Reis, während die Korridore erfüllt waren von Liedern und Tänzen. Eine Gruppe von Laiendarstellern, *shemas* genannt, trug eine Glück bringende Melodie vor und tanzte langsam zum Schlag einer großen Trommel. Sie traten nur bei ganz besonderen religiösen Anlässen auf. Religiöse Musik wurde auf Hörnern mit unterschiedlichen Größen und Klängen gespielt und die Zimbeln und Trommeln der kastanienfarben gewandeten Mönche bestimmten die Atmosphäre der Zeremonie.

Unsere Verwandten, Freunde, Pächter und Dienstboten waren in ihre Festtagsgewänder gekleidet und warteten darauf, dass die Familie in den Hof hinaustrat, wo die Luft vom Räucherwerk erfüllt war. Dieser Wolke entstiegen mein Bruder, meine Eltern und mein Bruder Jigme. Jigme, der ein gelbes Seidengewand, bestickte Stiefel und einen kostbaren Brokathut trug, sollte den Tross auf einem prachtvollen braunen Pferd zum Drikung-Kloster, einen Tagesritt von Lhasa entfernt, begleiten. Norzin und ich, ebenfalls festlich herausgeputzt und mit Juwelen geschmückt, vergossen mehr Tränen als es kleine bestickte goldene Blumen in unseren Brokatgewändern gab.

Die Kindheit verging wie im Fluge, hinterließ Erinnerungen an die Geborgenheit eines Zuhauses inmitten von Blumen, Vögeln und liebevollen Menschen. Die Außenmauern des Anwesens schützten uns vor unliebsamen Erfahrungen. Eine unbekannte Zukunft lag vor uns; sie brachte es mit sich, dass ich mein Paradies verlassen würde, um über Berge und Meere in fremde, aufregende neue Welten zu reisen.

Das Haus Tsarong

Die meisten wohlhabenden Familien Lhasas lebten in der Stadt, in der drangvolle Enge herrschte. Die Straßen waren schmal und die dunklen Häuser eng nebeneinander errichtet. Die ganze Stadt schien zusammengepfercht, was seltsam war, da es an der Peripherie weitläufige unbebaute Flächen gab. Die sanitären Verhältnisse waren katastrophal und öffentliche Bedürfnisanstalten wurden allenthalben vernachlässigt. Die Tibeter, ein traditionsverhaftetes und abergläubisches Volk, hielten nicht viel von Veränderungen. Sie blieben in ihren Häusern wohnen, Jahr für Jahr, eine Generation nach der anderen.

Die Familie Tsarong hatte seit vielen Generationen in einem alten Haus in Lhasa gelebt, ließ jedoch später einen imposanten neuen Wohnsitz vor den Toren der Stadt am Ufer des Kyichu-Flusses errichten. Wie alle anderen Wohnhäuser in Tibet bestand auch unser Haus aus Mauerwerk und Holzbalken und besaß ein Flachdach. Bunte Gebetsfahnen flatterten an langen Holzpfählen, die an den vier Ecken des Daches aufragten. In der Mitte des Daches an der Frontseite befand sich eine Lehmkuppel, wie eine bauchige Vase geformt, in der jeden Tag Räucherwerk aus Weihrauch und Wacholderzweigen entzündet wurde, um die Luft zu reinigen und die Geister wohl zu stimmen.

Mein Großvater Tsarong Pola hatte das Haus eigenhändig entworfen und die Bauarbeiten beaufsichtigt. Sein Einfluss war auf Anhieb sichtbar. Das Haus war zwar ganz im traditionellen Stil erbaut, besaß jedoch ein unverkennbares modernes Flair und verschiedene Gestaltungsmerkmale, die Pola während seiner Reisen entdeckt und bewundert hatte. Er hatte in seinem Entwurf mehr Fenster und Wohnfläche vorgesehen als üblich und das hauchdünne Papier oder Tuch, mit dem man die Fensterrahmen in Tibet zu bespannen pflegte, wurden durch Fensterscheiben ersetzt.

Das Hauptgebäude hatte vierzig Zimmer und war durch zwei weitläufige, übereinander liegende Hallen in der Mitte des unteren und oberen Geschosses in zwei Flügel unterteilt. Über eine Außentreppe gelangte man in die erste Halle, die als Haupteingang des Hauses diente. Eine Innentreppe führte in den ersten Stock, zu den Unterkünften der Dienstboten und zum Tschö-gyal Khang, dem Raum der Dharma-Könige.

Alle wichtigen Familienzeremonien fanden im Tschögyal Khang statt. Das Auffallendste in diesem Raum waren drei Statuen aus Gold, die mehr als einen Meter maßen. Sie saßen Seite an Seite auf Thronsesseln, die mit Juwelen besetzt und durch gläserne Schreine geschützt waren. Sie waren mit feinster Seide, Brokatstoffen und kostbaren Edelsteinen geschmückt. Die Statuen stellten die drei bedeutendsten Könige Tibets dar, Songtsen Gampo, Trisong Detsen und Tri Ralpachen, die bei der Einführung und Verbreitung des Buddhismus in Tibet eine ausschlaggebende Rolle gespielt hatten. Sie waren auch unter dem Namen Dharma-Könige oder Tschö-gyal Mipön Namsum bekannt. Vor den Statuen standen große gläserne Vitrinen mit Marmorplatten, die einhundertacht große silberne, täglich ausgewechselte Wasserschalen, eine Butterlampe aus Gold und ein Mandala aus Perlen mit den eingeknüpften acht Glückszeichen enthielten. Außerdem gab es in diesem Schrein eine Reihe ritueller Gegenstände: einen Sonnenschirm als Schutz vor der Glut der Wünsche und Begierden; ein Fische-Paar, Sinnbild des Glücks und der Freiheit von jeglicher Anhaftung; eine Muschel, die das gesprochene Wort der Lehre, des *Dharma*, symbolisiert; eine Lotusblume als Inbegriff des göttlichen Ursprungs und der Reinheit; eine Vase für all das Gute im Leben, das wie ein kostbarer Schatz gehütet werden soll; ein Siegesbanner, das für den Zustand der Erleuchtung steht; ein Rad, Symbol der Lehren des Dharma; und ein endloser Knoten, Symbol des Gesetzes vom Verwobensein aller Seinsformen. Bildnisse und andere Darstellungen der acht Glückszeichen galten als Glücksbringer, die man überall auf Altären, Wandmalereien und hölzernen Truhen und Tischen fand. Das Mandala auf unserem Hausaltar war eine Handarbeit meiner Großmutter. Eine Fülle von Seiden- und Papierblumen aus Indien und China war in schönen Vasen angeordnet. Die Schriften mit den Lehren des Buddha, einzeln in goldfarbene Seide mit aufgenähten Brokatstreifen gehüllt, wurden auf den Vitrinen an den Wänden aufbewahrt. Einige seltene und kostbare religiöse Rollbilder (*thangkas*) hin-

gen an den Wänden. Das Tafelsilber der Familie, Jade-
schalen, Trinkgläser aus schwerem französischem Kristall
und englische Porzellanservices, die nur bei besonderen
Anlässen benutzt wurden, waren in den Vitrinenschrän-
ken eingeschlossen.

Die Räume meiner Großeltern lagen im westlichen, die
meiner Eltern im östlichen Teil des Hauses; die Kinderzimmer befanden sich direkt unterhalb des elterlichen
Trakts. Unterhalb des Bereichs, den meine Großeltern
bewohnten, hatten meine Tante und mein Onkel Quar-
tier bezogen. Zu jeder Suite gehörte ein Wohnraum, ein
Schlafraum, ein Gebetsraum, ein größerer und ein klei-
nerer Vorratsraum, ein Waschraum und eine Halle als
Schlafkammer für die Dienstboten.

In den ebenerdigen Räumen wurden Getreide, Mehl,
Tee, Roh-Wolle, Öl, Zucker und zahlreiche Ledersäcke
mit Vorräten eingelagert. Ich überlegte oft, was wohl
passieren mochte, wenn einige dieser Säcke jahrelang
ungeöffnet und unbeachtet in einer Ecke stehen blieben.
Die voll gepfropften Vorratsräume waren stockfinster und
man brauchte eine Öllampe oder Kerze, um sie zu durch-
queren. Meine Großmutter oder meine Mutter ging jeden Morgen in Begleitung unseres Küchenmeisters und
seines Gehilfen in das Labyrinth, um die Tagesration
Reis, Mehl, Zucker, Tee abzumessen und andere Lebensmittel für die Familie und die Bediensteten zu entnehmen.
Hin und wieder stahlen wir Kinder uns hinein, um die
Nase in die Säcke mit dem gerösteten Erbsenmehl zu stecken und zu naschen. Erbsenmehl ist äußerst schmack-
haft und eines Tages schob ich mir in meiner Gier zu viel

in den Mund. Meine Mutter fand mich, nach Luft ringend und dem Ersticken nahe, und nur der Tee meiner Tante, die sich gleich nebenan in ihrem Wohntrakt befand, rettete mir das Leben.

Ein weiterer Raum, für den ich eine Vorliebe hatte, war der Lhamo Khang. Hinter dem Wohnbereich meiner Großmutter gelegen, beherbergte dieser Hausschrein Palden Lhamo, die Schutzgöttin unserer Familie. Der Raum war dunkel und geschwärzt vom Ruß der Butterlampen und Räuchergefäße, sodass die religiösen Wandbilder kaum sichtbar waren. Beim Betreten des Lhamo Khang fiel der Blick als Erstes auf den Altar, wo die Göttin, teilweise von bunten Seidenschals verhüllt, auf ihrem Maultier ritt, mit einem Totenschädel als Trinkgefäß in der Hand. Die Statue war nicht sehr groß, wirkte jedoch so machtvoll, dass ihre Gegenwart den Raum füllte. Es gab noch etliche weitere Statuen der Göttin in diesem Schrein und ich hatte bei allen das Gefühl, dass sie mir zulächelten.

Vor dem Altar waren Schalen mit Wasser, Butterlampen, ein Mandala und Blumenschmuck als Opfergaben ausgebreitet. Auf den Vitrinen an den übrigen Wänden waren religiöse Schriften aufgereiht. Zu beiden Seiten des Altars befanden sich, auf Kissen befestigt, die Masken von zwei Frauengestalten mit wildem Blick und langen dunklen Brokatroben. Ihre herabwallenden ungekämmten Haare fielen ihnen über die Schultern und sie hatten große, vorstehende Zähne. Wenn ich mich Palden Lhamo näherte, um ihren Segen zu erbitten, schloss ich immer die Augen, wenn ich an den Furcht erregenden Frauengestalten vorübermusste, und ein eiskalter Schauer lief mir über den Rücken.

Dem Mönch Gombho-la, der in diesem Hausschrein sein Reich hatte, oblag die Aufgabe, im Auftrag der Familie die Gebete für Palden Lhamo und andere Gottheiten zu verrichten. Da seine Gegenwart beruhigend wirkte, blieben wir am liebsten in seiner Nähe. Der Gebetsraum mit seiner düsteren Ausstrahlung, dem durchdringenden Geruch des Räucherwerks und dem stetigen dumpfen Dröhnen der Trommeln war mir unheimlich, aber wenn ich meine Niederwerfungen und Gebete verrichtete und die flackernden Butterlampen vor den Bildnissen der Gottheiten und Palden Lhamos betrachtete, fühlte ich mich geborgen, beschützt und gesegnet. Diesen Schrein durfte ich, so oft ich wollte, besuchen. Jedes Mal erhielt ich heiliges Wasser und ein Stück Trockenobst oder Käse von Gombho-la. Die älteren Familienmitglieder benutzten den Lhamo-Schrein nur während der Neujahrszeremonien oder für bestimmte Gebete. Hier herrschte eine völlig andere Atmosphäre als im Hauptgebetsraum, dem Haus der Tschö-gyals. Ich hatte hier ein seltsam wohliges Gefühl von Ehrfurcht und Frieden und deshalb zog ich es vor, meine täglichen Niederwerfungen und Gebete im Lhamo-Schrein zu verrichten.

Der Namdzoekhang, der obere Speicher des Hauses, bot unendliche Möglichkeiten für Streifzüge. Die Schlüssel befanden sich an dem Bund, den Mola ständig bei sich trug, und wir Enkelkinder waren immer bereit, unsere Abenteuerlust zu befriedigen und ihr ins Innere zu folgen. Wenn Mola uns endlich den Weg durch das Labyrinth der

44

eingelagerten Kisten bahnte, schlichen wir auf Zehenspitzen um die verstaubten Bündel auf dem Fußboden herum. Die Bären- und Tigerfelle mit ihren unversehrten Köpfen und Klauen meidend, stöberten wir nach Herzenslust in den Schätzen, die hier aufbewahrt wurden: Grammophone, Kameras, bunte Teppiche, Landkarten, Fotografien, Gemälde, Gewehre, Schwerter, Rhinozeros-Hörner, Elefanten-Stoßzähne und alte Standuhren. Am besten gefielen mir die Spieldosen. Die Stapel mit den alten Ausgaben des *National Geographic* eröffneten uns den Reiz unbekannter Regionen.

Eines Tages trennten Norzin und ich uns von Mola, um die hintere Ecke des Speichers genauer zu erforschen. Im Eifer des Gefechts entging uns, dass Mola hinausging und die Tür zusperrte. Als wir feststellten, dass wir eingeschlossen waren, schrien wir, um uns bemerkbar zu machen, und hämmerten gegen die schwere Tür. Ich weiß nicht, wie lange wir um Hilfe riefen, aber schließlich hörte uns eine Bedienstete und holte Mola herbei, um uns herauszulassen.

Hinter dem Schlafraum meiner Großeltern befand sich ein Lagerraum für Geschenke, die anlässlich einer Hochzeit, Geburt oder Mündigkeit eines Kindes oder, dem Brauch entsprechend, anlässlich eines Abschieds überreicht wurden. Da sich viele unserer Freunde und Verwandten auf längere Reisen begaben, war dieser Lagerraum immer gut gefüllt. Norzin und ich halfen Mola oft, ein passendes Geschenk auszuwählen. Wir schnitten aus Seide Blusen und aus Brokatstoffen Kleider zu oder falteten *khadak*. Jedes Geschenk wurde später in handgeschöpftes tibetisches Papier verpackt, das steif und daher auf einem Tablett ausgebreitet war. Bei freudigen Anlässen beteiligte sich auch meine Mutter an der Vorbereitung der Geschenke und oft fiel dabei für Amala, Norzin und mich eine neue Seidenbluse oder ein Kleid ab.

In Ermangelung eines modernen Kanalisationssystems mit Wasserrohren gab es kein Bad in den tibetischen Häusern. Wenn Bedienstete vorhanden waren, trugen diese heißes Wasser in die Schlafräume im ersten Stock, in denen ein Krug und eine Waschschüssel standen. Viele Leute wuschen sich am Brunnen, an Flüssen oder unweit der Küche, wo das Wasser in großen Bronze- oder Kupferbehältnissen gesammelt und erhitzt wurde. In der Stadt sah man häufig, dass jemand das Schmutzwasser nach der Morgentoilette in hohem Bogen aus dem Fenster kippte. In den entlegenen Dörfern wuschen sich die Bewohner oft monatelang nicht. Sie badeten nur im Sommer, in den Seen und Flüssen. Die Höhe, die Kälte und das trockene Klima in Tibet ließen den Krankheitserregern wenig Chancen, sich zu vermehren.

In unserem Haus wurden separate Waschräume eingebaut, die außer Krug und Waschschüssel auch eine Zinnbadewanne und einen abnehmbaren hölzernen Toilettensitz mit einem Nachtgeschirr in der Mitte enthielten. Hinter dem Haus, in nicht allzu weiter Entfernung, wurden zweistöckige Latrinen errichtet. Sie waren ebenerdig und auf drei Seiten von Mauern umgeben; an der Rückseite blieb ein Durchgang offen, um die Fäkalien zu beseitigen. Oben waren sie in kleine Kammern unterteilt, mit einem breiten Schlitz in der Mitte des Bodens. Der Schlitz maß ungefähr dreißig mal sechzig Zentimeter und war rechts und links von Holzpaneelen gerahmt, auf denen man mit gespreizten Beinen hockte. Regelmäßig wurde Asche aus der Küche über die Fäkalien gestreut, um den Geruch zu beseitigen. War die Latrine voll, kamen die Bewohner der umliegenden Dörfer, um die Fäkalien hinter der Maueröffnung auszugraben und damit ihre Felder und Gemüsegärten zu düngen.

Die Bediensteten hatten eigene Toiletten, ähnlich konstruiert, allerdings offen, ohne Dach und hölzerne Sitze. Wir Kinder zogen es vor, die Dienstboten-Toilette zu benutzen, weil wir bei unseren Sitzungen den Himmel betrachten konnten. Dabei galt es darauf zu achten, dass wir nicht in die Latrine fielen, da hier drei oder vier Schlitze nebeneinander angebracht und die Löcher überdies größer waren.

Die Küche war vom Haupthaus getrennt und bestand aus drei Räumen. Der kleinere wurde nur für bestimmte Feste und die Zubereitung westlicher Gerichte benutzt. Da die meisten Tibeter von Nomaden oder Halbnomaden abstammen, die zeitweilig Ackerbau und Viehzucht betreiben, ernährten wir uns überwiegend von Fleisch (Yak und Schaf), Butter, Käse, Milch und geronnener Milch. Das wichtigste tibetische Grundnahrungsmittel war natürlich *tsampa*. (Dieses Nationalgericht besteht aus geröstetem, fein gemahlenem Gerstenmehl, dem man Buttertee, Milch, Joghurt oder *chang*, das tibetische Gerstenbier, zufügt. Es wird mit den Fingern in der Schale zu kleinen Bällchen geknetet und mit Porridge, Honig oder gebranntem Zucker gegessen.) Nur bei bestimmten Festen gab es chinesische Gerichte und hin und wieder ein indisches Curry oder ein muslimisches *palao*. Diese Küche war ausschließlich solchen Anlässen vorbehalten. In der zweiten Küche wurden die täglichen Mahlzeiten der Familie zubereitet und die dritte war die Teeküche. Die Teeküche diente außerdem als Gesindeküche. Unter der Aufsicht von Wangchuk, einem hoch gewachsenen, stets mit Ruß geschwärzten Mann, wurde hier der Tee für die Familie und Tee und Essen für die Bediensteten gekocht, ungefähr dreißig an der Zahl (was, verglichen mit anderen tibetischen Häusern, wenig war). In einem weiteren großen Raum wurden Feuerholz, Anmachholz, Zweige und Tierdung eingelagert. In der Gesindeküche herrschte der größte Trubel, dort wimmelte es immer vor Menschen. In der Mitte befand sich ein großer Lehmofen, wo ständig Wasser für den Buttertee gekocht wurde. Dieser Raum war wie alle tibetischen Küchen dunkel, rußig und voller Fett. An den Wänden befanden sich weiße Kreidezeichnungen von Glückssymbolen, wie den acht Glückszeichen. Am Vorabend von Losar, dem tibetischen Neujahrsfest, wurden dieselben Symbole neu aufgemalt. Wir Kinder liebten diese Küche, weil hier immer Hochbetrieb herrschte. Unsere Köche und ihre Gehilfen scheuchten uns jedes Mal hinaus. Sie schalten uns, weil sie der Meinung waren, unser Platz sei im Haupthaus und es schicke sich nicht, mit dem Küchenpersonal zu verkehren.

An die Küche schloss sich eine lange Reihe einzelner, nebeneinander liegender Räume an. Sie waren für Gäste von außerhalb bestimmt, die oft einen oder zwei Monate in Lhasa verbrachten. Des Weiteren befanden sich hier

Büros für den Sekretär der Familie und seinen Gehilfen, der Dienstbotentrakt und Unterkünfte für die Zimmerleute und Schneider der Familie, deren Arbeit längere Zeit in Anspruch nahm. Ein Kuhstall, ein großer Pferch für die Schafe und Stallungen für die Pferde und Maultiere waren in der Nähe.

Alle Familienmitglieder verbrachten einen großen Teil ihrer Freizeit damit, in unserem Garten zu arbeiten. Meine Großeltern waren sehr stolz auf den Garten, überwachten die Arbeit und legten selbst Hand mit an. Gießen, pflanzen und düngen waren Tätigkeiten, die wir liebten, was von der Dienerschaft jedoch mit schweigender Missbilligung zur Kenntnis genommen wurde. Sie verstanden nicht, warum wir nicht im Haus blieben oder den Garten genossen und die körperliche Arbeit dem Gesinde überließen. Die Älteren fürchteten sogar, dass ihre Herrschaft damit das Unglück geradezu heraufbeschwören könnte.

Blumen aller Art wurden in Beeten angepflanzt, zum Beispiel Gartenwicken, Stockrosen, Dahlien, Rosen und Stiefmütterchen, um nur ein paar zu nennen. Es gab Obst wie Birnen, Äpfel, Pfirsiche, blaue und grüne Weintrauben in unserem Gewächshaus und Stachelbeeren. Was das Gemüse angeht, so bauten wir Rettich, Karotten, Kürbis, Sellerie, Kohl und Tomaten und einen kleinen, scharfen weißen Rettich an, *labu kari*, den ich nur in Tibet gesehen habe. Wenn ich mich recht erinnere, bezeichneten die Chinesen ihn als ›Edelrettich‹ und gestatteten den Tibetern nicht, ihn anzupflanzen, deshalb findet man ihn heute nicht mehr. Wie ich unlängst hörte, versuchen die Chinesen inzwischen, ihn wieder zu kultivieren und den Samen aufzutreiben!

An Gemüse herrschte kein Mangel, es wurde in rechteckigen Parzellen angepflanzt. Manche Gemüsesorten wie die Rettichfamilie gediehen besonders gut auf Erdhügeln. Oft halfen wir der Gemüsegärtnerin, einer großen Frau mit kräftiger Statur und eckigem Gesicht namens Yangkyi, bei der Arbeit. Sie bohrte mit einem zugespitzten Holzstab Löcher in den Boden, legte die Samenkörner hinein und bedeckte sie mit Erde. Zwischen den rechteckigen Parzellen wurden Gräben angelegt, die sich mit Brunnenwasser füllten.

Die Felder wurden mit einem so genannten *shogom* bewässert. Dazu setzten sich zwei Leute einander gegenüber vor den Brunnen. Sie packten die starken Schnüre des *shogom* mit beiden Händen, holten Schwung und warfen ihn in den Brunnen. Durch den Luftdruck ging er unter und füllte sich mit Wasser. Mit einer Rückwärtsbewegung des Körpers wurde er wieder heraufgezogen und in ein rechteckiges Sammelbecken geleert, aus dem das Wasser durch die Gräben auf die Felder floss.

Einmal benutzten zwei meiner Brüder den *shogom,* um Wasser aus dem Brunnen zu holen, und der eine fiel hinein. Zum Glück war eine Dienerin in der Nähe, die einen Plausch mit Yangkyi hielt; sie rannten los, um den Gärtner zu holen, der meinem Bruder zu Hilfe kam. Danach war es uns verboten, uns auch nur in der Nähe des Brunnens blicken zu lassen. Natürlich juckte es uns von dem Tag an in den Fingern, den *shogom* in die Hände zu bekommen.

50

Im Blumengarten vor dem Haus hatte der österreichische Naturforscher Heinrich Harrer, Verfasser des Buches *Sieben Jahre in Tibet*, eigenhändig einen Springbrunnen errichtet. Im Sommer schwammen wir gerne darin. Harrer, der eine Zeit lang bei uns wohnte, machte sich auch im Garten nützlich, brachte neue Ideen ein und veredelte die Obstbäume. Da es in der tibetischen Sprache kein Wort für ›veredeln‹ gibt, bezeichnete er den Vorgang als ›vermählen‹, was zur allgemeinen Belustigung beitrug.

Unser Anwesen und die Gärten waren von einer annähernd zwei Meter hohen Lehmmauer umgeben. Man konnte es nur durch ein großes Eingangstor auf der Ostseite betreten; es war aus massivem Holz, kunstvoll geschnitzt und mit farbigem, glattem Ton verziert und umrahmt. Zu beiden Seiten des Tores gab es je eine Plattform aus Stein, um Reitern das Auf- und Absitzen zu erleichtern. Meine Geschwister und ich benutzten sie als Hochsitz, um Passanten zu beobachten.

Rund um diese Außenmauer standen viele kleine Häuser, die verpachtet wurden. Die Bewohner stammten aus allen Schichten der Bevölkerung. Auf der linken Seite des Tores lebte ein Beamter der Zentralregierung mit seiner Familie, auf der rechten Seite die Schwester meines Großvaters, ein Mönch, der ein Amt in der Regierung bekleidete (und in seiner Mönchsrobe Motorrad fuhr, ein seltener und kurioser Anblick), unser Chefkoch mit seiner Familie und zwei muslimische Händler, erkennbar an ihren langen tibetischen Gewändern, weißen Käppchen und wallenden Bärten. Dort waren außerdem mehrere Familien untergebracht, die für uns arbeiteten. Die Bewohner zahlten ihre Pacht in Form von Dienstleistungen oder einer kleinen Geldsumme.

Chantso, der Sekretär und Kämmerer der Familie, war der Ranghöchste unter den Bediensteten. Er hatte ein langes schmales Gesicht, einen zottigen Bart und einen langen dünnen Zopf. Er hieß Kusho Chantso-la, aber wir hatten ihm den Spitznamen Chantso Billy-Ziegenbart gegeben. Die meisten tibetischen Familien hatten mehrere Kämmerer, die für das Finanzwesen zuständig waren, bei uns gab es jedoch nur Chantso. Nyerpa-la, der Küchenmeister, kam als Nächster in der Rangfolge. Beide Männer waren hoch angesehen und wurden wie Familienmitglieder behandelt. Sie hatten ein eigenes Haus und ihre eigene Dienerschaft in der Stadt und bei wichtigen offiziellen Gesprächen und Anlässen waren sie stets anwesend. Auch in wichtigen privaten Familienangelegenheiten suchte man bisweilen ihren Rat und ihr Wort besaß oft mehr Gewicht als die Vorschläge der Familienmitglieder. Nyerpa-la war ein Mann mit freundlichem Gesicht und lockigen weißen Haaren. Er war immerzu beschäftigt, räumte die Vorratsräume auf, führte Buch über den Lagerbestand oder besuchte meine Großmutter. Wir Kinder leisteten ihm oft in seinem Lagerraum Gesellschaft, wo es einen unerschöpflichen Vorrat an Süßigkeiten und Früchten gab. Vor einer religiösen Zeremonie oder unserem alljährlichen Sommerfest braute Nyerpa-la *chang*, das tibetische Gerstenbier. Die Gerstenkörner werden verlesen, gekocht, fermentiert und gefiltert. Der Gärungsprozess dauert mehrere Tage und das Getränk schmeckt ähnlich wie Champagner, hat jedoch einen

höheren Alkoholgehalt. Nyerpa-la pflegte uns eine Kostprobe vom gegorenen, ungefilterten *chang* anzubieten
und wir verschlangen den Brei, bis wir beschwipst waren.
Danach gab er uns heißen Buttertee zu trinken und empfahl uns, uns in unsere Zimmer oder in den Garten zu
verziehen und uns ja nicht von den erwachsenen Familienangehörigen erwischen zu lassen.

Der Nächste in der Hierarchie war der Koch, Tsering
Wangchuk, ein Mann mit strengem Blick. Er war ein
Meister seines Fachs und ungemein tüchtig. Er sprach
recht gut Hindi und ein paar Brocken Englisch. Er hatte
seine Ausbildung in Indien absolviert und dort gelernt,
wie man Braten, Karamellpuddings, Korinthenbrötchen
und Pasteten zubereitet. Wangchuk konnte sogar Speiseeis machen, allerdings nur im Winter, da wir keine Kühl-
schränke besaßen.

Feste

Sage nicht, dass es im kostbaren Garten von Lhasa
   Keinen Edelstein gibt;
Wenn Seine Heiligkeit kein Edelstein ist,
   Was wäre er dann?
Der Himmel gleicht den acht Speichen des
   Dharma-Rades,
Die Erde gleicht dem achtblättrigen Lotus,
Zwischen Himmel und Erde fließen die acht
   Glückszeichen,
Oh, was für ein trefflicher Ort.

Lhasa, die Hauptstadt Tibets, liegt in einer weiten Hoch-
ebene etwa 3700 Meter über dem Meeresspiegel, umgeben vom höchsten Gebirge der Welt. Lhasa bedeutet ›Sitz
der Götter‹. Der Name stammt wahrscheinlich aus dem
siebten Jahrhundert, als König Songtsen Gampos nepa-
lesische Gemahlin Bäl-sa und seine chinesische Gemahlin
Gya-sa Statuen des Buddha Shakyamuni in ihrem Brautzug nach Tibet brachten. Der König ließ Tempel erbauen,
um die kostbaren Statuen zu beherbergen. Einer dieser
Tempel ist der berühmte Jokhang im Zentrum der Stadt.
   Später ließ Balsa einen Palast für den König errichten,
den Tritse Marpo, der als Fundament für den Potala

diente. Sie gab auch einen Palast für sich selbst in Auftrag, ganz in der Nähe auf dem Chakpori-Hügel, dem späteren Sitz des weithin bekannten Lehrinstituts für Tibetische Medizin. Die beiden Paläste stehen auf den Zwillingsgipfeln eines kleinen Berges, der sich in der Mitte der Talsenke erhebt. Die Entfernung zwischen den Gipfeln beträgt ungefähr eineinhalb Kilometer und in der Mitte, auf dem tiefsten Punkt des Kammes, befindet sich ein imposanter *Tschör-ten* (Stupa), von zwei kleineren *Tschör-ten* flankiert. Ein breiter Durchgang führt durch den mittleren *Tschör-ten*. Wenn man Lhasa betritt, hat man einen atemberaubenden Blick auf den imposanten Potala, der sich an den Fuß der Ehrfurcht erweckenden Berge schmiegt, und die goldenen Dächer des Jokhang Tempels unter dem türkisblauen Himmel, die das Sonnenlicht reflektieren.

Die Stadt war Ende der fünfziger Jahre des zwanzigsten Jahrhunderts mit annähernd hunderttausend Einwohnern die größte im Land, während der religiösen Feste kamen jedoch noch weitere Tausende Besucher aus den nahe gelegenen Klöstern, Städten und Dörfern hinzu. Die Abschottung von der Außenwelt und die Abgeschiedenheit der Städte und Dörfer im Hinterland hatten dazu beigetragen, dass Zerstreuungen im Allgemeinen auf die unmittelbare Region beschränkt blieben. Daher boten die großen religiösen Feste und Zeremonien eine Gelegenheit, sich auf eine Pilgerfahrt in die heilige Stadt zu begeben.

Die Religion war das Fundament des tibetischen Lebens und der Buddhismus stand im Mittelpunkt von

Kunst, Geschichte, Medizin, Bildungswesen und Vergnügungen. Die Mitglieder der Regierung gehörten weitgehend der Theokratie an und seit dem siebzehnten Jahrhundert war der Dalai Lama nicht nur religiöser Führer, sondern auch weltliches Staatsoberhaupt. Vor dem siebzehnten Jahrhundert regierten Priesterkönige oder religiöse Sekten der verschiedenen buddhistischen Schulen Tibets das Land. Es überrascht in diesem Kontext nicht, dass die fünfunddreißig wichtigsten Feierlichkeiten im Jahr überwiegend religiösen Ursprungs waren.

Am liebsten mochte ich *Losar*, das tibetische Neujahrsfest. Am neunundzwanzigsten Tag des letzten Monats im Jahr, zwei Tage vor Beginn des neuen Jahres, fand ein weiteres Fest namens *Guthor* statt. Anlässlich der Feierlichkeiten, denen Seine Heiligkeit, Mitglieder der Regierung und das Volk beiwohnten, führten die Mönche aus dem Namgyal-Kloster, dem Stammkloster des Dalai Lama, rituelle Tänze im Potala auf. Die Tänze sollten die bösen Geister und Kümmernisse des vergangenen Jahres bannen und dem Land und seinen Bewohnern für das kommende Jahr Wohlstand, Frieden, Glück und Zufriedenheit bescheren.

Am Abend des Festtags aßen wir *guthuk*. In jedem Haus wurde dieses traditionelle Gericht zubereitet, das aus einer Fleischbrühe mit kleinen runden Teigtaschen und geraspeltem Rettich bestand. Einige Teigtaschen waren größer und bargen eine Überraschung. Sie waren mit Erbsen, Holzkohlesplittern, Wollfäden, Salz, Pfefferkörnern oder Papierschnipseln gefüllt. Die Familienmitglieder saßen um einen großen Tisch und die Kinder lachten gespannt und mit leichtem Unbehagen, was ihr Kloß enthüllen mochte. Sobald die Teigtaschen behutsam zerlegt worden waren, wurde der Inhalt vor den Augen aller Anwesenden begutachtet. Eine rote Chilischote oder ein Pfefferkorn ließ auf eine scharfe Zunge, ein Stück Holz auf ein finsteres Herz und ein Stück Papier auf einen wankelmütigen, leicht beeinflussbaren Charakter schließen. Einige Teigtaschen glichen in ihrer Form heiligen Schriften, einer Sonne oder einem Mond, was bedeutete, dass man den Empfängern zuerkannte, ein guter Mensch, barmherzig und fromm zu sein.

Nach dem Abendessen wurden von einem Bediensteten etwa fingergroße *tsampa*-Teigstücke auf einer großen Platte hereingebracht und an sämtliche Familienmitglieder verteilt, von Pola bis zum jüngsten Kind. Der Teig wurde von Kopf bis Fuß über den Körper gerollt und in der Handfläche geknetet, dann spuckte man darauf und legte ihn auf die Platte zurück. Diese Zeremonie sollte uns von allen Krankheiten, Schicksalsschlägen und Hindernissen des vergangenen Jahres befreien und uns im neuen Jahr Gesundheit, Erfüllung, Frieden und Glück bringen. Wenn das muntere Treiben seinen Höhepunkt erreichte, lief ein Diener mit einer brennenden Fackel durch das Haus und brüllte aus Leibeskräften, um die bösen Geister zu vertreiben. Um die Wirkung zu verstärken, wurden Feuerwerkskörper gezündet und alle stimmten ein Mordsgeschrei an. Die benutzten Teigstücke, ein Teigkloß in Menschengestalt und ein Teil der Suppe wurden ins Freie getragen, an einen Punkt, wo sich drei Pfade trafen, und dort den Flammen der Fackel anheim gegeben.

Ein paar Tage vor *Losar* wurde das Haus von oben bis unten geputzt, die Gebetsfahnen ausgewechselt und *shambus,* Schabracken, an Türen und Fenster gehängt. Das Haus vibrierte vor Energie und die Kinder, die es vor Spannung kaum aushalten konnten, standen jedem im Weg. In der Küche brutzelten Hunderte Pasteten (*khabsay* = frittiertes Gebäck) mit verschiedenen Formen und seltsamen Namen in der heißen Butter. Sie wurden in großer Menge zubereitet, weil man damit nicht nur die Vorderseite sämtlicher Hausaltäre schmückte, sondern auch die Bediensteten, Besucher, die der Familie ein gutes und Glück bringendes neues Jahr wünschten, und Bettler beschenkte, die von Tür zu Tür gingen. Nyerpa Wangyal-la war damit beschäftigt, *chang* zu brauen, eine heikle Aufgabe. Der Geschmack des Gerstenbiers sprach Bände, wie es hieß: ein süßes, starkes Bier galt als Glück verheißend, ein schwaches, bitteres oder saures als Unheil verkündendes Vorzeichen.

Am Abend vor *Losar* konnten wir kaum einschlafen und liefen völlig überdreht durch das Haus. Der Hauptgebetsraum bot einen überwältigenden Anblick: neue Gebetsfahnen und Wandbehänge aus Seide und Brokat glitzerten im Schein der Butterlampen, neue Teppiche waren ausgerollt und der auf Hochglanz polierte Altar bog sich unter den Opferschalen, die getrocknete Früchte, Süßigkeiten und Pasteten enthielten. Aus Sikkim waren eigens für das Fest Orangen herbeigeschafft worden. Die Pasteten waren fast einen halben Meter hoch gestapelt: die flachen, langen lagen unten, die runden, glatten *booloos* in der Mitte und die geriffelten, länglichen obenauf. Auf einer Seite stand ein kunstvoll geschnitztes Holz-kästchen, das auf der einen Seite geröstetes Gerstenmehl und auf der anderen Weizenkörner enthielt, zu einer Pyramide aufgetürmt. Ein schmaler Holzrahmen, mit farbigen Butterskulpturen verziert, steckte in der Spitze der Pyramide. Das Holzkästchen wurde jedem Besucher während des *Losar*-Festes gereicht, zusammen mit einer Schale *chang*. Er nahm dem Brauch entsprechend ein paar Weizenkörner und eine Prise *tsampa*, die er dreimal in die Luft warf, als Opfergabe für die Drei Kostbarkeiten – Buddha, Dharma und Sangha –, um anschließend selbst ein wenig *tsampa* zu kosten. Dann wurde der vierte Finger der rechten Hand zweimal in die Schale mit Gerstenbier getaucht: beim ersten Mal schnippte man es als Opfergabe in die Luft, beim zweiten Mal durfte man eine Fingerspitze voll probieren. Zum Schluss der Zeremonie wünschten wir allen *tashi delek*, viel Glück und gute Gesundheit. Auf dem Altar lag ein Schafskopf, mit gefärbter Butter verziert.

Noch vor Morgengrauen erwachten wir vom Geschrei der *delkar*, berufsmäßiger Bettler, die nur bei bestimmten Anlässen oder Festen an die Haustüren kamen. Sie trugen weiße Masken mit winzigen Muschelschalen und wallende weiße Bärte. Sie rezitierten blumige Verse über ihre Glück verheißenden Masken, das vom Glück gesegnete Land, aus dem sie stammten, und den Glück bringenden Tag, an dem sie gekommen waren; danach wünschten sie uns *tashi delek*. Die *delkar* wurden reich für ihre Mühen belohnt, mit Gerstenbier, Pasteten, Geldgeschenken und einem schönen weißen Schal.

Am Neujahrstag gab es zum Frühstück einen Brei aus heißem Gerstenbier und Gerstenmehl, mit Käse, Rosinen und *droma* bestreut, der uns ans Bett gebracht wurde. Dann standen wir auf, zogen unsere schönsten Kleider an und begaben uns zu den Erwachsenen in den Hauptgebetsraum, wo die Neujahrszeremonien abgehalten wurden. Mein Großvater und mein Vater trugen ihre offiziellen goldenen Brokatgewänder und runde, flaumige Pelzmützen. Das linke Ohr zierte ein langer goldener, mit Türkisen besetzter Ohrring, das rechte ein türkisfarbener Ohrring aus Glasperlen. Meine Großmutter und meine Mutter waren von Kopf bis Fuß mit Schmuck behangen. Sie trugen den in Lhasa traditionellen Kopfputz aus Zuchtperlen mit Korallen, die auf ein Filzdreieck genäht wurden, und um den Hals silberne, mit Juwelen besetzte Schutz- und Glücksamulette in Kästchenform und lang herunterbaumelnde Edelsteinketten, die im Licht der Kerosinlampen glitzerten.

Wir folgten den Erwachsenen in den Lhamo Khang, wo wir zuerst unsere Niederwerfungen und Gebete vor Palden Lhama, der Schutzgöttin unserer Familie, verrichteten; anschließend ging es in den *Tschö-gyal Khang*, wo wir entsprechend unserem Alter Plätze zugewiesen bekamen. Großvater nahm auf dem höchsten Stuhl Platz, der einem Thron ähnelte, gefolgt von meinem Vater, meiner Großmutter, meiner Mutter und so weiter, bis hinunter zum jüngsten Familienmitglied. Jeder von uns erhielt eine Schale mit heißem Weizenbrei, heißes Gerstenbier, Buttertee und Reis, wie es die Zeremonie erforderte. Schließlich brachten die Diener die Holzkästen mit Weizenkörnern und *tsampa* und die Schale *chang* herbei. Kichernd entboten auch wir den Trägern der guten Wünsche unser *tashi delek* für das neue Jahr.

Die Bediensteten schenkten allen Mitgliedern des Haushalts Gebetsschals, vom ältesten bis zum jüngsten, und nachdem ein letztes Mal Tee gereicht worden war, neigte sich die Zeremonie dem Ende zu. Mein Großvater und mein Vater brachen umgehend zum Zentraltempel in Lhasa auf, bevor sie im Potala an den offiziellen Feierlichkeiten der Regierung teilnahmen. Meine Großmutter und meine Mutter kehrten ins Bett zurück und gingen erst nach Sonnenaufgang mit uns Kindern in den Tempel.

Die Menschen hatten an diesem Tag ihre schönsten Kleider und ihren besten Schmuck für den Besuch des Tempels angelegt. Meine Großmutter und meine Mutter waren immer in vollem Ornat. Es bedurfte der Ellbogen, damit wir uns den Weg durch die Menschenmenge bahnen, von einem Schrein zum anderen gehen, unsere Niederwerfungen verrichten, unsere Gebetsschals darbringen und beten konnten. Nyerpa Wangyal-la ging uns voran, gemeinsam mit einem Diener, dem die Aufgabe oblag, die *khadaks* zu tragen, die uns Nyerpa-la reichte, um sie den zahlreichen Gottheiten im Haupttempel zu opfern.

An diesem Tag aßen wir bestimmte Gerichte, jede Familie für sich. Es brachte Unglück, am ersten Tag von *Losar* Besuche abzustatten. Feuerwerkskörper sorgten dafür, dass wir uns nicht langweilten, und Gerstenbier und *tsampa* versetzten alle in festliche Stimmung.

Am zweiten Tag empfingen wir Besucher und besuchten Familienangehörige. Abgesehen von den Bettlern, die regelmäßig an *Losar* vor der Tür standen, kam eine bestimmte Gruppe von Bittstellern zu uns, die *ragyab-pa*. Sie gehörten einer Zunft an, die von der Regierung beauftragt war, die Ufer des Kyichu-Flusses sauber zu halten und Leichen und Tierkadaver aus der Stadt zu entfernen. Sie lebten in einem eigenen Viertel. Die älteren Männer, die einer Familie vorstanden, trugen einen *bogdo*, einen runden, flachen gelben Hut, der ihren Status anzeigte. Ihre Hütten waren aus den Hörnern von Yaks und den Häuten von Kühen, Schafen und anderem verendeten Vieh errichtet. Die Zugehörigkeit zu ihrer Zunft war erblich und das Oberhaupt einer Familie wurde vom Magistrat der Stadt gewählt. Der Zunftmeister sammelte die Spenden ein und verteilte sie unter den Familien; er war für die gesamte Gemeinschaft verantwortlich.

Wenn in einem Stadtteil ein Fest stattfand, machte sich als Erstes eine Gruppe von *ragyab*-Vätern auf den Weg, um zu betteln. Sie sangen ein Lied, um Glück zu wünschen, und baten im Gegenzug um ein Almosen. Die jüngeren Mitglieder der Zunft, *pedongna* genannt, zogen als Nächste von Haus zu Haus, in einigem Abstand, und zum Schluss folgten die Frauen. Sie waren als hartnäckige Bettler bekannt und brachten ihre Bitte um eine milde Gabe mit großem Nachdruck vor. Entsprach diese nicht ihren Vorstellungen, belagerten sie das Anwesen und sangen immer lauter und schriller ihre Lieder, in denen sie mehr Geld verlangten. Manchmal verfluchten sie die Familie sogar. War das Lied zu Ende, riefen sie mehrmals

» *Wo-jung*«, was so viel wie ›ein Lob dem edlen Spender‹ bedeutet, doch wenn sie nicht zufrieden waren, gingen sie wortlos, was Unglück für die Familie verhieß. Das Lob war wichtig, und so waren alle erpicht darauf, es dieser Bettlerzunft recht zu machen.

Am dritten Tag der Neujahrsfeierlichkeiten fand im Wesentlichen ein ähnliches Ritual wie am ersten Tag im Hauptgebetsraum unseres Hauses statt. An diesem Tag wurden den Bediensteten Schals und Geldgeschenke von meinem Vater überreicht, der seine zeremoniellen Gewänder trug. Tibeter im ganzen Land feierten *Losar* auf ähnliche Weise, entsprechend ihren finanziellen Mitteln.

Mön-lam Tschenmo, das Große Gebet, begann wenige Tage nach *Losar*, um Buddhas Sieg über die Geister zu feiern, die ihn während seiner Meditationen in Versuchung geführt hatten. In dieser Zeit hielten sich Tausende von Mönchen in ihren kastanienbraunen Roben in Lhasa auf, die aus den Klöstern in der Umgebung kamen. Drei Wochen lang überließ der Magistrat der Stadt alle Macht den beiden ranghöchsten Mönchen, die als äußerst streng galten und ihre Autorität gerne zur Schau stellten.

Neben Gebeten, Opfergaben und Zeremonien fanden auch Prüfungen für den *Geshe*-Titel (Gelehrten-Titel) statt. Sie wurden von den Gelehrten der drei größten Klöster in Lhasa abgehalten, Kloster Sera, Drepung und Ganden. Sie wurden in Form eines theologischen Disputs durchgeführt, unter der Aufsicht der ranghöchsten gelehrten Mönche. Die Prüflinge saßen da und beobachteten die Mönche, die vor ihnen standen und ihnen mittels Händeklatschen und Gesten das Wort erteilten und spitzfindige Fragen stellten. Bisweilen ging es dabei ziemlich hitzig zu. Der Disput schärfte den Verstand und spornte die Mönche an, sich noch mehr in die Schriften zu vertiefen.

Es heißt, dass sich einmal zwei alte Muslime bei einer diesen Prüfungen unter den Zuschauern befanden. Der eine, der einen solchen Disput zum ersten Mal miterlebte, fragte seinen Freund: »Worüber streiten sich die Mönche?« – »Unstimmigkeiten, über die sie sich schon seit Buddhas Lebzeiten nicht einig werden können«, antwortete dieser.

Während *Mön-lam* erhielten die Mönche und Bettler der Stadt Geld und Naturalien von Seiner Heiligkeit, der Regierung, einzelnen Regierungsbeamten und der Bevölkerung geschenkt. Siebenmal am Tag wurde der Kongregation Buttertee und zweimal am Tag eine gehaltvolle Suppe aus Weizen- oder Gerstenmehl vorgesetzt. Manchmal gab es Schüsseln mit Aprikosen und Butterreis, mit Rosinen und *droma* bestreut, und die Kongregation erhielt Geldspenden. Die Gebete der Mönche wurden als sehr wichtig erachtet und Menschen aus allen Regionen Tibets kamen nach Lhasa, um daran teilzunehmen und sich segnen zu lassen.

Das Butterlampen-Fest fand am fünfzehnten Tag des ersten Monats im neuen Jahr statt (weil an jedem fünfzehnten Tag nach dem tibetischen Kalender Vollmond herrscht). Tibeter aller Art strömten zum Barkhor, dem zentralen Marktplatz in der Altstadt Lhasas. Nach Sonnenuntergang zogen wir unsere schönsten Kleider an und begleiteten Mola und Amala zum Haus von Nyerpa

Wangyal-la, das sich im Barkhor-Viertel befand. Inner-halb des ringförmig angelegten Wandelpfades waren hier rund um dem Jokhang Tempel mehrere Regierungsge-bäude und Privathäuser entstanden. Auch ein paar klei-ne Läden und Tempel hatten sich hier angesiedelt. Die Menschen umrundeten den Barkhor-Platz zu religiösen Zwecken, kauften ein oder besuchten Freunde. Buddhis-ten umschritten ihn stets im Uhrzeigersinn. Wer gegen den Uhrzeigersinn ging, bewegte sich auf dem so genann-ten äußeren Kreis und deshalb wurden Andersgläubige ›Außenseiter‹ genannt.

Außerhalb des Barkhor-Pfades gab es weitere Läden, indische Teehäuser, *chang*-Häuser und Privathäuser. Wer nach materiellen Genüssen trachtete, konnte hier ne-ben heimischen Produkten wie *dri*-Käse (vom weiblichen Yak), Butter aus dem nordtibetischen Changthang oder Dörrfleisch vom Lande auch Waren aus aller Welt kau-fen, wie die bekannten 555- und 999-Zigaretten, ›Soir de Paris‹-Parfums aus Indien, Brokatstoffe aus Russland, China, Indien und Japan und Kosmetikartikel aus Frank-reich und Großbritannien.

Von den Mönchen wurden kunstvolle Butterstatuen gefertigt. Manche Skulpturen waren mehr als zwanzig Meter hoch. Von verschiedenen Klöstern oder Regie-rungsbeamten privat in Auftrag gegeben, waren diese Kunstwerke aus gefärbter Butter auf einen Holzrahmen montiert und in Form von Menschen, Bäumen, Tieren, Pflanzen oder Glückssymbolen geformt. An einigen waren hinten Schnüre befestigt, sodass sie wie Marionet-ten bewegt werden konnten. Sie waren als Opfergabe für die Drei Kostbarkeiten gedacht. Seine Heiligkeit der Dalai Lama, seine Minister und andere hohe Lamas kamen in einer feierlichen Prozession, um sie als Erste in Augenschein zu nehmen. Danach strömte das Volk, das in langen Schlangen gewartet hatte, herbei, um die Butterskulpturen von allen Seiten zu begutachten und sie singend und tanzend zu umrunden.

Am fünfzehnten Tag des fünften tibetischen Monats, zu Beginn des Sommers, feierte man im ganzen Land *Dzam-ling Tschi-sang* oder den Tag des Universellen Gebets. An diesem Tag gedachte man Padmasambhavas, der die lokalen Geister beschwichtigt und das Böse besiegt hatte, als er im achten Jahrhundert von Indien nach Tibet gekommen war, um den Buddhismus zu verbreiten.

Die Sommerpicknicks wurden von der Regierung mit Gebeten zu den lokalen Gottheiten und Geistern eröffnet. Die Bevölkerung besuchte die verschiedenen Tempel und Schreine, zündete Räucherwerk an und vielfarbige Gebetsfahnen bedeckten die Gipfel der Hügel und Berge. Die Stadtbewohner errichteten Zelte auf den Feldern und in den öffentlichen Parks am Rande der Ortschaften, in die sie vorübergehend zogen, um die frische Luft und den Sommeranfang zu genießen. Sie badeten im Kyichu-Fluss und im kristallklaren Wasser der Kanäle, die an den Wiesen mit gelb leuchtendem Ackersenf entlangführten.

Die Männer vergnügten sich beim tibetischen Würfelspiel, das von spöttischen und manchmal anzüglichen Liedern begleitet wurde, die bei jedem Wurf angestimmt wurden. Der Würfel wurde in einem Holzbecher geschüttelt, der mit viel Schwung auf einem runden Lederkissen landete. Ringsum hatte sich eine große Zuschauermenge eingefunden, um die originellen Verse anzuhören und die Spieler anzufeuern. An Bier und Leckerbissen, die herumgereicht wurden, herrschte kein Mangel.

Ein anderes Fest, das vor allem mit den tibetischen Frauen in Verbindung gebracht wurde, war *Pal-lhä-Ritö*. An diesem Tag wurde die Statue der blutrünstig erscheinenden, alle Wesen voller Mitgefühl beschützenden Göttin Palden Lhamo, die im Jokhang beheimatet war, in einer feierlichen Prozession um den Barkhor-Platz getragen und eine Zeit lang mit dem Gesicht zum Vase Hill abgesetzt, einem kleinen Hügel südöstlich von Lhasa, der wie eine Vase aussieht. Unterhalb des Hügels befindet sich das Kloster Tse-tschok-lung, wo der Gemahl der Göttin seine Heimstatt hatte. Einmal im Jahr waren die Göttin und ihr Gemahl vereint. An diesem Tag besuchte man den Jokhang oder einen anderen Tempel mit einer Statue von Palden Lhamo und es war ein Tag der Freude und des Gebets.

Einen Tag, bevor die Göttin Palden Lhamo in der Öffentlichkeit erschien, wurde sie aus ihrem dunklen Schrein geholt. Man bemalte ihr Gesicht mit frischer Goldfarbe, hüllte sie in kostbare neue Gewänder aus Seide und Brokat und der *La-tschen*, der Stadtkämmerer, brachte ihr Opfergaben dar. Die Statue der Göttin verbrachte die Nacht außerhalb des Schreins von Shakyamuni, der wichtigsten Gottheit im Zentraltempel. Sie wurde vor dem Eisengitter abgesetzt, das Gesicht dem Buddha zugewandt.

Am nächsten Morgen in aller Frühe kamen Mitglieder des tibetischen Kabinetts, um zu beten, Schals als Opfergabe darzubringen und Palden Lhamos Segen zu empfangen. Ihnen folgten andere Regierungsbeamte und den ganzen Tag herrschte ein großer Andrang von Besuchern. Tibeter aus allen Schichten der Bevölkerung standen Schlange, um ihre Schutzgöttin zu sehen, und manche von ihnen hatten eine lange Pilgerreise in die heilige Stadt hinter sich, von der sie ein Leben lang zehren würden.

Während sich Palden Lhamo in der Stadt zeigte, wurden in allen vier Himmelsrichtungen Feuerzeremonien abgehalten, um die Luft zu reinigen und Unheil zu vertreiben. Ein starker Mönch wurde ausgewählt, um das mit Maske und Baldachin geschmückte Standbild der Göttin einmal rund um den inneren Barkhor zu tragen. Dieser Mönch musste eine Zeit lang in Klausur gehen, bevor er seiner ehrenvollen Aufgabe nachkam, um seine Gedanken zu reinigen und den Geist der Göttin in seinem Innern heraufzubeschwören. Nach den Feierlichkeiten kehrte die Göttin in ihren düsteren Schrein zurück, wo sie für ein weiteres Jahr verblieb und weder die Sonne noch ihren Gemahl auf dem Vase Hill zu Gesicht bekam. Der Raum war ein Tummelplatz für Mäuse, die als ihre Streitmacht galten. Beim Anblick der Mäuseschar, die über die Statue der Göttin krabbelte, lief mir immer ein Schauer über den Rücken. Ich flüchtete in den angrenzenden Gebetsraum, in dem sich ihre friedfertige Manifestation ohne Mäuse-Armee befand.

An diesem Tag bekamen die Kinder Geld von älteren Familienmitgliedern und Freunden geschenkt. Es war durchaus angemessen, jemanden an dieses Geschenk zu erinnern, das *paley thunchar* genannt wurde. Mein Groß- onkel, ein alter, sehr netter Mönch mit einem strahlenden Lächeln, kam an diesem Tag zu Besuch, um Geld an uns Kinder zu verteilen. Unsere Großeltern und Eltern hielten sich ebenfalls an diesen Brauch. Wenn wir eine erkleck- liche Summe beisammen hatten, verwahrte unsere Mut- ter sie in Beuteln – ähnlich wie bei einem altmodischen Sparschwein –, von denen jedes Kind einen eigenen besaß. Wenn wir Geld brauchten, wurde es uns aus die- sen Beuteln zugeteilt, die vor unserem Zugriff sicher im Wohnraum meiner Eltern aufbewahrt wurden.

Im Sommer fand das Lhamo-Theaterfest statt. Es heißt, dass ein Bodhisattva namens Thang-tong Gyal-po im vierzehnten Jahrhundert die erste Eisenbrücke in Tibet errichten ließ. Um das nötige Geld aufzubringen, führten seine Arbeiter Singspiele auf. Die Göttin Tara schenkte ihnen die sieben Glieder der magischen Eisenkette für den Bau der Brücke und den Darstellern, die ihr zu Ehren auftraten, wurde der Titel Achi Lhamo verliehen. Achi Lhamo bedeutet ›weibliche Göttinnen‹.

Zu Beginn einer Lhamo-Vorstellung wurde ein Stand- bild von Thang-tong Gyal-po in die Mitte der Bühne gestellt und erst dann konnte das Stück beginnen. Die *ngön-pa* (Jäger) betraten die Bühne und führten den zere- moniellen Reinigungstanz auf. Ihnen folgten zwei impo- sante Gestalten mit langen Gewändern, hohen Zylinder- hüten und einem langen Wanderstab in der Hand. Die beiden Männer wirkten sehr würdevoll, wenn sie laut- los die Bühne betraten. Dann erschienen die Göttinnen, die lange Schals in allen Farben des Regenbogens auf ihren Schultern drapiert hatten. Die Darsteller sangen *Namthar*, führten einige Tänze auf, begrüßten die Zuschauer mit Verbeugungen und dann trug der Erzähler den Prolog vor.

Die ersten Vorstellungen, kurze Auszüge aus verschiedenen Opern, fanden am fünfundzwanzigsten Tag des sechsten tibetischen Monats in Kyitsel Ludhing statt, nicht weit von Lhasa entfernt. Hier befand sich der Palast des Achten Dalai Lama, Jamphel Gyatso. Das Opernensemble gastierte danach im Potala, im Norbulingka-Palast und im Drepung-Kloster, wo sich ein weiterer Palast befand. Im Drepung-Kloster wurden die Ehrengäste mit Reis, Rosinen, *droma* und *sho-drä* (geronnene Milch und Reis) bewirtet. Das Theaterfestival war auch als *Sho-tön* oder ›Erscheinen von geronnener Milch‹ bekannt.

Im siebten Monat traten die Schauspieltruppen vier Tage lang in der Sommerresidenz des Dalai Lama auf, wo auch die breite Öffentlichkeit zugelassen war. Vor dem Palast hatte man eine erhöhte Plattform errichtet, die als Bühne diente. Rechts und links neben der Bühne wurden Baldachine aufgestellt, die Ministern, Familienangehörigen des Dalai Lama, den Botschaftern von Großbritannien, Indien, Nepal und Bhutan und muslimischen Führern vorbehalten waren. Die übrigen Regierungsbeamten hatten in ihren Zelten Platz genommen, die in der Nähe standen. Frauen war der Auftritt auf der Bühne nicht gestattet, es sei denn, sie gehörten der Familie Seiner Heiligkeit an. Die Frauenrollen wurden von Männern gespielt. Die Ehefrauen der Minister saßen mit ihren prachtvollen Gewändern, Kopfbedeckungen und Juwelen unterhalb der Bühne, zusammen mit den übrigen Zuschauern.

Es gab ungefähr ein Dutzend Opernensembles, aber die berühmtesten waren Kyumu-Loong, Chungpa, Nyermo, Shangpa und Gyankara, die auf der Bühne vor dem Norbulingka-Palast zu Ehren Seiner Heiligkeit auftraten. Sie waren sehr begehrt und wurden von vielen Adelsfamilien und Klöstern um ein Gastspiel gebeten, bei dem auch die Öffentlichkeit zugelassen war. Die Schauspieler wurden mit Bargeld oder mit Getreide und Tee bezahlt und am Ende der Vorstellung erhielt jedes Mitglied des Ensembles einen kostbaren Gebetsschal.

Bei diesen Vorstellungen hatte das Volk die seltene Gelegenheit, einen Blick auf den Dalai Lama zu werfen. Eine weitere bot sich, wenn Seine Heiligkeit vom Winterpalast, dem Potala, in seine Sommerresidenz Norbulingka umzog und gegen Ende des Sommers wieder in den Potala zurückkehrte. Die Bewohner von Lhasa säumten in festlicher Aufmachung die Straßen der Route, die Seine Heiligkeit nahm. Gespannt warteten wir auf unser geistiges und weltliches Oberhaupt, dem wir große Verehrung entgegenbrachten und dessen Ankunft vom dumpfen Trommelschlag der großen runden *damaru* (doppelseitige Handtrommel) und der *suna,* einem Blasinstrument, angekündigt wurde.

Die Prozession war lang. Sie wurde von einem Bediensteten des Palastes angeführt, der ein langes weißes Wollgewand, maronenfarbene Stiefel und einen flachen gelben, Pfannkuchen-ähnlichen Hut trug. Er ritt auf einem Schimmel und hielt ein Paar mit Tigerfell überzogene Holzklötze in der Hand, an deren Enden Yakschwänze hingen. Er wurde Türsteher genannt und die Klötze dienten dazu, die Tür offen zu halten. Ihm folgten Bannerträger zu Pferde in kostbaren Brokatgewändern, denen sich die rangältesten Mitglieder der tibetischen Regierung und die persönlichen Bediensteten des Dalai Lama anschlossen. Seine Heiligkeit wurde in einem goldenen *palankin,* einer überdachten Sänfte, von Dienern in goldene Seidenroben, schwarzen Lederstiefeln und runden roten Hüten mit Fransen getragen. In einer Wolke aus Weihrauch und brennendem Räucherwerk marschierte die Leibwache des Dalai Lama zu den Klängen einer Militärkapelle vorüber, die westliche Melodien wie ›Auld Lang Syne‹ und ›It's a Long Way to Tipperary‹ spielte.

Am fünfundzwanzigsten Tag des zehnten tibetischen Monats begingen die Tibeter den Todestag von Je Tsongkhapa, dem großen Lehrer der Gelukpa- oder Gelbmützensekte. An diesem Tag wurden neue tibetische Beamte in den Staatsdienst aufgenommen und erhielten den Segen des Dalai Lama. Am Abend brachten Seine Heiligkeit und die Mönche seines Stammklosters Opfergaben im Gebetsraum des Potala dar.

Überall in Lhasa wurden Lichter auf den Dächern und Fenstersimsen angezündet. Das war Aufgabe der Kinder, die mit Laternen aus getrockneten Schaf- und Yakblasen herumgingen, in denen sich kleine Öllampen aus Ton oder Butterlampen befanden. Oben war eine große Öffnung, an deren Seiten Schnüre zum Tragen befestigt waren. Wir benutzten die Laternen, um die Lampen auf den Dächern anzuzünden, wobei zu Ehren von Je Tsongkhapa Lobgesänge und Gebete angestimmt wurden. Die Nachtluft war kalt und die Sterne glitzerten hell am wolkenlosen Firmament. Wenn alle Lampen brannten, kehrten wir ins Haus zurück, wo heiße, angedickte Suppen auf uns warteten.

Am Ende des Sommers kehrte Seine Heiligkeit in einer feierlichen Prozession in den Potala zurück. Die Weidenblätter färbten sich braun und das Laub der Pappeln bedeckte den Boden. In den frühen Morgenstunden war die Luft eisig. Die Freuden des Sommers mit Picknicks, Baden im Kyichu-Fluss, Opern und magischen Standbildern verflüchtigten sich wie die Nebelschwaden des brennenden Räucherwerks. Der lange, kalte Winter übernahm das Regiment.

China und Tibet

Ende 1949 wurden die chinesischen Nationalisten von den Kommunisten unter der Führung Mao Tse-tungs entmachtet und die Volksrepublik China gegründet. Sobald ihre Macht konsolidiert war, kündigten die Kommunisten ihr Vorhaben an, Tibet von imperialistischen Elementen zu befreien, obwohl es keine imperialistische Macht in Tibet gab. Zur damaligen Zeit lebten überhaupt nur wenige Menschen aus dem Westen in Tibet.

Vor dem Einmarsch der Chinesen fanden in Tibet seltsame, unerklärliche Ereignisse statt. 1948 richtete ein furchtbares Erdbeben verheerende Schäden an, dabei wurden Berge und Täler verschoben, Überschwemmungen ausgelöst und viele Menschen getötet. Während der trockenen Sommermonate tropfte plötzlich Wasser aus den Rachen der prächtigen Steinlöwen, die den Zentraltempel in Lhasa bewachten, ein unheilvolles Omen. Die Frauen in Lhasa, die sich gerne herausputzten, gingen dazu über, schwarze Blusen und Gewänder zu tragen; auch das verhieß nichts Gutes. In Lhasa machten sich Angst und Misstrauen breit und Gerüchte über viele ungewöhnliche Vorkommnisse machten die Runde.

Die tibetische Regierung reagierte sehr besorgt auf die Drohung Chinas. Tibet war abgeschottet vom Rest der

Welt und besaß keine modernen Streitkräfte, um das Land im Notfall zu verteidigen. Die Armee bot keinerlei Schutz vor einem Übergriff ausländischer Mächte: Sie nahm mehr oder weniger Polizeifunktionen wahr und diente überwiegend als Nationalgarde, die Reisende ohne Aufenthaltsgenehmigung daran hinderte, unbefugt das Land zu betreten. Tibet war nicht im Geringsten auf einen Krieg vorbereitet.

Mein Großvater Dasang Dadul Tsarong war überzeugt, dass die tibetische Armee gestärkt werden musste, und wies auf die Dringlichkeit der Aufgabe hin, moderne, gut ausgebildete Truppen zu rekrutieren. Als Oberbefehlshaber der tibetischen Armee hatte er den Dreizehnten Dalai Lama überzeugen können, Offiziere in die Ausbildungslager der Engländer nach Indien zu schicken, die Anzahl der Soldaten aufzustocken und sie von einem japanischen Offizier ausbilden zu lassen. Tsarongs Ideen waren indes zu fortschrittlich für die konservativen Tibeter. Die Kosten für den Aufbau einer modernen Streitmacht hätte eine Erhöhung der Abgaben von Klöstern und Adel erfordert, ein Ansinnen, das auf Widerstand stieß. Pola war ein patriotischer, mächtiger Mann, doch sein enger Kontakt zum Dreizehnten Dalai Lama hatte den Neid der herrschenden Elite geweckt. Dazu kam, dass ihm einige Adelige mit Vorurteilen begegneten, weil er der Sohn eines Bauern war. Die Intrigen gegen meinen Großvater uferten aus, sodass er schließlich seines Postens in der Armee und im Kabinett enthoben wurde und um sein Leben fürchten musste. Es ging das Gerücht, Tsarong wolle Tibets Armee aufbauen, um den Dalai Lama zu entmachten. In einem derart konservativen und religiösen Land hätte jemand ein Narr sein müssen, um ein solches Komplott auch nur in Erwägung zu ziehen, und Tsarong hätte seinen Wohltäter niemals verraten. Schließlich hatte er dem Dalai Lama seinen beruflichen Werdegang, seine Stellung und seinen Status als Oberhaupt der Familie Tsarong zu verdanken. In dieser turbulenten Zeit begab er sich auf eine Pilgerfahrt nach Indien und Nepal, die ihm das Leben rettete.

Es gab eine Reihe Gleichgesinnter in der Regierung, jüngere progressive Männer, die das alte System verändern wollten, doch sie mussten sich den Älteren und Ranghöheren in der weltlichen und religiösen Machthierarchie fügen. Angesichts der Drohung Chinas wurde die Nationalversammlung einberufen, die beschloss, sich um Hilfe an die Nachbarstaaten und an Großmächte wie Großbritannien und die USA zu wenden. Eine Delegation wurde entsandt, aber ihre Mission war schon in Indien beendet: Die Antwort der Länder, mit denen man Kontakt aufgenommen hatte, lautete einhellig: Tibet müsse versuchen, die Probleme mit China allein zu lösen. Niemand wollte in den Konflikt hineingezogen werden.

Gebete wurden gesprochen, Butterlampen angezündet, hohe Lamas und Orakel zurate gezogen, doch es war zu spät. Anfang 1950 hatten die Chinesen die tibetische Grenze überschritten und im Oktober Chamdo eingenommen. Die tibetischen Widerstandskämpfer, zahlenmäßig weit unterlegen und mit altertümlichen Waffen ausgestattet, führten einen aussichtslosen Kampf ange-

sichts einer so großen Armee mit moderner Kriegsaus-
rüstung und Munition im Überfluss. Man wandte sich
mit einer Protestnote an die Vereinten Nationen, die Reaktion war jedoch enttäuschend: Die Tibetfrage wurde
auf die lange Bank geschoben. Ich fragte mich damals oft,
wozu eine Organisation wie die UN gut sein sollte, wenn
es ihr nicht gelang, Frieden zu stiften, vor allem, wenn der
Angreifer ein mächtiges Land war, das ein schwäche-
res überfiel. Sie verabschiedete später drei Resolutionen,
die Tibet moralisch den Rücken stärken sollten, zu mehr
konnte sie sich nicht aufraffen.

Die innenpolitische Situation in Tibet war nicht gut.
Zeiten einer Zwischenregentschaft waren immer unruhige Perioden in der tibetischen Geschichte gewesen, von
Intrigen geprägt. Das Land war geschwächt, am Rande
des Chaos, und der damalige Regent Taktra Rinpoche
war unbeliebt. Das Staatsorakel wurde befragt, mit dem
Ergebnis, dass man den damals erst fünfzehn Jahre alten
Dalai Lama mit den vollen Machtbefugnissen ausstatte-
te. Auf diese Weise wurde Seine Heiligkeit der Vierzehn-
te Dalai Lama in einem konfliktbeladenen politischen
Klima inthronisiert.

Als spirituelles und weltliches Oberhaupt war der
Dalai Lama der einzige Mensch, der das Land in einem
solchen Augenblick der Angst und Ungewissheit einen
konnte. Er war zu wichtig und konnte nicht in Lhasa
bleiben, während die Chinesen auf die Hauptstadt vorrückten. Ende 1950 drängte man ihn, Lhasa zu verlassen
und das Land von Dromo (an Sikkim angrenzend) aus zu
regieren, unweit der indischen Grenze, während ein Laie

und ein Mönch im Rang eines Premierministers über die Geschicke der Hauptstadt wachen sollten.

Als mein Mann Lobsang Samden noch lebte, ermutigte ich ihn, wichtige Etappen seines Lebens zu notieren, aber er kam damit nicht recht voran. Ich fragte ihn nach Einzelheiten über die chinesische Machtübernahme, weil ich geplant hatte, ein Buch über sein Leben zu schreiben. Ich konnte ihm nicht viel entlocken, folgende Aufzeichnungen sind jedoch wichtig, da sie die damalige Atmosphäre widerspiegeln:

»Etwa 1950, in Lhasa, der Hauptstadt Tibets, kamen mir erstmals die seit geraumer Zeit kursierenden Gerüchte zu Ohren, dass die Chinesische Befreiungsarmee Tibet zu besetzen plane. Ich nahm gerade am Yarkey teil, dem jährlichen Sommerpicknick der Mönche in der tibetischen Regierung, das im idyllischen Tsedrun Lingka-Park am Stadtrand von Lhasa stattfand. Unser österreichischer Freund Heinrich Harrer, einer der damals insgesamt nur sechs Europäer in Tibet, war eigens gekommen, um uns die Neuigkeit zu überbringen. Er hatte in den BBC-Nachrichten vom Einmarsch der chinesischen Truppen in Tibet gehört. Wir konnten es nicht fassen. Die Regierung in Peking hatte großspurig angekündigt, man wolle Tibet befreien, und man munkelte seit einiger Zeit, dass sie ihr Vorhaben wahr machen könnte, aber wir hatten nicht wirklich daran geglaubt. Vor allem hatten wir nicht damit gerechnet, dass die Invasion so bald stattfinden würde, und sie traf uns völlig unvorbereitet. Das Schicksal unseres Landes lag in den Händen von nicht mehr als achttausendfünfhundert Männern, die mit völlig veralteten Waffen aus der Zeit vor dem Zweiten Weltkrieg ausgerüstet waren und keinerlei Kampferfahrung besaßen. Wir konnten im Moment nichts anderes tun, als das Picknick fortsetzen, die Köpfe zusammenstecken und über die aktuellen Nachrichten diskutieren.

In den nächsten Wochen fanden mehrere Krisensitzungen des *Kashag* statt; dieser Ministerrat bestand normalerweise aus vier Mitgliedern, von denen einer ein Mönch war. Der Name des Mönches lautete Kalon Rampa und die Laien-*Kalöns* waren Surkhang, Ragashar und Lhalu. Der *Kashag* beriet sich mit den vier *Trungyi Chenmo* (Repräsentanten des *Yigtsang*, des Hohen Rats der Mönche, die ein Regierungsamt bekleideten) und den vier *Tsi-pön* (Laienministern, die dem *Tsikhang* oder Schatzamt angehörten). Diese Männer trafen sich auch mit einem Unterausschuss der Nationalversammlung. Die Krisensitzungen schufen große Unruhe im Volk, das sich so der Bedrohung unseres friedliebenden Landes bewusst wurde. Ich war damals achtzehn Jahre alt, Mönch und Mitglied der tibetischen Regierung, ohne wichtige Position, aber als Bruder des Dalai Lama hatte ich das Privileg, über die verschiedenen Versammlungen informiert zu sein, an denen ich jedoch nicht teilnahm. Als junger Mensch war mir nur die Gefahr für unsere Religion und die Möglichkeit bewusst, dass unser Friede gestört und das Land in eine kriegerische Auseinandersetzung verwickelt werden könnte. Ich hatte große Angst. Ich wusste damals nicht viel über die Außenwelt und fragte mich, was aus der tibetischen Kultur und Religion werden würde und wie viel Leid uns bevorstehen mochte. Das Ergebnis dieser Krisensitzungen war, dass die tibetische Armee durch ein neu rekrutiertes, fünftausend Mann starkes Regiment aufgestockt werden sollte. Radio Lhasa betonte in den Nachrichten unser Recht auf Unabhängigkeit und den Wunsch, den Konflikt mit den Chinesen friedlich beizulegen, wies jedoch auch auf unsere Bereitschaft zum Kampf hin, falls China Tibet widerrechtlich besetzen sollte. Diese Verlautbarung war die Antwort auf eine provokative Nachricht, die Radio Peking in tibetischer Sprache gesendet hatte.

Bald gelangten noch schlimmere Nachrichten von Lhalu, unserem Gouverneur im östlichen Tibet, der seinen Amtssitz in der Stadt Chamdo hatte, nach Lhasa. Robert Ford, ein Brite, der damals für die tibetische Regierung tätig war, sorgte für ständigen Funkkontakt zwischen Lhasa und Lhalu. Eines Tages wurde eine chiffrierte Mitteilung aus Chamdo aufgefangen, dass die Chinesen auf die Ostgrenze unseres Landes vorrückten. Die Nationalversammlung mit ihren etwa vierhundert Mitgliedern wurde einberufen und traf die Entscheidung, Delegationen in die USA, nach Großbritannien, Indien und Nepal zu schicken, um Unterstützung zu erbitten und der Außenwelt, die wenig über Tibet wusste, unsere Position klar zu machen. Die Ernennung der Delegierten erfolgte in Abstimmung mit dem Regenten Taktra Rinpoche, dem *Kashag, Yigtsang* und *Tsikhang*. In Tibet gibt es ein Sprichwort, das besagt, es sei besser, sich von Buddha und hohen Lamas leiten zu lassen als von gewöhnlichen Sterblichen und die Ergebnisse danach zu bereuen. Deshalb wurden Orakel befragt und Divinationen abgehalten. Wie es dem Brauch entsprach, reichte auch hier ein Repräsentant nicht aus: die meisten Aufgaben wurden in Tibet einem Laien und einem Mönch gemeinsam übertragen. Noch bevor die Delegationen ihr Ziel erreicht hatten, traf die Antwort ein: Die vier Länder brachten ihre tiefstes Mitgefühl zum Ausdruck, führten jedoch die geografischen Schwierigkeiten, nach Tibet zu gelangen, als Hinderungsgrund an, dem bedrängten Land zu Hilfe zu eilen. Indien betonte, Tibet solle versuchen, seine Differenzen mit China auf dem Verhandlungsweg beizulegen. Der Gesandte, der nach Indien aufgebrochen war, drang bis zur indischen Regierung in Neu Delhi vor, doch die Gespräche brachten keinen Erfolg. Ngapo trat Lhalus Nachfolge als Gouverneur an und am 19. Oktober 1950 wurde Chamdo von den Chinesen erobert. Ngapo wurde als Geisel genommen und Robert Ford wurde gefasst und eingesperrt.

Die Regierung in Lhasa war verzweifelt und zutiefst entmutigt über die negativen Reaktionen der Länder, die man um Hilfe gebeten hatte. Wieder wurden die Staatsorakel befragt. Während einer dieser Beratungen empfahl das *Nechung*-Orakel (Staatsorakel) dem Regenten, die Regierungsgewalt offiziell dem Dalai Lama zu übertragen und ihn unverzüglich zu inthronisieren. Für viele Tibeter machte die Botschaft des *Nechung*-Orakels Sinn, weil in der Zentralregierung in Lhasa das Chaos um sich griff und seit dem Tod des Großen Dreizehnten Konfusion und Amtsmissbrauch an der Tagesordnung waren. Angesichts der chinesischen Bedrohung befand die Regierung sich in

einem beklagenswerten Zustand. Schließlich wurde der
Dalai Lama am 17. November 1950 im Alter von fünfzehn Jahren inthronisiert.

Als erste Amtshandlung verfasste der Dalai Lama ein
Schreiben an die chinesische Regierung mit der Aufforderung, die Truppen aus Tibet abzuziehen, die Gefangenen freizulassen und den Konflikt friedlich beizulegen.
Mittlerweile war es dem *Kashag* gelungen, den Fall Tibet
vor die Vereinten Nationen zu bringen, doch am 24. November 1950 wurde die Diskussion über die Tibetfrage
in der Generalversammlung vertagt. Wieder waren wir
uns selbst überlassen und keine ausländische Regierung
oder Großmacht erklärte sich bereit, uns bei unserem
Kampf gegen das mächtige kommunistische China beizustehen.

Um das Leben des Dalai Lama nicht zu gefährden, tag-
te die Nationalversammlung ein weiteres Mal und entschied, dass dieser die Regierungsgeschäfte vorübergehend von Dromo, unweit der indischen Grenze, führen
sollte. Der Dalai Lama ernannte zwei Premierminister,
einen Laien und einen Mönch, die in Lhasa blieben und
uneingeschränkte Entscheidungsbefugnis in allen Angelegenheiten erhielten, die Tibets Sicherheit betrafen. Im
Dezember 1950 brach der Dalai Lama mit seinem Gefolge nach Dromo auf. Für die Verhandlungen mit den Chinesen hatte der Dalai Lama Ngapo die volle Machtbe-
fugnis erteilt. Er wurde von Tenzin Thondup Sampo und
Khenchung Thupten Lekmuen unterstützt, die Seine Heiligkeit als Laien-Mitglieder der Verhandlungsdelegation
ernannt hatte.

Am 23. Mai 1951 wurden Sampo, Khenchung Lekmuen, Dzasa Khemey und der Generalsekretär Thupten Tenthar, der sich, aus Dromo kommend, der Delegation in Peking anschloss, unter Druck gesetzt, das so genannte Siebzehn-Punkte-Abkommen zu unterzeichnen, das von den Chinesen diktiert worden war. Ein einseitiges Abkommen, das einen großen Teil der tibetischen Außen- und Militärpolitik chinesischer Kontrolle unterstellte. Die Chinesen hatten tibetische Siegel mit den Namen der Delegierten gefälscht und zwangen sie, die Dokumente durch Unterschrift und Siegel zu beglaubigen. Der Dalai Lama hatte keine Kenntnis vom Inhalt des Abkommens; er hörte davon, genauso wie andere Regierungsangehörige, in einer Nachrichtensendung, die Radio Peking übertrug. Erst nach der Rückkehr der Delegation erfuhren sie, was sich in China zugetragen hatte. 1959 wurde das Abkommen in Lhuntse-dzong, unweit der tibetischen Grenze mit Nordost-Indien, von der tibetischen Regierung für ungültig erklärt.

Unmittelbar nach der Ratifizierung des Siebzehn-Punkte-Abkommens traf ein chinesischer General namens Chang Chin Wu via Indien in Dromo ein und forderte Seine Heiligkeit mit Nachdruck zur Rückkehr auf. Im Juli 1951 brach der Dalai Lama mit seinem Gefolge nach Lhasa auf, da er keine andere Möglichkeit für Tibet sah. Tibet standen grundlegende Veränderungen bevor, die meisten zum Schlechteren. Einen Monat nach Changs Ankunft in Lhasa marschierten zwei chinesische Truppenverbände mit jeweils dreitausend Offizieren und Mannschaften in Lhasa ein, um Stärke zu demonstrieren.

Während sich der Dalai Lama in Dromo aufgehalten hatte, hatten in Regierungskreisen ernsthafte Diskussionen stattgefunden. Diese meist höheren Chargen waren in zwei Lager gespalten. Die Mönche verlangten, der Dalai Lama solle nach Lhasa zurückkehren, um mit der chinesischen Führung zu verhandeln, während einige der Laienbeamten vorschlugen, er solle Lhasa fern bleiben und in Indien um Asyl nachsuchen. Die Debatten wurden immer hitziger, bis der Dalai Lama beschloss, nach Lhasa zurückzukehren, da er hoffte, dass die Chinesen als zivilisierte Menschen interessiert seien, den Konflikt friedlich beizulegen. Der Dalai Lama und sein Gefolge kehrten nach Lhasa zurück, während einige tibetische Regierungsangehörige entschieden, sich in Indien niederzulassen, da sie nichts mit den Chinesen zu tun haben wollten. Ein kleiner Teil der tibetischen Bevölkerung folgte ihnen nach Indien ins Exil.«

Auf der Durchreise

Nachdem der Dalai Lama und sein Gefolge nach Dromo geflohen waren, hielt meine Familie es für das Beste, nach Indien aufzubrechen. Im Dezember 1950 packten wir Kleidung und Vorräte ein, die wir für eine Abwesenheit auf unbestimmte Zeit brauchten, und begaben uns zu Pferde auf den beschwerlichen Weg durch den Himalaya.

Obwohl ich mich nicht mehr genau an alles erinnere, weiß ich noch, dass die Reisegesellschaft überwiegend aus Kindern bestand: meine vier Geschwister und ich und die beiden Kinder meiner Tante Betty Taring. Mit neun Jahren war ich die Älteste. Meine Mutter, Tante Betty und Mrs Pemba aus Sikkim, eine enge Freundin meiner Mutter, waren ganz auf sich gestellt und mussten eine siebenköpfige Kinderschar sowie einige Bedienstete, die uns begleiteten, heil durch das unwegsame, unwirtliche Gelände führen. Mein Großvater, meine Großmutter und mein Vater waren nicht mit uns unterwegs, sie waren mit dem Gefolge des Dalai Lama nach Dromo aufgebrochen.

Der stundenlange Ritt, im Sattel festgebunden, war eine Tortur auf den steilen Saumpfaden über die Pässe, die uns ans Ziel führten. Unser einziger Trost war der Proviant – Süßigkeiten, getrockneter Käse und Obst –, den wir in unseren Satteltaschen verstaut hatten. Die Erwachsenen waren müde und besorgt über die Ereignisse in Tibet. Wir sprachen wenig und ich sehnte mich danach, endlich an unserem Bestimmungsort anzukommen, wo immer dieser auch sein mochte.

An eine Begebenheit erinnere ich mich gut. Wir waren bereits mehrere Wochen unterwegs und hatten in einem kleinen Dorf Rast gemacht, um dort die Nacht zu verbringen. Ausgelaugt nach einem anstrengenden Tag im Sattel, an dem wir nur langsam vorangekommen waren, waren wir Kinder ganz erpicht darauf, ins Bett zu kommen. Amala, die sich unwohl gefühlt hatte, wurde plötzlich von Schwindel erfasst und fiel in Ohnmacht. Da wir nicht wussten, was wir tun sollten, und Angst hatten, dass unsere Mutter starb, lief eines von uns Kindern zu den Dienstboten, die in den unteren Räumen der Herberge einquartiert waren. Sie begannen sofort mit ihren magischen Ritualen. Eine der Frauen tastete ihr die eiskalten Füße ab und rieb sie, eine andere blies den Rauch von brennendem Räucherwerk und *tsampa* in ihr Bett. Warme butterhaltige *tsampa*-Teigstücke wurden ihr auf Schläfen und Stirn gelegt und gesegnete Arzneikügelchen in den Mund geschoben. Schließlich kam Amala zu sich und die Hitze kehrte in ihre Beine zurück. Zum Glück erholte sie sich rasch und nach wenigen Tagen konnten wir unsere Reise fortsetzen.

Rückblickend bin ich mir sicher, dass der unerwartete Zusammenbruch meiner Mutter auf die nervliche Belastung zurückzuführen war, die mit der prekären Situation in Tibet und dem beschwerlichen Weg nach Indien einherging. Meine Mutter hatte meinen Vater und viele Familienmitglieder zurückgelassen, ohne zu wissen, was die Zukunft bringen mochte. Es war vermutlich der erste schwerwiegende Umbruch in ihrem Leben. In der Zeit vor den politischen Veränderungen in Tibet war ihr Leben in überschaubaren Bahnen verlaufen; zu Hause war jeder Augenblick perfekt organisiert gewesen, alles lief problemlos und glatt. Es gab nur selten Grund, auch nur die Stimme zu erheben.

Schließlich hatten die Strapazen ein Ende, als wir von einer Eskorte des sikkimischen Königshauses mit einer formalen Begrüßungszeremonie in Empfang genommen wurden. In Tsongu-Lake, direkt unterhalb des Nathula-Passes gelegen, bei strahlend blauem Himmel und mit Blick auf einen glitzernden See, brachte man uns zur königlichen Residenz, wo ein Festmahl auf uns wartete. Meine Großmutter mütterlicherseits und ihr jüngster Bruder George Taring, der Mann meiner Tante Betty, stammten aus der sikkimischen Königsfamilie. Ihr Vater, der Thronerbe Raja Taring, war nach Unstimmigkeiten mit den Briten, bei denen es um die Politik gegenüber Sikkim ging, nach Tibet geflohen. Die jüngere Schwester meines Vaters war außerdem mit dem Maharadscha von Sikkim verheiratet.

Meine Geschwister und ich fanden die kleinen runden Brokathüte und Seidengewänder der sikkimischen Würdenträger ziemlich komisch. Wir konnten uns das Lachen kaum verkneifen, wenn sie, dem steifen Hofzeremoniell folgend, ihren Pflichten nachkamen. Das Mittagessen war opulent, wir aßen, bis wir platzten, und stopften uns anschließend noch mit Süßigkeiten voll, denen wir nicht widerstehen konnten. Froh, dem Sattel entronnen zu sein, genossen wir unsere Freiheit nach der langen Reise.

Später am Tag ritten wir vom Nathula-Pass in die kleine Stadt Gangtok hinunter, wo wir im Dak-Bungalow einquartiert wurden, einem Gästehaus, das im westlichen Stil eingerichtet war. Das war für mich ein aufregendes Erlebnis. Ich hatte noch nie eine moderne Innenausstattung gesehen und bestaunte das Badezimmer mit den glänzenden Porzellanwaschschüsseln und Krügen. Besonders faszinierend fanden meine Geschwister und ich jedoch die Jeeps und Lkws, die über die asphaltierten Straßen donnerten, die nicht zu vergleichen waren mit den staubigen unbefestigten Straßen in Lhasa. Beim Dröhnen der Motoren ließen wir alles stehen und liegen, um die Kästen auf Rädern anzuschauen. Schließlich durften wir sogar in einem Jeep fahren, den uns die sikkimische Königsfamilie zur Verfügung stellte. Für mich war das ein Furcht einflößendes Erlebnis.

In der tibetischen Kultur ist es üblich, sich bei der Ankunft in einer neuen Stadt mit Verwandten und Freunden in Verbindung zu setzen und ihnen *khadak* und Geschenke zu überreichen. Es erübrigt sich wohl zu erwähnen, dass meine Mutter und meine Tante nach unserer Ankunft in Gangtok einen großen Teil ihrer Zeit damit verbrachten, Geschenke zu verpacken, Freunde und Verwandte zu besuchen und Gäste in unserem Haus zu bewirten. Alle wirkten zwar äußerlich entspannt und irgendwie ungezwungen, aber die Situation in Tibet und die Ungewissheit über die neueste Entwicklung muss sie belastet haben.

Von Gangtok ging es weiter nach Kalimpong, wo wir eine Weile zu bleiben beabsichtigten. Kalimpong, ein bedeutendes Zentrum des tibetischen Handels mit Indien und Bhutan, beherbergte viele Tibeter und war bei ausländischen Geschäftsleuten auch als Kur- und Erholungsort beliebt. Hier gab es eine Reihe guter Missionsschulen und Einkaufsmöglichkeiten. Zweimal in der Woche wurde ein Markt abgehalten. Die Bewohner der umliegenden Dörfer, zumeist nepalesischer Herkunft, brachten ihre Produkte zum Verkauf auf den Markt und füllten hier ihre Vorräte auf.

Sobald wir uns in Kalimpong häuslich niedergelassen hatten, kamen auch meine Großmutter und mein Vater zu uns. Mein Großvater war bei Seiner Heiligkeit in Dromo geblieben. Meine Eltern waren schon früher in Indien gewesen und mit der Umgebung, den Annehmlichkeiten des modernen Lebens und den anderen Gewohnheiten vertraut, aber für meine Geschwister und mich stellten Land und Leute eine völlig neue Welt dar. Wir besuchten oft die Familie Dorji. Jigme Dorjis Mutter, Rani Chuni Dorji, war die Schwester des Maharadschas von Sikkim und mütterlicherseits mit uns verwandt. Jigme Dorji war mit Tante Tess verheiratet und sie hatten drei Söhne in unserem Alter. Wir verbrachten viel Zeit miteinander. Unsere Cousins hatten ständig Streiche im Kopf. An mehr Freiheiten gewöhnt, als ich mir je erträumen konnte, besaßen die Jungen eine unerschöpfliche Energie und Abenteuerlust. Sie machten uns mit dem Cowboy-und-Indianer-Spiel, Comicheften und Football bekannt. Wenn wir im Hause Dorji übernachteten, machte uns die Dienerin der

Jungen, eine ungeheuer strenge Frau namens Thangchub, das Frühstück und dazu gab es einen Löffel Lebertran. Es gab keine Möglichkeit, dieser übel riechenden Dorschleberöl-Dosis zu entkommen, weil wir den Tisch nicht verlassen durften, bevor wir aufgegessen hatten, und Thangchub uns dafür die Erlaubnis geben musste.

Schon bald kamen weitere Verwandte und Freunde aus Tibet zu Besuch oder ließen sich in Kalimpong nieder. Wir begannen allmählich, uns in der neuen Umgebung heimisch zu fühlen. Wir Kinder führten ein unbeschwertes Leben. Von der politischen Lage in Tibet bekamen wir nicht viel mit, auch wenn die Erwachsenen mit Sicherheit in ständiger Sorge waren.

Einige der Geschwister meines Vaters – seine Schwestern Daisy und Nancy und sein Bruder Phuntsok –, die in Darjeeling zur Schule gingen, kamen während der Winterferien zu uns. Meine Tanten trugen lange weite Röcke, wie sie Anfang der fünfziger Jahre modern waren. Tante Daisy ließ sich sogar eine Dauerwelle legen und trug runde goldene Ohrringe. Sie bewahrte ausgefallenen Modeschmuck in verschiedenen kleinen Kästchen in ihrem Zimmer auf. Die Tanten waren sehr hübsch und völlig anders als die Mädchen im Teenageralter, die wir aus Lhasa kannte. Norzin und ich folgten den beiden auf Schritt und Tritt und konnten es kaum erwarten, dass wir endlich alt genug waren, um solche Ohrringe und schwingende Röcke zu tragen!

Mein Onkel Phuntsok war nur vier Tage älter als ich und wir hatten viel Spaß mit ihm. Er war unser Anführer, dem wir uns mit dem größten Vergnügen unterordneten.

Eines Tages beschloss Onkel Phuntsok zum Erstaunen meiner Mutter und Großmutter, mit dem ›Jungvolk‹ angeln zu gehen. Wir bogen große Sicherheitsnadeln zu Angelhaken und begaben uns auf eine Expedition zum Goldfischteich unseres Nachbarn. Mein Onkel wurde fündig und trug seine Beute stolz nach Hause, wo ihn die Neuigkeit, dass man Goldfische nicht essen kann, und eine Strafpredigt von den Erwachsenen erwartete. Der Buddhismus verbietet, Lebewesen gleich welcher Art zu töten, und deshalb hagelte es Schelte von den älteren Familienmitgliedern. Wir lernten die Lektion schnell. Mit dem Angeln war es vorbei!

Kino war für uns ebenfalls neu und ein Luxus, in dem wir einmal in der Woche schwelgten. Im Zentrum der Stadt gab es ein altes heruntergekommenes Lichtspieltheater, in dem indische und englische Filme gezeigt wurden. Es hatte ein Blechdach und wenn Regenschauer niederprasselten, konnte man kein Wort verstehen. Das störte uns jedoch nicht, solange wir das Geschehen auf der Leinwand sehen konnte. Wir Tibeter liebten vor allem die Cowboyfilme. Atemlos hockten wir auf den harten Holzbänken, feuerten unsere Helden an und brachen bei den traurigen Passagen in lautes Wehklagen und Schluchzen aus. Fast jeder indische Film hatte eine tragische Sequenz und meinen Tanten, die uns bei diesen Ausflügen unter ihre Fittiche nahmen, fanden unser Benehmen ungemein peinlich. Die Scheinwelt erschien uns völlig real und wir versetzten uns so in sie hinein, dass wir für kurze Zeit alles um uns herum vergaßen. In der Pause blieb genug Zeit, um Erdnüsse in spitzen Tüten aus Zei-

tungspapier und saftige Orangen bei den zerzausten Stra-
ßenjungen zu kaufen, die ins Foyer kamen, um ihre
Waren feilzubieten. Es war sehr aufregend.

Zu dieser Zeit beschloss der Dalai Lama, nach Lhasa
zurückzukehren und gemeinsam mit den Chinesen an
der Zukunft Tibets zu arbeiten. Die Chinesen waren
immer noch im Lande und ihre Präsenz machte sich
zunehmend bemerkbar, je mehr von ihnen nach Lhasa
kamen. Sie waren freundlich, höflich und offenbar aufrichtig daran interessiert, es den Tibetern recht zu
machen. Diese Emissäre der Volksrepublik China hatten
die Aufgabe, den Tibetern das Rüstzeug an die Hand zu
geben, das den Weg in die Unabhängigkeit ebnen und
ihnen bei der Modernisierung des Landes helfen sollte.
Nach getaner Arbeit sollten sie in ihre Heimat zurückkehren.

Für die Angehörigen der Volksbefreiungsarmee war die
Stationierung in Tibet eine Zeit der Prüfungen. Weit von
ihrer Heimat entfernt und nicht gewöhnt an die Höhen-
lage und das unerbittliche Klima, waren sie auch der
tibetischen Sprache nicht mächtig und die Anpassung an
die karge Nomadenkost war kein Zuckerschlecken. Viele Chinesen erkrankten in Tibet und wir kamen ihnen
gewiss genauso fremd vor wie sie uns.

Als sich die Lage in Tibet entspannte und unsere Führung zurückgekehrt war, gingen auch viele Tibeter, die
nach Indien geflohen waren, in die Heimat zurück, einschließlich der gesamten Habe, die sie in ihr kurzes Exil
mitgenommen hatten. Meine Familie brach ebenfalls
nach Lhasa auf, in der Hoffnung, dass die Chinesen das

Land bald verlassen und den Weg für ein freies, modernes Tibet freigeben würden.

Meine Familie entschied, dass Norzin und ich in der indischen Schule bleiben sollten, da sie eine moderne Ausbildung als wichtig erachtete. Damals besuchten nur wenige tibetische Kinder indische Schulen, darunter sieben oder acht Söhne von Regierungsbeamten, die von der tibetischen Regierung auf Missionsschulen in Darjeeling geschickt worden waren. Sie wurden jedoch meistens sehr bald nach Tibet zurückbeordert.

Meine Familie machte sich in Tibet nicht gerade beliebt damit, dass sie der jungen Generation eine westliche Ausbildung angedeihen ließ. Man befürchtete, dass wir uns durch den Auslandsaufenthalt, vor allem in den indischen Missionsschulen, von unserem buddhistischen Glauben entfremden würden. Mein Großvater und meine Eltern besaßen jedoch den Mut und die weise Voraussicht, solche Vorurteile zu ignorieren und alle Kinder nach Indien zur Schule zu schicken. Die älteren Familienmitglieder gerieten dadurch ins Kreuzfeuer der Kritik und wurden sogar bezichtigt, britische Spione zu sein. Ich bin sehr dankbar für meine Ausbildung, ohne die mein Leben völlig anders und viel schwieriger verlaufen wäre.

Darjeeling – Dorje Garten

In Tibetisch bedeutet Darjeeling ›Dorje Garten‹. Der *dorje,* ein rituelles Instrument im tibetischen Buddhismus, symbolisiert Macht, Beharrlichkeit und Erbarmen. Zweitausend Meter über dem Meeresspiegel gelegen, befindet sich Darjeeling an der Grenze zwischen Indien und Sikkim und erstreckt sich bis zum Kangchendzönga-Massiv. Die Stadt in den Hügeln Westbengalens, 1835 von den Briten gegründet, ist ein beliebter Treffpunkt für die Verwalter der umliegenden Teeplantagen und wegen ihres milden Klimas ein Erholungsort für die Bewohner der heißen indischen Tiefebenen und städtischen Ballungszentren.

Während der fünfziger Jahre besaß die Stadt ein weltläufiges, unbekümmertes Flair; sie war ein Schmelztiegel für bengalische Touristen, amerikanische Lehrer, ehrgeizige Himalaya-Gipfelstürmer, Gauner, Politiker, christliche Missionare, Ethnologen, Tibetologen, Imperialisten, Teehändler, Sherpa-Träger und Hotelbesitzer. Mit seinen Teehäusern, Kinos, einer breiten Palette guter Restaurants, Reitmöglichkeiten, Schlittschuhbahn, Tanzveranstaltungen, Opernaufführungen und Theatergastspielen zog Darjeeling eine wohlhabende Klientel an. Asiaten, Europäer und Amerikaner der Oberschicht schickten ihre

Kinder auf eine der vielen christlichen Privatschulen, die unter der Leitung von protestantischen Missionaren, Jesuiten oder Loreto-Nonnen standen.

1951 traten Norzin und ich in die Mount Hermon School ein, die von amerikanischen Baptisten geleitet und von ungefähr hundert Schülern asiatischer und westlicher Herkunft besucht wurde. In jeder Klasse gab es Kinder von Diplomaten, Missionaren oder reichen Kaufleuten mit internationalen Handelsbeziehungen. In der Grundschule waren Norzin und ich die einzigen Tibeter, obwohl die Schwestern meines Vaters, Daisy und Nancy, und sein Bruder Phuntsok ebenfalls in die Mount Hermann School gingen. Wir sprachen kein Wort Englisch und hatten furchtbares Heimweh.

Zu Beginn des ersten Schuljahres waren Norzin und ich häufig eine Zielscheibe des Spotts. Wir waren beide ziemlich pummelig und unsere runden rotwangigen Gesichter zogen spöttische Blicke an. Wir erhielten die Spitznamen ›Apfelbacke‹ und ›Mondgesicht‹. Niemand war in der Lage, uns vor den Sticheleien zu schützen und da wir sprachlich im Nachteil waren, konnten wir uns unserer Haut nicht wehren.

Der Rektor und seine Frau, Mr und Mrs Dewey aus den Vereinigten Staaten, wussten, wie schwer uns die Trennung von zu Hause fiel und waren besonders nett zu uns. Die meisten Lehrer in der Mount Hermon School versuchten den Schülern das Gefühl zu vermitteln, zu einer großen Familie zu gehören.

Norzin litt wahrscheinlich noch mehr als ich unter Isolation und Heimweh. In der schwierigsten Zeit unserer Eingewöhnung wachte sie einmal mitten in der Nacht auf, zog sich an und stahl sich auf Zehenspitzen aus dem Schlafsaal, von der Idee besessen, irgendwie nach Darjeeling und von dort aus nach Tibet zu gelangen. Als sie die Treppe hinunterschlich, stieß sie mit Mrs Dewey zusammen, die sie in den Schlafsaal zurückbrachte. Als sie das Licht einschaltete, wachte ich auf und sah meine Schwester, die verzweifelt schluchzte. Statt sie zu trösten, brach ich ebenfalls in Tränen aus. Mrs Dewey wusste sich keinen anderen Rat mehr als eine unserer Tanten von der Oberschule zu wecken, die kam, um uns zu beschwichtigen. Schließlich beruhigten wir uns und fielen in einen tiefen Schlaf, was ganz typisch ist nach einer traumatischen Erfahrung. Ich habe nie gefragt, wie Norzin die dreieinhalb Kilometer von der Schule bis zur Stadt zurückgelegt oder was sie in den dunklen Straßen von Darjeeling gemacht hätte, ohne Geld und ohne Kenntnisse der nepalesischen oder englischen Sprache. Sie war sehr unerschrocken für eine Achtjährige!

Wir fühlten uns in jeder Beziehung ausgegrenzt. Das begann schon mit unserer Kleidung. Norzin und ich hatten nie etwas anderes als die bodenlangen tibetischen *Tschu-ba* getragen, unter denen wir schmale lange, wie Pyjamas geschnittene Hosen trugen. In unserer neuen Schule fühlten wir uns nackt in den kniekurzen Röcken und froren an den Beinen. Es dauerte ein paar Wochen, bis wir das locker sitzende, in Falten gelegte oder gekräuselte Material schätzen lernten und uns unserer entblößten Knie nicht mehr schämten. Später drehte sich der Spieß ironischerweise um und wir kamen uns wie Glücks pilze vor, wenn wir unsere *Tschu-ba* bei besonderen Anlässen tragen konnten. Wir wurden von unseren Mitschülerinnen glühend beneidet, wenn wir bei offiziellen Abendveranstaltungen oder Kostümbällen in unseren eleganten Seidengewändern erschienen.

Bald schlossen wir die ersten Freundschaften, fanden Geschmack am englischen Porridge und lernten, mit der Gabel zu essen. Als sich unsere Englischkenntnisse besserten, hörten unsere Klassenkameraden auf, uns mit unseren Spitznamen zu hänseln.

Der Unterricht in der Mount Hermon School entsprach vermutlich den Richtlinien für Internate in anderen Ländern, die das britische Schulsystem übernommen hatten. Auf dem Stundenplan standen Fächer wie westliche Literatur, Weltgeschichte, Geografie, Naturwissenschaften, Mathematik, Musik und Bibelkunde. Als Mädchen mit einer schier unerschöpflichen Energie war ich ein richtiger Wildfang und froh, wenn der Unterricht zu Ende war und die Freizeitaktivitäten begannen. Volleyball in der Halle, Debattierclubs, Kochen, Musik von Gilbert O'Sullivan, Fechten und europäischer Fußball mit den Jungen gefielen mir am besten. Oft machte ich ihnen Konkurrenz oder dachte mir Streiche aus, die mir Ärger einbrachten. Zur Belustigung meiner braven Klassenkameradinnen wurde ich ständig von der Hausmutter mit einer Haarbürste versohlt. Trotz des Geschreis und des hochheiligen Versprechens, mich zu bessern, entging ich selten der Bestrafung.

Eine der schlimmsten Strafen in der Mount Hermon School war die Ausgangssperre. Jeden zweiten Samstag erhielten wir einen Passierschein und durften das Schulgelände verlassen. In unserer Schuluniform, bestehend aus marineblauem Rock mit Blazer, schwarzen Schuhen und weißen Söckchen, besuchten wir an diesem Tag die Stadt, um einen Schaufensterbummel zu machen, uns in Foo Yings Chinarestaurant mit *chow mein* und Keventers Milchshakes voll zu stopfen, zu reiten oder ins Kino zu gehen oder die Chowestra auf und ab zu schlendern, die berühmte Einkaufsmeile von Darjeeling. Um siebzehn Uhr mussten wir wieder in der Schule sein und unseren Passierschein abgeben. Auch wenn der Tag wie im Flug verging, bot er uns eine Flucht aus der strikt regulierten Welt auf dem Campus.

Einmal erhielt ich verschärften Arrest: Nach der Züchtigung mit der Haarbürste wurde ich in die düstere Telefonzentrale gesperrt, die mehr Ähnlichkeit mit der Isolierzelle in einem Hochsicherheitsgefängnis besaß. Dabei hatte ich nur versucht, meiner Klassenkameradin Heather beizustehen. Ich war mit dreizehn eine der Ältesten in der dritten Klasse und Heather war jünger und manchmal ziemlich unselbstständig. Eines Tages musste sie dringend zur Toilette, just bevor Miss Penns Englischunterricht begann. Miss Penn war streng und die meisten von uns fühlten sich von ihr eingeschüchtert. Heather, dick und träge, hätte es nicht geschafft, schnell auf die Toilette zu laufen und wieder an ihrem Platz zu sein, bevor Miss Penn das Klassenzimmer betrat, und vor lauter Verzweiflung brach sie in Tränen aus. Einige der Jungen schlugen vor, Heather solle ihre Notdurft im Papierkorb verrichten und die Mädchen stellten sich mit ausgebreiteten Röcken zwischen Heather und den Rest der Klasse, damit ihr niemand zusehen konnte. Trotz aller Bemühungen tropfte ein Rinnsal aus dem hölzernen Papierkorb auf den Fußboden. Was nun? Da kam mir die glorreiche Idee, die Blumenvase vom Lehrerpult auszuleeren. Damit war eine einleuchtende Erklärung für die Nässe gefunden, blieb nur noch der verräterische Geruch, den wir irgendwie überdecken mussten. Ich rannte nach oben in den Schlafsaal, schnappte mir eine Flasche Eau de Cologne von einem Nachtkasten und träufelte etwas davon auf den Fußboden. Als Miss Penn das Klassenzimmer betrat, entging ihr natürlich weder das Wasser auf dem Fußboden noch der Geruch. Unsere Missetaten wurden aufgedeckt und während Heather mit einer Verwarnung davonkam, wurde ich hart bestraft.

Trotz der ungezählten Predigten über das Höllenfeuer, das alle erwartete, die Christus nicht als ihren Retter anerkannten, hatte ich nicht die Absicht, vom Buddhismus zum Christentum überzutreten. Dennoch wurde ich von den ethischen Normen und Wertvorstellungen unserer Lehrer geprägt. Ich mied die Menschenfischer, die mit allen Mitteln versuchten, Schäfchen wie mich zu bekehren, aber ich verstand und akzeptierte die Bedeutung von Werten wie Nächstenliebe, Geduld und Ausdauer im Leben. Ich war außerdem überzeugt, dass Gebete Trost spenden, auch wenn sie nicht christlich, sondern buddhistisch waren und mein ›Rosenkranz‹ die Gebetsschnur war. Einige biblische Geschichten sind in meinem Gedächtnis haften geblieben und die Bergpredigt liebe ich noch heute. Im letzten Schuljahr wurde ich beste Schülerin meines Jahrgangs und durfte mir ein Buch als Preis aussuchen; ich wählte die Bibel. Ich pflegte hin und wieder darin zu lesen, bis mein Großvater sie entdeckte und kurzerhand einem Freund schenkte, der Christ war.

Nach Beendigung der Mount Hermon School kehrten meine Tanten, Onkel, Cousinen und Cousins nach Lhasa zurück, um dort einen eigenen Hausstand zu gründen. Obwohl sie spät eingeschult worden und bei ihrem Abschluss fast zwanzig oder älter waren, hielten sie die ›moderne‹ Ausbildung für ausreichend. Meine beiden Tanten richteten ihr Augenmerk auf Heirat und Kinder und auf meinen Onkel wartete eine Stellung in der tibetischen Regierung, sodass für keinen von ihnen ein höherer, an einem westlichen Bildungsinstitut erworbener akademischer Grad erforderlich war. Nach ihrer Abreise waren meine Geschwister und ich die einzigen Tibeter in der Mount Hermon School. Wir vermissten unsere Eltern und beklagten, dass die Post zwischen Lhasa und Darjeeling acht Wochen brauchte, aber trotz unserer Isolation lebten wir uns schließlich in der Schule ein.

Wenn ich an innige Freundschaften denke, fällt mir auf Anhieb der Ausflug nach Sikkim ein, den ich während des traditionellen hinduistischen Puja-Festes mit einigen Klassenkameradinnen unternahm. Unsere Gruppe, bestehend aus zwölf Mädchen, drei Sherpa-Trägern und unserer Aufsicht Mrs Digby, machte sich zu Fuß auf den Weg von Darjeeling nach Sikkim. Die erste Nacht verbrachten wir in einer Holzhütte in Sandakphu. Der Himmel über uns war klar und mit funkelnden Sternen übersät. Auf einer Höhe von annähernd viertausend Metern machten wir trotz der körperlichen Erschöpfung mit Unterstützung unserer Träger ein Feuer und bereiteten ein leichtes Abendessen zu; dann blieben wir im Freien, umgeben von majestätischer Stille. Zehn Tage lang schnallte ich jeden Morgen mein kleines Bündel auf den Rücken, nahm meinen Wanderstab in die Hand und stapfte mit Elan den staubigen Saumpfad hinauf. Beim Anblick der weidenden Yaks oder der zerklüfteten, schneebedeckten Berggipfel fühlte ich mich in meine Heimat zurückversetzt. Vorsichtig bahnten wir uns unseren Weg durch trockenes Gestrüpp, Kiefernwälder und Wacholder und versuchten, die Nerven zu bewahren, wenn wir Hängebrücken aus Tauen überquerten, die über tiefe Schluchten mit tosenden Wasserfällen führten.

Zwei starke Sherpa-Männer und eine Frau trugen unsere Lebensmittelvorräte: Tee, Milchpulver, Zucker, Sardinenbüchsen, Käse, Schinken, Mehl und Reis. Da die Sherpas ursprünglich aus Tibet stammen, waren sie Norzin und mir vertraut wie alte Freunde; unsere Sprachen ähnelten sich, sodass wir uns verständigen konnten. Die Sherpas halfen uns gegen Abend, Feuer zu machen, und dann kochten Norzin, Cherry aus Sikkim und ich *thukpas*, tibetische Reis- oder Nudelsuppen, für die ganze Truppe, die aus deutschen, thailändischen, indischen, australischen und britischen Mädchen bestand.

Namche Bazaar war die größte Ortschaft in Sikkim, in die wir kamen. Dort füllten wir unsere Lebensmittelvorräte auf, machten einen ganzen Tag Rast und besuchten die kleine Stadt und einen buddhistischen Tempel, wo uns ein alter Mönch und ein sehr junger Mönch mit viel Neugierde begrüßten. Vermutlich verirrten sich nur selten Besucher von außerhalb in diesen entlegenen Teil der Welt. Die thailändischen Mädchen, die ebenfalls Buddhisten waren, gingen mit uns in den Tempel, um zu beten und uns segnen zu lassen. Unsere christlichen und hinduistischen Freundinnen schlossen sich uns respektvoll an. Von der malerischen kleinen Stadt aus traten wir den Rückweg nach Darjeeling auf einer kürzeren Route an, ausgestattet mit den Warnungen der Bewohner, sich vor den Bären in Acht zu nehmen.

Braun gebrannt, mit ausgebleichten Haaren von der grellen Sonne im Himalaya, abgekämpft und mit Muskelkater in den Beinen trafen wir wieder in der Schule ein. Erfreut stellten wir fest, dass die meisten von uns einiges an Gewicht verloren hatten, nur die arme Gisela und ihre Schwester Ingrid aus Deutschland hatten einen furchtbaren Sonnenbrand, sodass Gisela mehrere Tage mit Teebeuteln auf dem Gesicht in der Krankenstation der Schule liegen musste.

Zu den erinnerungswürdigen Ereignissen aus der Zeit in Darjeeling gehörte auch der Aufenthalt bei unserer Gastfamilie in Kalimpong, die sich um uns kümmerte, wenn meine Mutter während der drei Monate dauernden Winterferien nicht die ganze Zeit bei uns sein konnte oder später kam. Die Macdonalds betrieben eine Familienpension, das Himalaya Hotel. David Macdonald, von allen ›Daddy‹ genannt, war der Sohn eines schottischen Vaters und einer sikkimischen Mutter. Mit einer Nepalesin verheiratet, hatte er drei Töchter, die im Hotel mitarbeiteten. Geführt wurde es eigentlich von Annie, der ältesten Tochter. Groß und schlank, wirkte sie wegen ihres dunklen Teints eher nepalesisch als schottisch. Annie war ein aufgeschlossener, freigeistiger Mensch. Sie hatte eine kraftvolle, kehlige Stimme und trug stets Hosen. Sie machte keinen Hehl daraus, dass sie auch in der Familie die Hosen anhatte. Daddy Macdonald war ziemlich alt und schwerhörig. Tante Vicki und Tante Vera, die beiden jüngeren Töchter, leiteten in der Ortschaft einen kunsthandwerklichen Betrieb, der Baumwolldrucke, Handtaschen und Schals in eigener Produktion fertigte. Er war von Dr. Graham, der Tochter eines Missionars, ins Leben gerufen worden, um Arbeitsplätze in der Umgebung zu schaffen. Dr. Graham gründete außerdem eine Missionsschule für mittellose Kinder, die einen sehr guten Ruf hatte und später auch von Schülern aus ganz Indien besucht wurde.

Tante Vera hatte nie geheiratet. Sie war drall und hübsch, mit einem dichten Haarschopf über dem stets lächelnden, pausbäckigen Gesicht. Sie war stark geschminkt und besaß einen unerschöpflichen Vorrat an Zeitschriften. Wir hielten uns gerne in ihrem Zimmer auf und leisteten ihr Gesellschaft. Vorsichtig berührten wir die Parfum- und Nagellackfläschchen auf ihrer Frisierkommode, probierten ihre bunten Häkelschals und breiten Umhängetücher und schmökerten im *Daily Mirror* und dem Frauenmagazin *Women's Own*.

Daddy, Annie, Vicki und Vera waren eine Art Ersatzfamilie für uns. Unsere Familien waren seit langem befreundet und Daddy hatte eine besonders enge Beziehung zu meinem Großvater. Er konnte unablässig Geschichten von Tibet und den Tibetern erzählen, mit denen er die übrigen Pensionsgäste langweilte. Als junger Mann war er einige Jahre im Handelskontor der britischen Regierung in Yatung tätig gewesen und hatte Land und Leute lieben gelernt.

In der Pension stiegen Gäste unterschiedlichster Herkunft und Nationalität ab. Es gab einen großen Gesellschaftsraum, wo man sich traf, um Gin Rummy zu spielen, Tee mit Rum zu trinken oder zu plaudern. Manchmal wurden Norzin und ich gebeten, etwas zu singen und ein paar Schritte der Volkstänze vorzuführen, die wir in der Schule gelernt hatten.

Zum bunten Sammelsurium der Gäste gehörten auch die ortsansässigen Verwalter der englischen Teeplantagen, Gelehrte aus aller Welt, die sich mit den Königreichen im Himalaya befassten, Tibetologen und Briten im Ruhestand, die sich in der Umgebung von Darjeeling niedergelassen hatten; sie trafen sich dort zum Kartenspielen oder um ein Glas Rum oder Tee zu trinken. Die Tanten sorgten für eine sehr persönliche, anheimelnde Atmosphäre.

Früher war Kalimpong als ›Nest für Spione‹ verschrien. In der Anfangszeit der chinesischen Machtübernahme in Tibet gab es vermutlich viele Informanten. Ich erinnere mich an eine sehr amüsante Begebenheit. Eines Morgens lasen Norzin und ich auf dem Rasen vor dem Haus Zeitschriften von Tante Vera, während Jigme im Gebüsch nebenan spielte. Einige der Hausgäste ruhten sich in den Liegestühlen aus und genossen die Sonne im Himalaya, als Jigme, der verrückt nach Cowboyfilmen war, plötzlich ein ›Lasso‹ nach mir warf. Es verfing sich um meinen Hals und drohte mich zu ersticken, als er daran zerrte. Einer der Gäste lief herbei, um den Strick zu lockern. Er schalt Jigme und wollte wissen, warum er seine Schwester in Gefahr gebracht habe. Jigme erwiderte, er übe Lassowerfen, damit er bei seiner Rückkehr nach Tibet Chinesen fangen könne. Dummerweise war ihm nicht bewusst, dass er mit Mr Wang sprach, einem chinesischen Bankier, der in Kalkutta für die Bank of China tätig war. Mr Wang war ein Gentleman vom Scheitel bis zur Sohle, beredt und ein freundlicher, liebenswürdiger Mann. Er wirkte stets wie aus dem Ei gepellt und schenkte uns immer Schokolade und Süßigkeiten. Mr Wang wurde unser Lieblingsgast in der Pension. Später erfuhren wir, dass er Geheimagent des kommunistischen China war.

Die Macdonalds waren Christen; deshalb feierten sie Weihnachten, mit geschmücktem Christbaum, Kerzen und Geschenken unter dem Baum. Am Heiligen Abend fand eine Bescherung statt, zu der sie die Kinder von Verwandten, Freunden und natürlich meine Geschwister und mich einluden. Bei den Macdonalds lernten wir erstmals das Fest anlässlich der Geburt Jesu kennen. Dem Weihnachtsmann zu begegnen und Geschenke zu erhalten war genauso aufregend wie der eigene Geburtstag.

In festlicher Kleidung versammelten sich alle Kinder in der Eingangshalle um den Christbaum und sangen Volks- und Weihnachtslieder. Norzin und ich trugen unsere Lieblingsmelodie ›Cindy‹ vor, die etwa so ging: »Ich wünschte, ich hätte einen Nickel, ich wünschte, ich hätte einen Dime, ich wünschte, ich hätte ein Mädchen, das mir schwört, es sei mein.« Cindy war das Pferd, auf dem wir dabei galoppierten, und diese Darbietung wurde bei uns Tradition, bis wir irgendwann zu alt dafür waren und sie als peinlich empfanden.

Wir bekamen belegte Brote, Kuchen und andere Leckerbissen vorgesetzt und tranken Zitronenlimonade, bis wir von Tante Annie auf die Veranda vor dem Haus beordert wurden, um den Weihnachtsmann zu begrüßen. Ein alter Mann im roten Mantel mit einem langen weißen Bart und einem Sack auf dem Rücken betrat den Raum und schlug einen Gong an. Er sah so müde aus, dass ich anfangs dachte, er sei den weiten Weg von England gekommen, um die Familie Macdonald zu besuchen. Ich hatte ziemlich große Angst vor ihm. Später fand ich heraus, dass sich einer der nepalesischen Träger des Hotels hinter der Verkleidung verbarg. Tante Annie ging voraus und wir folgten dem Weihnachtsmann in die Lobby, wo er uns unsere Geschenke überreichte. Wir gaben nicht eher Ruhe, bis wir sie ausgepackt hatten: Taschentücher mit eingesticktem Monogramm, kleine Taschen, Beutel und Schals aus der Kunstgewerbe-Werkstatt. Wenn wir die Gaben in Empfang genommen, sie begutachtet und uns bedankt hatten, verließ uns der Weihnachtsmann und die Bescherung war zu Ende.

Unter den Stiefeln der Roten Armee

Im Winter 1953 begab sich Amala auf den langen Ritt über die Pässe des Himalaya zu unserem Internat, wie jedes Mal während der Winterferien. In diesem Jahr kam sie allerdings, um uns ein für alle Mal nach Hause zu holen. Da sie drei Wochen vor unserer geplanten Abreise eingetroffen war, verbrachte sie die Zeit damit, Vorräte und Geschenke einzukaufen, die sie mit nach Tibet nehmen wollte, den Transport des Gepäcks zu organisieren und ihre Verwandten und Freunde zu besuchen. Sie war seit ihrer Ankunft kaum zur Ruhe gekommen und bereits erschöpft, bevor wir den Heimweg antraten.

Der Ritt nach Lhasa war lang, kalt und eintönig. Während der Monate, die wir im Sattel verbrachten, begegneten wir vielen frommen Eremiten, die auf Wanderschaft waren, und schlugen unser Nachtquartier in abgelegenen Dörfern auf. Wir überquerten heimtückische Pässe und Flüsse und fielen nach dem anstrengenden Tagesritt am Abend todmüde ins Bett. Oft dachten meine Geschwister und ich an unser Zuhause und an die infame Rote Armee, die in Lhasa einmarschiert war. Wir wussten, dass unsere Stadt nicht mehr so sein würde wie früher, bevor sich die Kommunisten darin verschanzt hatten. Ich verstand die Chinesen nicht und hatte keine Ahnung, was sie in Lhasa zu suchen hatten. Ich fragte meine Mutter allen Ernstes, ob sie wirklich rote Gesichter, rote Haare und rote Kleidung hatten. Amala betonte immer wieder, die Chinesen seien Menschen wie wir, aber ich glaubte ihr nicht. Rote Ungeheuer konnten keine gewöhnlichen Sterblichen sein. Wenn sich Tibeter über die ›Rotchinesen‹ unterhielten, hatte ich das Gefühl, dass sie ihnen nicht über den Weg trauten. Ich hatte Angst davor, chinesischen Soldaten von Angesicht zu Angesicht gegenüberzustehen, ihnen die Hand geben oder, schlimmer noch, mich respektvoll vor ihnen verbeugen zu müssen.

Im letzten Dorf vor der Hauptstadt erwartete uns mein Vater. Gemeinsam mit dem Bruder meiner Mutter, Ragashar Ashanglar, hatte er zur Begrüßung ein Picknick arrangiert. Das Festmahl sollte uns aufheitern und stärken und Freunde und Familienangehörige kamen, um uns mit *khadak*s willkommen zu heißen. Das war ein alter tibetischer Brauch, mit dem Reisende verabschiedet oder nach ihrer Rückkehr empfangen wurden. Es war ein freudiger Anlass, trotzdem fühlte ich mich verunsichert. Ich war verlegen, wenn jemand äußerte, wie sehr ich in der Zwischenzeit gewachsen sei, oder wenn mir ein tibetisches Wort nicht gleich einfiel. Ich hatte in den drei Jahren meiner Abwesenheit einige Ausdrücke meiner Muttersprache vergessen.

Nach dem Picknick legten wir die letzte Etappe zurück, auf einem gewundenen Saumpfad, der rund um eine endlose Bergkette führte. Als wir die letzte Serpentine hinter uns hatten, bot sich uns ein atemberaubender Blick auf unsere heilige Stadt. Es war ein Empfang, der uns mit Staunen und Ehrfurcht erfüllte. Mir schlug das Herz bis zum Halse, als ich den imposanten Potala vor mir sah, dessen glänzender goldener Dachfirst in die Wolken hineinragte. Auf der gegenüberliegenden Seite des Palastkomplexes befand sich der Chakpori-Hügel mit dem Medizininstitut. Zwei Bollwerke unserer Stadt, die allerdings nur einen imaginären Schutz gegen die neuen Eindringlinge boten.

In den ersten Wochen erschien mir alles fremd und vertraut zugleich und ich war abwechselnd verwirrt und wie verzaubert. Ich musste mich wieder daran gewöhnen, die tibetischen *Tschu-ba* statt der bequemen Kleider oder Hosen zu tragen, die ich in Indien angehabt hatte. Das Wetter war ebenfalls nicht mit Indien zu vergleichen: Ich hatte vermutlich vergessen, dass die Hitze, die tagsüber in Lhasa herrschte, mit dem Sonnenuntergang verschwand und die Nachtluft eisig war. Es war, als müssten sich Körper, Geist und Seele ein weiteres Mal umstellen.

Nachdem wir so lange weggewesen waren, verbrachten meine Geschwister und ich Stunden damit, Haus und Anwesen neu zu entdecken. Wir erkundeten Stallungen und Küche und danach machten wir uns auf die Suche nach Bediensteten und ihren Angehörigen, die wir noch von früher kannten. Chungla, die Tochter unseres Kochs, war auf die Universität nach China geschickt worden, aber einige der jüngeren Kinder wohnten noch bei ihren Eltern. Ich entdeckte auch ein paar neue Gesichter. Metok, die als Hilfe für die gute alte Yangkyi eingestellt worden war, hatte den Schalk im Nacken. Sie war klein und hatte ein einnehmendes Lachen, bei dem sie zwei lange, wackelnde Eckzähne entblößte. Gelegentlich war Metok zahnlos und ich erfuhr, dass sie ihre eigenen Vorderzähne verloren und als Ersatz zwei Schneidezähne von einem toten Schaf an ihrem Gaumen befestigt hatte.

Wir hatten aus Indien Rollschuhe mitgebracht, die wir in der Eingangshalle ausprobierten. Wir gaben eine Vorstellung für unsere Bediensteten, die noch nie Rollschuhe gesehen hatten und bass erstaunt waren über unsere Tanzeinlagen und Pirouetten. Wenn wir nicht mit den Bediensteten und ihren Kindern spielten, hefteten Norzin und ich uns an die Fersen unserer Tante Nancy. Sie war eine große, elegante, gebildete Frau, die ihren Abschluss an der Mount Hermon School gemacht hatte. Wir verbrachten Stunden damit, uns mit ihrem Make-up zu schminken, ihre Ohrringe anzuprobieren und ihr beim Aufräumen des Kleiderschranks zu helfen, der eine prachtvolle Garderobe enthielt. Tante Nancy war unser großes Vorbild und wir beneideten sie glühend darum, dass sie schon zwanzig war. Bevor wir ihr Zimmer verließen, plünderten wir ihre Bücherregale mit Romanen, Liebesgeschichten, die wir heimlich lesen mussten, damit meine Mutter nichts merkte.

Durch die Straßen von Lhasa zu gehen war ein seltsames Gefühl. Ich kam mir verloren vor in dem dichten Verkehrsgewühl angesichts der Fahrräder, die haarscharf an uns vorbeisausten, der großen Fußgängerschar und des Getöses, das allenthalben herrschte. Ich konnte nicht umhin, die chinesischen Soldaten anzustarren. Mit ihren kakifarbenen und grünen Baumwolluniformen, den pelzverbrämten Mützen oder Mao-Kappen und einem Mundschutz aus weißer Gaze fuhren die meisten Soldaten Rad. Die Offiziere ließen sich auf den ersten Blick von den gemeinen Soldaten unterscheiden: Ihre Uniformen waren aus besserem Material gefertigt. Nur sie trugen im Winter Wolle.

In eintönige blaue Mäntel, Hosen und Stoffschuhe gekleidet, glichen sich die Männer und Frauen der Zivilbevölkerung, bis auf den Haarschnitt. Die Frauen waren ungeschminkt und trugen ihr Haar zu einem Zopf geflochten oder kurz und stumpf geschnitten. Nur die Kinder waren bunt gekleidet. Die chinesischen Babys trugen Jacken in grellen Farben und bei den kleinen Mädchen waren die Enden der Zöpfe mit großen bunten Schleifen verziert. Obwohl sie langweilig aussahen, schienen die Chinesen sehr freundlich zu sein. Einige waren zu Gast in unserem Haus und brachten uns Süßigkeiten mit. Meine Verwandten waren immer sehr zuvorkommend zu Chinesen, die unangemeldet bei uns erschienen, doch sie waren ganz offensichtlich erleichtert, wenn diese wieder gingen. Ich fragte mich, warum sie so verwirrt und verängstigt aussahen, wenn sie über die Rotchinesen sprachen. Und was sollte das Geflüster hinter vorgehaltener Hand?

Amala ließ uns nicht lange faulenzen; sie bestand darauf, dass wir wieder zur Schule gingen. Unsere chinesischen Besucher hielten an ihrer Ansicht fest, dass man uns auf die Grundschule in Lhasa schicken sollte, die von den

Kommunisten geleitet wurde. Im Gegensatz zu den tibetischen Schulen mussten die Schüler den Lehrern keine Geschenke und *khadaks* überreichen. Der Stundenplan war uns gleichwohl nicht fremd. Jeden Morgen rezitierten wir unsere Gebete, wie das Kyab-dro (Zuflucht nehmen bei Buddha, Dharma und Sangha), und lernten tibetische Grammatik. Wir hatten außerdem Tibetisch, Mathematik, Naturwissenschaften, Musik, Tanz, Chinesisch (Elementarstufe) und Sport. Anfangs trugen wir noch unsere tibetischen Kleider, danach erhielten wir Schuluniformen. Aus irgendeinem Grund wurden die Schüler für den Besuch dieser Schule bezahlt.

Naiv, wie wir damals waren, konnten meine Geschwister und ich nichts Ungewöhnliches daran entdecken. Für uns war eine Schule wie die andere und wenn sie Spaß machte, umso besser. Das Fehlen gesellschaftlicher Schranken und der aufgelockerte Unterricht beeindruckten mich; ich hasste die Monotonie des herkömmlichen tibetischen Lehrplans. Ich freute mich auf Basketballspiele und Schulbälle und es machte mir nichts aus, dass wir von Zeit zu Zeit Gemeinschaftsarbeit leisten und die öffentlichen Straßen oder den Schulhof kehren mussten. Einigen Kindern aus gutem Hause war es von ihren Familien ausdrücklich verboten worden, einen Schrubber oder Besen in die Hand zu nehmen; ein Dienstmädchen begleitete sie zur Schule und übernahm diese Aufgaben stellvertretend für sie. Am Anfang erteilten die Lehrer noch keinen politischen Unterricht, aber man bläute uns chinesische Propagandalieder ein, die wir unbekümmert sangen.

Es dauerte indes nur wenige Monate, bis ich merkte, dass irgendetwas nicht stimmte. Ein paar Mal lauerte man uns auf dem Heimweg auf, wir wurden mit Steinen beworfen und als ›Ausbeuter‹ und ›läufige Hündinnen der chinesischen Bettler‹ beschimpft. Eine ungute Atmosphäre begann sich in der Stadt, in unserer Schule und in unserem Elternhaus einzuschleichen.

Das Haus Tsarong wurde allmählich bedrückend, überall wurde geflüstert und Gespräche fanden ein abruptes Ende, wenn wir in der Nähe waren. Die älteren Familienmitglieder hielten uns Kinder auf Distanz; sie fürchteten und misstrauten uns, ohne dass wir verstanden, warum. Die Chinesen tauchten andauernd und zu den ungewöhnlichsten Zeiten in unserem Haus auf, um Tee zu trinken und zu plaudern. Eines Tage fand ich meine junge Tante in Tränen aufgelöst vor, nachdem sie von meinem Großvater barsch zurechtgewiesen worden war, weil sie die Chinesen zu weiteren Besuchen ermutigt hatte.

Ich nahm die unheilvollen Spannungen zwischen Tibetern und Chinesen nicht bewusst wahr. Ich spürte das allgemeine Misstrauen innerhalb der Familie und unter Nachbarn, aber der Grund war mir nicht klar. Meine Eltern und Großvater weihten meine Geschwister und mich nicht ein. In der Schule hatten wir gelernt, dass die Chinesen gekommen waren, um die Tibeter von den ›Imperialisten‹ zu befreien. Der Begriff ›befreien‹ war offenbar ein wichtiger Begriff für die Chinesen. Sie hatten sich zur Aufgabe gemacht, Tibet zu befreien und zu modernisieren. Das Land sei rückständig, hieß es, es

117

gelte, das Bildungswesen, die Straßen und das Gesundheitssystem zu verbessern. Sobald diese Ziele unter der gemeinsamen Führung des Dalai Lama und des Vorsitzenden Mao erreicht wären, würden sie unser Land wieder verlassen. Behaupteten sie zumindest, immer wieder. Wir Schüler glaubten diesen Verlautbarungen; wir sahen die Modernisierungsmaßnahmen, die bereits angelaufen waren, mit eigenen Augen und es gab wenig Grund zu bezweifeln, dass die Chinesen Tibet wirklich helfen wollten. Wir ließen uns leicht von solchen Parolen beeinflussen und uns vor ihren Karren spannen.

Sobald die Chinesen in Lhasa Fuß gefasst hatten, gründeten sie eine Reihe öffentlicher Organisationen, die den Modernisierungsprozess in Tibet unterstützen sollten. Die Bewohner von Lhasa wurden überredet oder unter Druck gesetzt, einer dieser Organisationen beizutreten; die Familien der tibetischen Politiker und führenden Köpfe in der Wirtschaft wurden ohne viel Federlesen genötigt, der Bevölkerung mit gutem Beispiel voranzugehen. Es gab einen tibetischen Frauenverband, einen Jugendverband, Kulturverbände, Schauspieltruppen und später eine Zelle der Kommunistischen Partei. Wir hatten Freunde, die diesen Organisationen angehörten, und waren froh, unseren Teil zur Modernisierung Tibets beitragen zu können.

Die jüngere Generation in Tibet genoss nun eine Freiheit, die vor der Ankunft der Chinesen undenkbar gewesen wäre. Die meisten tibetischen Eltern erzogen ihre Kinder sehr streng und die Kinder gehorchten aufs Wort. Sie mussten zur Schule gehen und lernen oder ihren Eltern im Haushalt oder Geschäft helfen. Besonders strikt wurden die Mädchen gehalten, denen es nicht einmal gestattet war, auch nur den Markt zu besuchen, wenn sie keine Besorgungen zu erledigen hatten, geschweige denn ein Restaurant oder Teehaus. Ein gefügiges junges Mädchen, das häuslich war, galt als ›Aktivposten‹ für einen jungen Mann, der sich auf Brautschau begab. Das änderten die Chinesen.

Gegen den Willen meiner Eltern trat ich einer politisch aktiven Schauspieltruppe bei. Es gefiel mir, eine wichtige Aufgabe zu haben und mit dem Ensemble auf der Bühne zu stehen. Einmal gaben wir sogar eine Vorstellung vor Seiner Heiligkeit dem Dalai Lama im Norbulingka-Palast – ein absolutes Novum für tibetische Frauen.

Ich erinnere mich an ein außergewöhnliches Erlebnis, als die tibetische Jugendpartei als Gastgeber eine Jugendkonferenz in Lhasa ausrichtete. Die Delegationen kamen aus Korea, China, Xinjiang, der Mongolei und verschiedenen tibetischen Landstrichen. Wir traten anlässlich dieser Veranstaltung auf und bewirteten die Gäste während der Tanzabende, die sich bei den Chinesen großer Beliebtheit erfreuten. An einem solchen Abend wurde Lobsang Samden, der ältere Bruder des Dalai Lama, als Ehrengast erwartet. Ich war aufgeregt, wie alle anderen, aber es sollte noch schlimmer kommen.

Die Veranstalter brauchten zwei Mädchen aus der Schauspieltruppe als Tischdamen für den Ehrengast und das Los fiel auf mich. Ich war noch sehr jung, möglicherweise das Nesthäkchen im Ensemble und verunsichert bei dem Gedanken, mit dem Bruder des Dalai Lama zu speisen. Bei solchen Anlässen tranken die Gäste viel, hielten lange Reden und nach jedem Toast wurden die Gläser wieder gefüllt. Die Chinesen, an ihren *mao tai* gewöhnt, waren trinkfest und pflegten den harschen Schnaps allen anderen aufzuzwingen. Lobsang Samden war zu der Zeit Mönch, deshalb blieb er beim chinesischen Tee. Er verließ das Fest unmittelbar nach dem Ende des Essens und der Reden.

Bald nach ihrer Ankunft in Lhasa begannen sich die Chinesen in tibetische Angelegenheiten einzumischen; sie forderten Land für die Errichtung militärischer Ausbildungslager, Verpflegung für ihre Soldaten und Arbeitstiere. Das führte zu Engpässen in der Versorgung und Preissteigerungen bei den Grundnahrungsmitteln, Probleme, über die sich das tibetische Volk früher nie Sorgen machen musste.

Die ›friedliche Befreiung‹ Tibets durch die Chinesen entpuppte sich bald als das, was sie wirklich war: eine Invasion, und die Tibeter leisteten offenen Widerstand gegen die Besatzungsmacht. Die Chinesen zwangen den Dalai Lama und sein Kabinett, Lukhangwa und Lobsang Tashi, die beiden tibetischen Premierminister, aus dem Amt zu entfernen, weil sie sich energisch gegen die Einmischung in tibetische Angelegenheiten verwahrten und ihre Missbilligung gegenüber der chinesischen Politik offen zum Ausdruck brachten. Lukhangwa war ein sehr mutiger Mann und seine Loyalität gehörte Tibet; er war außerdem sehr weise und sagte voraus, dass die Chinesen auch politisch die Macht übernehmen würden, nachdem sie die tibetische Regierung und das Land unter ihre Kontrolle gebracht hätten. Er forderte mit Nachdruck den Abzug der chinesischen Streitkräfte und die chinesischen Delegierten setzten im Gegenzug den jungen Dalai Lama, der immer noch auf eine friedliche Lösung des Konflikts hoffte, unter Druck, die beiden Premierminister um ihren Rücktritt zu bitten. Seine Heiligkeit bedauerte diesen Schritt zutiefst, aber er sah keine andere Möglichkeit, den Frieden zwischen den tibetischen und chinesischen Politikern zu bewahren.

1955 schlug die Regierung in Peking vor, ein ›Vorbereitungskomitee des Autonomen Gebietes Tibet‹ zu gründen. Ich gehörte zu den fünfzig bis sechzig jungen Tibetern, die als politische Repräsentanten in die tibetischen Dörfer der Umgebung geschickt wurden. Da ich bis auf die Trecks während der Schulzeit in Indien nie verreist war, machte ich vor Freude einen Luftsprung, dass ich endlich die Chance bekam, die ländlichen Regionen Tibets kennen zu lernen. In zehn- bis fünfzehnköpfigen Gruppen machten wir uns mit LKWs oder zu Fuß auf den Weg, wenn unsere Fahrzeuge eine Panne hatten, und leisteten abwechselnd Überzeugungsarbeit bei den Dorfbewohnern. Wir sollten sie inspirieren und ihnen vor Augen führen, dass es Gründe gab, für die chinesische ›Entwicklungshilfe‹ dankbar zu sein. Sie sollten keine Angst vor der Roten Armee haben oder sie in ihrer Arbeit behindern, denn sie sei gekommen, um der Fronarbeit ein Ende zu setzen, sie von der Feudalherrschaft zu befreien und ihnen ein eigenes Stück Land zu überlassen.

Unsere Reise war beschwerlich. Manchmal mussten wir durch die reißende Strömung des Tsangpo waten, dessen Wasser uns bis zur Hüfte ging. Wir fassten uns an den Händen, bildeten eine Kette und balancierten schwankend unsere Rucksäcke mit Esswaren, Tee, Trommeln, Zimbeln, Decken, Töpfen und Pfannen über das Felsgestein und durch den Fluss. Einige von uns opferten ihre trockenen Schuhe; unsere bloßen Füße waren zu zart für das Flussgestein.

Schon bald wurde mir klar, dass die Unannehmlichkeiten der Reise nicht die größte Herausforderung waren. Der Fluss war ein Kinderspiel, verglichen mit der Angst und Besorgnis der Dorfbewohner. Wenn sie unsere Truppe kommen sahen, verbarrikadierten sie sich im Haus, bis wir sie mit unseren malerischen Tänzen und der Musik, die durch Lautsprecher übertragen wurde, aus der Reserve lockten. Wenn sie uns endlich umringten, ein verschlossenes, aufmerksames Publikum, trugen wir die vorbereiteten Reden über die chinesischen Reformen vor und versuchten anschließend, die Dorfbewohner zu Kommentaren zu ermuntern. Unser Elan traf auf eisiges Schweigen und Argwohn. Ihre Blicke waren ausdruckslos. Wir konnten wenig tun, um ihr Vertrauen zu gewinnen.

Das Misstrauen nahm zu – Misstrauen zwischen Jugendverbänden und Dorfbewohnern, zwischen Chinesen und Tibetern, der tibetischen Regierung und der Bevölkerung und innerhalb der Familien. Ich war stolz darauf, zu einer Gruppe junger Tibeter zu gehören, die am Aufbau einer modernen Welt mitarbeiteten und ihrem Land halfen. Die älteren Familienangehörigen verzichteten lieber darauf, offen mit mir über die Chinesen zu diskutieren, für den Fall, dass meine Loyalität gespalten war und ich meinem Jugendverband über die Gespräche Bericht erstattete. Die Vorsicht war nicht unangemessen, denn es war tatsächlich vorgekommen, dass Familienmitglieder, Freunde und Nachbarn bespitzelt und gemeldet wurden.

Ich war erpicht darauf, so viel Zeit wie möglich mit meiner Gruppe zu verbringen, es gefiel mir, Pflanzungen in den unfruchtbaren Regionen anzulegen, Bewässerungsgräben zu ziehen und mit chinesischer Hilfe am Aufbau meines Landes mitzuwirken. Über diesen begrenzten Horizont sah ich nicht hinaus. Ich kam nicht auf die Idee, die Motive der Chinesen zu hinterfragen, noch erkannte ich die geschickte Strategie, die Jugend einzuspannen, um die Besetzung Tibets zu konsolidieren.

Da es keine öffentlichen Medien gab und die älteren Tibeter zögerten, ihre Befürchtungen vor den Jugendlichen zu äußern, die mit den Chinesen zusammenarbeiten, erkannten wir Chinas Verrat nicht. Wir wussten nichts von den brutalen Methoden der Chinesen bei der Einnahme der Regionen Kham und Amdo im Osten unseres Landes, ahnten nichts von den Morden, Vergewaltigungen, Folterungen und Massenselbstmorden der verzweifelten Bevölkerung.

Zu dieser Zeit wechselten wir auf die Lhasa Middle School über. Es war die erste Mittelschule in Zentraltibet unter chinesischer Leitung, vielleicht sogar in ganz Tibet, sodass hier Schüler aus allen Teilen des Landes zusammenströmten. Manche kamen von weit her, aus Kham und Amdo. Die Schule befand sich hinter dem

Potala und wir zogen um, noch bevor sie fertig gebaut war. Wir wohnten im Internat und da zunächst nur einige wenige Räume bezugsfertig waren, schliefen die Mädchen in den kahlen Klassenzimmern, während die Jungen draußen in Zelten untergebracht wurden. Wir durften neben den Toilettenartikeln nur unser Bettzeug, eine Garnitur Kleidung zum Wechseln, einen Teller und einen Löffel mitbringen.

Der Abschied von meiner Großmutter war tränenreich. Das Internat lag nicht weit von ihrem Haus entfernt und es fiel ihr schwer zu verstehen, warum wir nicht zu Hause wohnen konnten bei der eng miteinander verbundenen Familie. Meine Mutter weinte, genau wie unsere alte Dienstmagd. Meine Schwester Norzin und ich waren natürlich auch traurig, unser Elternhaus zu verlassen, aber gleichzeitig gespannt auf das Abenteuer, das vor uns lag. Da ich noch sehr jung, neugierig und ziemlich beliebt bei meinen Klassenkameradinnen war, freute ich mich darauf, im Internat zu leben.

Nach unserer Ankunft legten wir unser Bettzeug auf die Strohmatten, die jeden Zentimeter des nackten Bodens bedeckten. Sie waren die einzigen Einrichtungsgegenstände in dem großen Raum mit den vielen Glasfenstern, die ohne Vorhänge kahl wirkten. Mehrere Mädchen hatten Klappbetten mitgebracht, wurden jedoch von den chinesischen Lehrern als verweichlichte Sprösslinge kapitalistischer Eltern verhöhnt. Hinzu kam der Spott ihrer Mitschülerinnen, unter dem sie derart litten, dass sie schließlich auf ihre Betten verzichteten. Der Raum war so überfüllt, dass man sich nachts nicht rühren konnte, ohne die Nachbarin aufzuwecken. Die Jungen in den Zelten hatten nicht einmal den Luxus einer Strohmatte: Sie schliefen wie die Heringe auf den nackten Holzplanken eines Podests, das auf Pfeilern errichtet war.

Sobald der Reiz des Neuen verflogen war, bekamen wir die Härten des Alltags zu spüren. Norzin und ich waren gleichwohl entschlossen, die Zähne zusammenzubeißen. Wir redeten uns ein, dass wir dieses Opfer für die Zukunft unseres Landes und unseres Volkes brachten. Außerdem hatten wir die Entscheidung gegen den Willen unserer Eltern durchgesetzt und wer gibt schon gerne zu, einen Fehler gemacht zu haben.

Für unsere Morgentoilette standen zwei Kessel heißes Wasser zur Verfügung, die für alle Schüler reichen mussten. Es gab immer einen Ansturm darauf und die körperlich unterlegenen Mädchen waren meistens dazu verdammt, sich mit eiskaltem Wasser zu waschen. Wenn wir die Haare waschen oder baden wollten, mussten wir zum Kanal hinter dem Potala gehen.

Die sanitären Einrichtungen in der Schule spotteten jeder Beschreibung. Die Tibeter legten nicht sehr viel Wert auf Hygiene, nicht zuletzt wegen der eisigen Kälte. Die Toiletten befanden sich in etwa dreißig Meter Entfernung vom Schulgebäude und als der Winter kam, waren die Mädchen zu faul oder froren zu sehr, um nachts dorthin zu laufen. Draußen im Hof gab es kein Licht und deshalb wurde das Gelände direkt vor den Schlafräumen als Latrine benutzt.

Die Mahlzeiten waren genauso trostlos. Das Frühstück bestand aus einer wässrigen Reissuppe ohne Einlagen und einem Becher heißes Wasser. Zum Mittag- und Abendessen gab es ein in Dampf gegartes Brot oder *tsampa* und eine Gemüseplatte, die sich acht bis zehn Schüler teilen mussten, und dazu einen Becher heißes Wasser, um den Gerstenbrei hinunterzuspülen. Der Brei war so grob geschrotet, dass er Getreidehülsen, Sand und kleine Steinchen enthielt. Als uns einer unserer Diener besuchen kam und Brot und Käse von zu Hause mitbrachte, weinte er, als er meiner Mutter von unserem kargen Mittagsmahl berichtete. Er sagte der Familie, er habe noch nie im Leben ein solches *tsampa* gegessen.

Viele Schüler kamen aus begütertem Hause, stammten aus Adelsfamilien oder waren Kinder von Regierungsbeamten und Geschäftsleuten. Von Zeit zu Zeit erschienen auch die chinesischen Lehrer zu den Mahlzeiten und baten uns, einen Kommentar zum Essen abzugeben, nur um uns ›verwöhnte Sprösslinge‹ zu ärgern. Die Atmosphäre unter den Schülern, die aus allen Schichten der Bevölkerung stammten, war sehr gut und kooperativ. Wir kamen mit jedermann gut aus, aber Fragen wie »Was empfindest du, wenn du vom selben Teller wie die Straßenkinder isst?«, empfanden wir als befremdend und demütigend. Solche Schikanen waren natürlich beabsichtigt. Bislang hatte es nie Feindseligkeiten oder soziale Barrieren zwischen den Schülern gegeben. Mit derartigen Taktiken versuchte man jedoch, Zwietracht unter den Tibetern zu säen.

Diese Internatsschule war die erste ihrer Art in Zentraltibet und galt als ›Experiment‹. Die meisten Lehrer waren zum ersten Mal in Tibet und hatten kein persönli-

126

ches Verhältnis zu Land und Leuten. Sie sprachen kein Wort Tibetisch und nur wenige Angehörige des Lehrkörpers waren Tibeter. Die Organisation der Schule ließ zu wünschen übrig und manchmal befand sie sich sogar am Rande des Chaos.

An den Samstagen hatten wir Gruppenbesprechungen, wo wir über unsere Aufgaben und Projekte während der Woche berichteten, wie Bäume pflanzen, Schulhof fegen, Fenster putzen usw. Anschließend stand die ›Umerziehungskampagne‹ auf dem Programm, bei der Mitschüler wegen vermeintlicher Missetaten öffentlich an den Pranger gestellt wurden. Mir wurde einmal vorgeworfen, ich sei zu hochmütig, um an den Schulbällen teilzunehmen. Diese Besprechungen schürten Feindseligkeit und persönliche Rachegelüste; ich konnte darin keinen Gewinn für die Schule oder die Gemeinschaft sehen.

Norzin und ich freuten uns immer auf die Sonntage, wenn wir nach Hause durften. Einmal hatten wir ein beängstigendes Erlebnis. Eine Gruppe von Mädchen ging plaudernd vom Fuß des Potala in Richtung Lhasa, als von hinten Steine geflogen kamen. Zum Glück wurde niemand getroffen. Gleich darauf vernahmen wir Zurufe und ein lautes Rasseln. Als wir uns umdrehten, entdeckten wir eine kleine Schar von Männern in Ketten mit wildem Blick und verfilzten Haaren, die uns nachrannten. Es waren Strafgefangene, die uns folgten. Höchstwahrscheinlich fiel der Tag mit einem Glück verheißenden oder heiligen Tag im tibetischen Kalender zusammen, an dem Gefangene aus Shoel, die eine leichte Strafe verbüßten, Freigang erhielten. Sie waren paarweise mit eisernen Handschellen zusammengekettet. Den Männern, die sich schwerer Vergehen schuldig gemacht hatten, wurden die Hände an Holzrahmen gekettet, die sie um den Hals trugen.

Die meisten Bewohner von Lhasa und Shoel, unsere Eltern eingeschlossen, hielten nichts davon, dass wir chinesische Schulen besuchten. Doch die Besatzer waren zu stark und zu mächtig, um ihnen die Stirn zu bieten. Meinen Eltern blieb keine andere Wahl, als uns auf eine Schule unter chinesischer Leitung zu schicken. Sie war inzwischen zum Albtraum für uns geworden. Die Schüler begannen, unruhig zu werden angesichts der menschenunwürdigen Lebensbedingungen. Das Essen hatte sich immer noch nicht gebessert, die Jungen schliefen nach wie vor in Zelten und die neuen chinesischen Lehrer waren unfreundlich und arrogant. Unmerklich änderten die Chinesen die traditionelle tibetische Bildungspolitik: die Morgengebete entfielen und die Lehrer beraumten mehr Zeit für den Chinesisch- als für den Tibetisch-Unterricht an.

Da die Schüler mehrheitlich im Teenageralter oder Anfang zwanzig waren, stellten sie keine homogene Gruppe dar und ließen sich nur schwer bändigen. Die Mutigen und Streitlustigen unter ihnen leisteten anonym Widerstand. Eines Abends, als wir uns einen chinesischen Propagandafilm anschauen mussten, warf jemand unserem chinesischen Lehrer einen Stein an den Kopf. Er wurde mit einer blutenden Platzwunde ins Krankenhaus gebracht, während der Schüler aus dem Freilichttheater fliehen konnte. Später wurde ein Chinese an unserer Schule mit einem Messer angegriffen und auch dieses Mal konnte der Angreifer unerkannt entkommen. Die Situation eskalierte immer mehr und drohte außer Kontrolle zu geraten.

Angesichts dieser Unruhen machten sich meine Eltern zunehmend Sorgen um meine Schwester und mich. Meine Großmutter weinte jeden Sonntag, wenn wir in die Schule zurückmussten. Ich träumte davon, wieder meine heiß geliebte Schule in Indien zu besuchen. Doch Indien schien Welten entfernt, jenseits der Berge, Flüsse und Hochebenen. Die Reise war zu lang und beschwerlich.

Bei einem Besuch unseres Elternhauses nahm ich an den religiösen Zeremonien teil, die anlässlich *Taytha Tsichu* stattfanden. Am zehnten Tag des Affenmonats – im tibetischen Kalender der siebte Monat im Jahr des Affen – trafen sich alle Orakel in und um Lhasa und versetzten sich in Trance. Amala nahm meine Schwester, meinen Bruder und mich in das Nechung-Kloster mit, um diesem einmaligen Ereignis beizuwohnen. Eine entfernte Verwandte meiner Mutter war eines der vier weiblichen Orakel, die im Nechung-Kloster zusammenkamen. Sie war das Medium für den Pari-Geist. Der tibetische Schutzgeist Terma war das einzige weibliche Staatsorakel, das von der Regierung Tibets offiziell anerkannt wurde, und sein Medium war sehr hübsch.

Angetan mit unseren Festtagsgewändern und kostbarem Schmuck, brachen wir morgens in aller Frühe auf, um Pari einen Besuch abzustatten. Wir sprachen bei der Dame des Hauses und ihrem Mann vor, einem jüngeren

Mitglied der tibetischen Regierung. Wir erhielten Tee und ein Frühstück vorgesetzt, danach ging es weiter zum Innenhof des Nechung-Klosters und zum Zelt des Pari-Orakels, wo wir auf das Eintreffen der ›Wahrsager‹ warteten.

Bunte Stoffzelte mit aufgenähten Glückszeichen und Symbolen in vielerlei Farben standen dicht nebeneinander im Hof des Klosters. Wir bahnten uns den Weg durch die Menge, die sich in festlicher Kleidung in den Zelten oder draußen eingefunden hatte.

Zwölf bis fünfzehn Orakel, ausnahmslos tibetische Schutzgeister, sollten an diesem Tag im Nechung-Kloster zusammenkommen, um sich in ihren jeweiligen Zelten in Trance zu versetzen und danach die Runde im Innenhof und Kloster zu machen. In Wolken brennenden Räucherwerks gehüllt und zum Klang religiöser Instrumente und Gesänge riefen die Orakel die Geister an, die von den Körpern Besitz nahmen. Unsere freundliche, sanfte Gastgeberin, in ein kostbares Brokatgewand gekleidet, verwandelte sich binnen Sekunden in eine völlig andere Person. Die Veränderung war verblüffend. Sie wirkte mit einem Mal mächtig und kühn. Schon ihr Anblick weckte Angst, sich ihr zu nähern. Im Zelt herrschte drangvolle Enge; wir versuchten, räumlichen Abstand zu den Orakeln zu gewinnen, und wünschten, wir hätten das Zelt gar nicht erst betreten.

Das Nechung-Orakel mit seinem prachtvollen Brokatgewand, dem blitzenden goldenen Brustpanzer und dem goldenen Kopfputz, von flauschigen Wattebällchen gekrönt, führte die Prozession der Orakel rund um den

Innenhof und den Tempel an. Alle trugen zeremonielle Brokatgewänder, Goldschmuck, Schwerter und Kopfputz. Es war ein atemberaubender Anblick. Die religiösen Klänge, die in voller Lautstärke erschallten, die vor Ehrfurcht erstarrten Zuschauer und das brennende Räucherwerk verfehlten ihre Wirkung nicht und alle waren gespannt und aufgeregt. Ich war froh, die Zeremonie miterleben zu dürfen, denn es sollte die letzte ihrer Art sein.

In ganz Tibet versetzten sich an diesem Tag die Orakel in Trance. Ein Zwölf-Jahres-Zyklus war angebrochen und schon bald ging das Jahr des Affen zu Erde und das Jahr des Schafes begann. Viele Veränderungen und Umbrüche standen Tibet bevor. Damals gab man nicht viel darauf, doch bevor der Dreizehnte Dalai Lama diese Welt verließ, hatte er mit prophetischer Weitsicht gesagt:

»Nun bricht die Zeit der Fünf Degenerationen in allen Ländern an. Die Arbeitsweise inmitten der roten Menschen ist die schlimmste. Sie haben sich alle heiligen Gegenstände angeeignet und aus den Klöstern entfernt. Sie haben Mönche gezwungen, Dienst als Soldaten zu verrichten. Sie haben die Religion zerstört, sodass nicht einmal ihr Name bleibt. Habt ihr von den Vorkommnissen in Urga gehört? Es kann geschehen, dass die Religion und die weltliche Führung mitten in Tibet von außen und innen angegriffen wird. Wenn es uns nicht gelingt, unser Land zu schützen, werden Dalai Lama und Panchen Lama, der Vater und der Sohn, die Hüter des Glaubens, die glorreichen Wiedergeburten, entmachtet werden, sodass nur noch ein Name bleibt. Was die Klöster und den Klerus anbetrifft, so werden ihre Ländereien und andere Besitztümer zerstört. Die administrativen Gebräuche der Drei Dharmakönige werden geschwächt. Die religiösen und weltlichen Staatsbeamten werden feststellen, dass ihre Ländereien enteignet und andere Besitztümer beschlagnahmt wurden, und sich gezwungen sehen, dem Feind zu dienen oder wie Bettler durch das Land zu streifen. Alle Lebewesen werden großes Ungemach und überwältigende Angst zu gewärtigen haben; die Tage und Nächte werden eine nicht endende Mühsal sein.

Seid keine Verräter an Glauben und Staat, indem ihr für eine andere Macht gegen euer eigenes Land arbeitet. Noch ist Tibet glücklich und lebt in Frieden; diesen Zustand zu erhalten liegt allein in euren Händen. Alle zivilen und militärischen Angelegenheiten sollten mit weiser Voraussicht geregelt werden. Handelt in Eintracht miteinander; strebt nicht nach Dingen, die zu erreichen nicht in eurer Macht steht. Die Verbesserung der weltlichen Angelegenheiten hängt von euren religiösen und weltlichen Führern ab. Hohe Würdenträger, niedere Würdenträger und Bauern müssen in Einklang miteinander handeln, um Tibets Glück zu gewährleisten. Einer allein kann keinen schweren Teppich anheben; dazu bedarf es der vereinten Kräfte mehrerer Menschen.«

Der Dreizehnte Dalai Lama hinterließ dem tibetischen Volk und der tibetischen Nation diese Weissagung, die in unserer Zeit Wirklichkeit wurde. Er hatte unsere Notlage vorausgesehen. Als ich für die Chinesen Jugendarbeit leistete, hatte ich jedoch nicht die geringste Vorausahnung, dass ich bald ein Flüchtling sein würde, eine Überlebende, eine Kämpferin für Wahrheit und Gerechtigkeit und das Recht, mein Land von den Invasoren zurückzufordern.

Endlich frei

Rauchschwaden wirbelten in den wolkenlosen blauen Himmel empor und der Geruch von brennendem Wacholder und duftenden Kräutern erfüllte die Luft. Ganz Lhasa war auf den Beinen, um Seiner Heiligkeit das Geleit zu geben. Der Dalai Lama begab sich nach Indien, um an den Feierlichkeiten anlässlich der Geburt des Buddha Jayanti teilzunehmen, die sich 1956 zum zweitausendfünfhundertsten Mal jährte. Viele Menschen weinten, als der Dalai Lama mit seinem Gefolge vorüberzog. Die Anwesenheit der Chinesen in Lhasa war unerträglich geworden, wie ein eitriges Geschwür, das jeden Moment aufbrechen konnte. Unruhen und vereinzelte Scharmützel zwischen der tibetischen Bevölkerung und der Besatzungsmacht waren mittlerweile an der Tagesordnung. Ohne die beschwichtigende Gegenwart Seiner Heiligkeit war es nur noch eine Frage der Zeit, bis das Pulverfass explodierte.

Kurz nach der Abreise des Dalai Lama erschien unser Diener Kunga in der Schule mit dem schriftlichen Ersuchen, Norzin und mich einige Monate zu beurlauben, um während des Heiligen Jahres mit unserer Familie eine Pilgerreise nach Indien anzutreten. Wir wurden aufgefordert, Kleider und Bettzeug zusammenzupacken,

Waschschüssel und Essgeschirr in der Schule zu lassen und umgehend nach Hause zu kommen.

Norzin und ich waren überglücklich. Das war die beste Nachricht seit langem; wir hätten jeden Vorwand begrüßt, derart menschenunwürdigen Lebensbedingungen zu entkommen. Noch nie waren wir so schnell mit dem Packen fertig gewesen und abmarschbereit. Ich nahm mir nicht einmal die Zeit, mich von allen meinen Freundinnen zu verabschieden. Da es in dem Brief hieß, dass wir in einem Monat oder zwei in die Schule zurückkehren würden, erwartete ich, sie wieder zu sehen.

Zu Hause angekommen, teilte uns Amala mit, dass wir spätestens in zwei Tagen nach Indien aufbrechen würden. Ich hatte das Gefühl, als ob sich unsere Eltern Sorgen machten, dass man unsere Reise verhindern könnte, wenn wir noch ein paar Tage warteten. Am Morgen des Aufbruchs besuchten wir in aller Frühe den Jokhang, um für eine sichere Reise zu bitten; dann verließen wir Lhasa mit einer großen Eskorte, bestehend aus einem ranghohen chinesischen Offizier, zwei Wachen und zwei Fahrern in einem großen chinesischen Militärlastwagen und einem kleinen Jeep.

Zur damaligen Zeit war Ragashar Pola Oberbefehlshaber der tibetischen Armee. Die Chinesen hatten ihm die damit verbundenen Rechte verbrieft und ihm einen Wagen und Leibwächter in seinem Amtssitz zur Verfügung gestellt (die wir insgeheim als Spione bezeichneten). Pola hielt sich bei Seiner Heiligkeit in Indien auf, sodass meine Großmutter als stellvertretendes Oberhaupt der Familie mit uns reiste. Die Eskorte begleitete uns ihr zu

Ehren. Die Chinesen waren daran interessiert, dass wir im Anschluss an die Pilgerfahrt nach Tibet zurückkehrten, und das war ihre Art zu demonstrieren, dass sie Gefälligkeiten erweisen und hilfreich sein konnten. Meine Eltern und vier von uns Kindern aus dem Hause Tsarong begleiteten meine Großmutter, die Schwester meiner Mutter, ihren Mann und die Tochter meines Onkels, Tseten Ragashar. Neben den Chinesen gehörten auch einige unserer Bediensteten zum Tross.

Während der Reisevorbereitungen verabschiedeten wir uns von den Großeltern Tsarong, unseren Hausangestellten und unseren Spielkameradinnen. Drikung Kyabgon Rinpoche, unser jüngerer Bruder, blieb in Tibet, genau wie die Großeltern. Am Morgen der Abreise wurde Mola ohnmächtig, als sie uns Lebewohl sagte. Es brach uns das Herz, sie in einem solchen Zustand zu sehen. Wir gingen der Reihe nach zu ihr, legten unsere Stirn aneinander, wie es in Tibet bei der Ankunft oder Abreise eines geliebten Menschen der Brauch ist. Als ich ihre Stirn berührte, spürte ich ihre Tränen auf meiner Wange. Meine Augen und meine Nase liefen ebenfalls und die salzigen Tränen vermischten sich. Die Trennung war sehr schmerzlich. Es war das letzte Mal, dass ich sie sah.

Nachdem wir die Grenzstadt Dromo erreicht hatten, schafften es die Fahrzeuge nur noch eine kurze Strecke den steilen Pass hinauf, dann mussten wir zu Pferd weiter. Wir waren traurig, als wir uns von unserem chinesischen Offizier und der Eskorte verabschiedeten. Die Männer waren freundlich und hilfsbereit gewesen. Shao Kwee, der jüngste der Wächter, weinte wie ein Kind, als es daran ging, Abschied zu nehmen. Er hatte einige Jahren im Hause Ragashar gelebt und alle mochten ihn. Vermutlich waren die Ragashars so etwas wie seine Ersatzfamilie geworden. Mola erzählte uns später, dass er unsere Dienerin Dawa beauftragt hatte, heimlich bei Großmutter mit der Bitte vorstellig zu werden, ihn mit nach Indien zu nehmen.

Auf dem höchsten Punkt des Nathula-Passes, ungefähr 4800 Meter über dem Meeresspiegel, wo die eisige Luft auf unserer Haut prickelte, rammten wir Gebetsfahnen in die Erde und legten Steine auf den bereits vorhandenen großen Stoß, der von den Durchreisenden als Opfergabe für die Götter dargebracht worden war. Dabei riefen wir, so laut wir konnten: »*Lha Gyalo*« oder ›Sieg den Göttern‹. Die Buddhisten glauben, dass bestimmte Gottheiten die Pässe der hohen Berge beschützen, und die Gebetsfahnen und religiösen Gesänge dienen dazu, ihren Segen zu erbitten. Wir erbaten mit dieser Zeremonie Glück für uns selbst und unser Land. Einige Mitglieder unserer Reisegesellschaft warfen *tsampa* in die Luft, was ebenfalls Glück bringen soll, bevor wir mit Spuren des Gerstenmehls in unseren Pelzmützen und auf unseren Pferden frohen Mutes nach Gangtok weiterritten.

Der Weg führte über schmale Pfade am Rande von Schluchten entlang, die Tausende von Metern unter uns lagen. Der Himmel war von einem dunklen Türkisblau und mit weißen Federwolken durchsetzt. Als wir die Grenze von Sikkim erreichten, die auf dem Pass liegt, erhaschten wir einen Blick auf den Tsongu-See, der in der grellen Sonne funkelte.

Ein Geleitzug der sikkimischen Königsfamilie, der uns entgegengeritten war, brachte uns in den Palast, wo wir mit einem Festmahl empfangen wurden. Maharadscha Tashi Namgyal – der Onkel von Ragashar Mola –, sein Sohn Thondup und seine schöne tibetische Frau Sang-di-la waren unsere Gastgeber. Die Königinmutter residierte in einem anderen Palast, vom König getrennt. Wir besuchten auch sie, denn sie war Ragashar Polas Schwester.

Das Mittagsmahl wurde in westlichem Stil serviert und bestand aus mehreren Gängen mit Gerichten, die für den europäischen Kontinent typisch waren. Das Hofzeremoniell war streng, die Tischetikette ausgeklügelt und wir Kinder fühlten uns eingeschüchtert durch das Gewirr von Tafelsilber und Porzellan, das sich vor uns befand. Die Diener, elegant gekleidet und mit runden Brokatmützen auf dem Kopf, bewegten sich lautlos im Raum hin und her, wenn sie große silberne Vorlegeplatten auf Servierwagen hereinrollten. Wir beobachteten die Erwachsenen und nahmen beklommen Messer und Gabel in die Hand, die wir in den vergangenen beiden Jahren unseres Aufenthalts in Tibet nicht mehr benutzt hatten.

Der Maharadscha war ein kleiner, feingliedriger Mann mit zarten Gesichtszügen. Er bewegte sich anmutig und sprach mit leiser Stimme. Am Kopfende einer langen Tafel sitzend, in Seide gekleidet mit einem runden Brokathut, sah er aus wie ein exotischer Vogel, der hoch droben auf einem Baum hockt. Er flüsterte fast, wenn er sprach, sodass diejenigen von uns, die am weitesten entfernt saßen, ihn kaum verstehen konnten. Den Bruchstücken der Unterhaltung, die wir aufschnappten, entnahmen wir, dass er von den Geistern im Palast erzählte, die ihn zu besuchen pflegten. Er hatte offenbar reichlich dem Alkohol zugesprochen, denn als das Mittagsmahl vorüber war und wir in den Salon gingen, um den Tee und Kaffee einzunehmen, wankte er durch den schmalen Gang, als folgte er einem imaginären Zickzackkurs. Norzin und ich mussten an uns halten, um nicht zu lachen. Wir mochten ihn.

Der Maharadscha war ein herausragender Künstler, der in der Welt der Geister lebte. Er bewohnte allein das oberste Stockwerk an einem Ende des Palastes. Wir betrachteten es als Ehrensache, ihn mit unseren Cousins Soden und Chemi Phunkhang zu besuchen, deren Mutter die älteste Tochter von Tashi Namgyal war. Er erzählte uns, dass er jeden Abend auf einem Hüftknochen blies, um die Geister zu rufen, die ihm zu Diensten stünden. Seltsamerweise hatte seine Frau auch oft Geistererscheinungen und ließ in ihrem Schlafzimmer immer das Licht brennen.

Von Gangtok ging es weiter nach Kalimpong, wo wir einige Wochen in einem gemieteten Landhaus Rast machten, bevor wir unsere Pilgerreise in die indischen Ebenen fortsetzten. Da man uns vor den Fieberattacken gewarnt hatte, von denen Reisende im Flachland heimgesucht wurden, mussten wir eine Reihe von Impfungen im Missionskrankenhaus über uns ergehen lassen. In Kalimpong schlossen sich uns weitere Cousins aus Tibet und zwei Dolmetscher an, ein nepalesischer Händler namens Sotha-la und unser Cousin Kyibuk.

Unsere erste Etappe während der Pilgerreise war Bodh Gaya, wo Buddha unter dem Bodhi-Baum Erleuchtung erfahren hat. Als wir mit der Eisenbahn just außerhalb der kleinen Ortschaft ankamen, wurden wir von einer Schar Kulis empfangen, die sich lauthals darum stritten, unser Gepäck zu befördern. Wir fuhren mit der Rikscha in das Zentrum von Bodh Gaya, einer staubigen, schmutzigen kleinen Ortschaft, wo wir von Bettlerhorden bedrängt wurden, von denen viele lahm oder blind waren. Sobald man jedoch den schwach beleuchteten Tempel unweit des Bodhi-Baumes betrat und das Gesicht und die Statue des Buddha betrachtete, wähnte man sich in einer anderen Welt. Hier herrschte eine stille, heitere Atmosphäre und der Raum war von einer Energie ganz anderer Art erfüllt. Als Nächstes besuchten wir Sarnath, wo Buddha seine erste Unterweisung gegeben hatte. Der Garten mit einer uralten runden Stupa war eindrucksvoll und von außerordentlicher Schönheit. In Sarnath holten wir den Dalai Lama und sein Gefolge ein und nahmen an der öffentlichen Audienz teil, die er gab. Pilger aus allen Teilen des Himalaya waren gekommen, um den Segen Seiner Heiligkeit zu empfangen. Überall waren Polizisten und Sicherheitsbeamte postiert. Der Panchen Lama war ebenfalls anwesend. Ragashar Pola begleitete den Dalai Lama, deshalb war uns auch ein kurzer Besuch bei ihm vergönnt. Wir wussten nicht, dass es unsere letzte Begegnung sein sollte. Nicht lange danach starb er auf dem Weg zu einem offiziellen Besuch in Nepal.

Und weiter ging es nach Lumbini, dem Geburtsort Buddhas, und nach Kushinagar, wo er gestorben war. In

Kushinagar wurden wir von einem Sikh-Maharadscha zum Tee und zu einer Besichtigung seiner Zuckerfabrik eingeladen. Das geschmolzene Zuckerrohr sonderte einen strengen, unangenehm stechenden Geruch ab. Wie es schien, lebte der Maharadscha ganz allein in seinem prachtvollen Palast. Der Dalai Lama hatte den Palast und die Fabrik ebenfalls besichtigt und mit großem Stolz zeigte er uns das Gästebuch mit einem Eintrag Seiner Heiligkeit.

Nach dem Besuch der buddhistischen Pilgerzentren in Indien wollte meine Familie nach Nepal weiterreisen, um der großen Boudha-Stupa in Kathmandu die Ehre zu erweisen. Wir fuhren mit dem Zug nach Raxaul an der indisch-nepalesischen Grenze und danach eine kurze Strecke mit einem Bus, der so klapprig war, dass ich befürchtete, die Räder würden abfallen. Als wir ausstiegen, erfuhren wir, dass das Flugzeug nach Kathmandu ein paar Stunden vorher abgestürzt war. Entmutigt durch diese Nachricht, beschlossen wir, nach einem kurzen Zwischenstopp in Kalkutta nach Kalimpong zurückzukehren.

In Indien zu reisen machte damals großen Spaß. Wir hatten das gesamte Eisenbahnabteil für uns reserviert und unsere eigene Verpflegung mitgebracht. Die Bediensteten begleiteten uns und die Reise kam uns vor wie ein Picknick auf Rädern. Auf jedem Bahnsteig boten Verkäufer Erdnüsse und Obst feil und priesen in kleinen roten Tonschalen ihren ›Chai‹ an, den indischen Tee. Wir liebten Comic-Hefte und die indische Filmzeitschrift *Filmfare*. Die Erwachsenen schenkten uns Kleingeld, um es an die Bettler zu verteilen, die ihre ausgemergelten Hände durch die Fenster der Waggons streckten. Wenn sich der Zug in Bewegung setzte, warfen wir unsere Bananen- und Orangenschalen aus dem Fenster und zielten damit auf die Männer, die mit ihren entblößten braunen Kehrseiten an den Geleisen hockten und ihre Notdurft verrichteten. Wir sahen nur Männer und fragten uns, ob die Frauen in Indien überhaupt ein solches Bedürfnis hatten. Später erfuhren wir, dass sie ihm im Schutz der Nacht nachkamen oder notfalls auf den Feldern.

Bevor wir in Kalkutta einfuhren, hielt der Zug einen Moment auf einer langen Brücke, sodass wir einen ersten Blick auf die riesige Stadt werfen und uns für das Chaos in einem der größten Bahnhöfe der Welt rüsten konnten. Unsere Dolmetscher waren ausgestiegen, um sich die Beine zu vertreten, als der Zug unvermittelt wieder anfuhr. Da sie von Haus aus bedächtig waren und nicht so schnell und geschickt wie die einheimischen Passagiere, die noch auf den Zug aufsprangen, blieben sie auf der Brücke zurück. Und so erreichten wir den Bahnhof von Howrah ohne unsere Dolmetscher, ratlos und umgeben von einem Menschengewimmel. Das Gewühl, der Lärm und das heillose Durcheinander waren ziemlich beängstigend.

Für viele Tibeter, die nach Indien pilgerten, endete die Reise in Kalkutta. Da die Tibeter in dem Ruf standen, großzügige Trinkgelder zu geben, rissen sich die Tagelöhner darum, unser Bettzeug und die Überseekoffer zu einer Riksha zu tragen. Dank der Englischkenntnisse, über die einige von uns Kindern verfügten, und Amalas

Mischmasch aus Englisch und Hindi gelang es uns, auch ohne Hilfe unserer Dolmetscher das gebuchte Hotel zu finden. Zum Glück hatte Amala die Adresse bei sich.

Das Hotel Continental lag im Zentrum des neuen Teils von Kalkutta, an der berühmten Chowringhee Street. Es herrschte dichter Verkehr und alle namhaften Läden befanden sich in der Nähe. Wir konnten Stunden damit verbringen, vom Hotelfenster aus die vorbeifahrenden Autos und das Menschengewühl zu beobachten. Die Nächte waren sogar noch schöner, wenn Scheinwerfer die breite Straße erhellten und Neonlichter für Kinofilme, Geschäfte und Waren warben, zum Beispiel die Reklame für Horlick, ein stärkendes Getränk, oder Colgate-Zahnpasta für ein strahlendes Lächeln. Einige der Glühbirnen waren durchgebrannt und der Colgate-Mund sah aus, als fehlten ihm ein paar Zähne.

Indische Frauen in prächtigen Seidensaris gingen Seite an Seite mit halb nackten Männern und modebewusste Jugendliche in westlicher Kleidung flanierten die Straße auf und ab wie Pfauen im Garten. Wir lachten, wenn die bengalischen *babus* ihre gestärkten weißen Lendentücher an den Seiten hochhoben. Für uns war das ein ungewohnter Anblick. Es gab so viel Neues zu sehen, das wir wie ein Schwamm aufsaugten. Es dauerte einige Zeit, bis wir uns an den Lärm und die vielen Menschen gewöhnt und alles verdaut hatten, was sich gleichzeitig zutrug.

Sobald wir mit unserer neuen Umgebung vertraut waren, die völlig anders war als Lhasa oder Darjeeling, wagten wir uns in das Labyrinth des New Market, eines großen Einkaufszentrums, oder machten einen Schaufensterbummel entlang der Chowringhee Street. Nie zuvor hatten wir so viele Läden und Waren oder einen so großen Kontrast zwischen Arm und Reich gesehen. Die Bettlerinnen wirkten gespenstisch mit ihren ausgemergelten Körpern, in Lumpen gehüllt, aus denen winzige Säuglinge mit großen erloschenen Augen hervorlugten. An jeder Straßenecke sah man Märchenerzähler, Wahrsager mit Papageien, die darauf abgerichtet waren, die Karten aufzuheben, weise aussehende, gut genährte Männer in *lunghis*, die den Passanten die Zukunft aus der Hand lasen, Gaukler, Zauberer und Taschendiebe, die darauf lauerten, den Unachtsamen die Börse oder Handtasche zu entwenden. Streunende Kühe und Rinder bahnten sich ohne Rücksicht auf die Autos ihren Weg durch den dichten Verkehr. Sie gaben sich so selbstsicher, als gehörte ihnen die Straße. Polizisten in makellosen weißen Uniformen standen auf den Kreuzungen, ohne groß darauf zu achten, ob sich die Tiere an die Verkehrsregeln hielten.

Wir fuhren von Kalkutta nach Kalimpong zurück, wo Norzin und ich zu unserer großen Freude und Erleichterung erfuhren, dass wir wieder in Darjeeling zur Schule gehen würden. Es wurde beschlossen, Jigme auf die St. Joseph's School zu schicken, ein Kolleg der Jesuiten, das schon mein Vater ein paar Jahre lang besucht hatte und wo auch unsere Cousins, die Dorji-Jungen aus Bhutan, die Schulbank drückten. Unser jüngster Bruder Paljor sollte mit uns auf die Mount Herman School gehen. Er war fast sieben und meine Eltern hofften, seine älteren Schwestern würden ein Auge auf ihn haben.

Im März 1957 nahm uns die Mount Hermon School

mit offenen Armen wieder auf. Nach der mangelnden Organisation und Hygiene in der Mittelschule von Lhasa waren wir besonders froh über die Bequemlichkeiten, die Sauberkeit und die Effizienz. Die Mount Hermon School hatte sich in den zwei Jahren unserer Abwesenheit verändert. Es waren mehr indische Lehrer eingestellt worden und die ausländischen Lehrer kamen mehrheitlich aus Australien und Neuseeland statt aus Großbritannien und den USA. Viele Schüler stammten aus dem südostasiatischen Raum und es war sogar eine Hand voll Tibeter eingeschrieben. Die amerikanische Zwanglosigkeit fehlte nun leider: Alle trugen marineblaue Schuluniformen mit weißen Blusen oder Hemden und Krawatten mit goldenen Streifen. Die Vorschriften waren strenger geworden, doch wir stellten uns schnell auf ein anderes Schulsystem und eine andere Lebensweise ein.

Im März 1959 kamen traurige und schockierende Nachrichten aus Tibet. Ich war gerade in der Umkleidekabine nach dem Sportunterricht, als eine Freundin berichtete, was sie in der Tageszeitung *The Statesman* gelesen hatte: Die Chinesen hatten Lhasa bombardiert. Fassungslos lief ich in die Bibliothek, um mich mit eigenen Augen davon zu überzeugen. Meine ersten Gedanken galten meinem Großvater und den anderen Mitgliedern meiner Familie. Mein Bruder, Drikung Kyabgon, war erst zehn Jahre alt. Als mir die Realität allmählich bewusst wurde, spürte ich den Schmerz wie ein Messer im Bauch. Ich war überwältigt vor Kummer angesichts der Möglichkeit, dass ich meine Heimat vielleicht nie wieder sehen würde, und am Boden zerstört bei dem

Gedanken, die Menschen zu verlieren, die ich liebte. Meine Empfindungen wechselten zwischen Wut und Qual, dass die Chinesen Tibet derart brutal angegriffen hatten. Ich fühlte mich verraten und betrogen. Die chinesischen Lehrer und Gäste in unserem Haus hatten stets betont, sie seien nach Tibet gekommen, um uns bei der Entwicklung des Landes zu unterstützen. Ich hatte ihnen geglaubt und sogar mit ihnen zusammengearbeitet und nun töten sie die Menschen, denen sie angeblich helfen wollten, und zerstörten unsere Häuser und Klöster.

Ich fühlte mich hilflos. Jeden Tag verschlangen Norzin und ich die Nachrichten in der Zeitung. Wir erfuhren, dass es dem Dalai Lama gelungen war, aus Lhasa zu fliehen, doch das war auch der einzige Lichtblick. Der Gedanke an unsere Heimat ließ uns nicht los. Es fiel uns schwer, weit weg vom Geschehen zu sein; wir konnten nichts anderes tun, als weiterhin zur Schule zu gehen und für unser Volk in Tibet zu beten.

Aus der Zeitung erfuhren wir auch von Tsarong Polas Tod. Im Jahr zuvor war er in Indien gewesen und viele Freunde und Verwandte, sogar mein Vater, hatten ihn zu überreden versucht zu bleiben, da sich die Situation in Tibet zuspitzte und ein Aufstand erwartet wurde. Unruhen und Gewalt, von Aufständischen in Ost- und Zentraltibet entfacht, hatten bereits begonnen. Sie hatten sich Gefechte mit der chinesischen Armee geliefert und China reagierte immer heftiger auf die Situation. Pola hatte die Siebzig überschritten und war nicht mehr der Kräftigste, aber fest entschlossen, nach Lhasa zurückzukehren, um Seine Heiligkeit aus dem besetzten Land zu schaffen. Niemand vermochte Pola umzustimmen. Eine Gruppe Tibeter, die sich in Indien formiert hatte und zu der auch Gyalo Thondup, der ältere Bruder des Dalai Lama gehörte, hatte Pola ebenfalls gebeten, in Indien zu bleiben und sie in ihrem Kampf um Tibets Unabhängigkeit zu unterstützen. Gyalo Thondup und einige seiner Landsleute hatten in Kalimpong eine tibetische Befreiungsfront ins Leben gerufen und brauchten Polas militärische Erfahrung, die Entscheidung meines Großvaters war jedoch unerschütterlich. Er wolle in sein Land zurückkehren und dort sterben, wenn es so weit sei, sagte er meiner Schwester einmal.

Wegen der andauernden Gewalt und der wachsenden Befürchtung, dass die Chinesen geplant hatten, ihn unter Arrest zu nehmen, flohen der Dalai Lama, Mitglieder seiner Familie und sein Gefolge nach Indien. Danach brach sich der aufgestaute Hass der Tibeter in einer offenen Revolte seine Bahn. Während des Aufstandes wurde Tsarong Pola zu einem der Repräsentanten des tibetischen Volkes gewählt. Doch bevor es zu Verhandlungen kam, wurde der Norbulingka, der Sommerpalast des Dalai Lama, von den Chinesen bombardiert, die tibetische Regierung aufgelöst und die tibetischen Volksvertreter verhaftet. Jahre später fand ich heraus, dass Pola öffentlich der Prozess gemacht werden sollte, er jedoch in der Nacht vorher im Schlaf verstarb. Er muss es gewusst haben: Die Gefangenen sahen sich einen Film an und Pola hatte die kleine Tochter der berühmten tibetischen Heldin Kunsang-la auf dem Schoß, als er sich zu seinem Leidensgefährten Sampo Kungö Depön umdrehte und ihm die wenigen Zigaretten schenkte, die ihm geblieben waren. Sampo Kungö wunderte sich, denn die Zigaretten waren Polas einziger Trost im Gefängnis gewesen. Kunsang-la, Polas Nichte, war ebenfalls verhaftet worden, befand sich jedoch in einer Isolationszelle. Sie wurde hingerichtet, weil sie die Frauenbewegung angeführt hatte und im März 1959 gegen die Chinesen zu Felde gezogen war.

Ich bin dankbar, dass Pola der Prozess erspart geblieben ist. Während dieser öffentlichen Verhandlungen, *thamzing* genannt, wurden die Angeklagten beschimpft, gedemütigt und geschlagen. Die Chinesen brachten Leute, die einen heimlichen Groll gegen die Opfer hegten, dazu, als Zeuge bei den Schauprozessen aufzutreten, sich an den Schmähungen zu beteiligen und sich auf diese Weise zu rächen. Viele waren bereit, einen Gefangenen zu foltern, um sich bei den Chinesen einzuschmeicheln. Pola war ein stolzer Mann, ein Patriot, und ich bin sicher, er hätte nicht unter den Händen seiner eigenen Landsleute sterben wollen, angestiftet vom Feind. Er zog einen ehrenvollen Tod vor.

Tibetische Flüchtlinge

Nach der Flucht des Dalai Lama im Frühjahr 1959 nach Indien folgten ihm Tausende von Tibetern in die benachbarten Länder Indien, Nepal, Bhutan und Burma ins Exil. Die chinesische Einmischung in tibetische Angelegenheiten hatte einen tragischen Höhepunkt erreicht, die in Zwangsmaßnahmen zur Durchsetzung ihrer ›Reformen‹, Menschenrechtsverletzungen in Tausenden von Fällen und der Zerstörung von Klöstern und Weihestätten gipfelten. Schlussendlich drohte die chinesische Besatzungsmacht mit der Ausrottung der tibetischen Kultur und Lebensweise.

Im Sommer 1959 waren etwa achtzigtausend Menschen aus Tibet geflohen, mit nicht mehr als den wenigen Habseligkeiten, die sie auf den Rücken schnallen oder tragen konnten. Bevor sie in die Freiheit gelangten, mussten sie einen gefahrvollen Weg mit schier unüberwindlichen Hindernissen bewältigen. Diejenigen, denen es zu entkommen gelang, begaben sich zu Fuß oder mit Packtieren auf den langen Marsch durch unwegsames Gelände. Die ungeheuren Strapazen wurden noch durch die bleierne Angst erschwert, von den Chinesen aufgegriffen zu werden. Da sie nur wenige Vorräte mitnehmen konnten und es keine klare Fluchtroute gab, der sie folgen konnten, erreichten die Überlebenden seelisch und körperlich erschöpft die Grenze des Landes. Viele befanden sich in einem Schockzustand.

Samten Dolma, eine Nonne, die heute Ende siebzig ist, erinnert sich an ihre Flucht aus Kongpo:

»Es gab kaum einen richtigen Weg, an den wir uns halten konnten. Wir mussten hohe Berge hinaufsteigen, manchmal mit Hilfe von Trittleitern, die wir notdürftig aus gesammelten Ästen fertigten. Wir überquerten reißende Flüsse auf dünnen, schwankenden Bambusbrücken und manchmal frage ich mich, wie es überhaupt so vielen von uns gelang, nach Indien zu entkommen. Die Flucht war voller Mühsal, aber die Angst, von den Chinesen gefasst zu werden, war schlimmer. Viele von uns weinten jeden Tag vor Erschöpfung und Kummer. Der Saumpfad war in unbeschreiblich schlechtem Zustand und wir mussten zu Fuß gehen und waren mit allem bepackt, was wir mitnehmen konnten.«

Viele Menschen kamen auf der Flucht um, verhungerten, erfroren oder starben an Erschöpfung. Es gibt zahllose Geschichten von Überlebenden, die von den leidvollen Erfahrungen berichten, von Säuglingen, die sie aus den Armen ihrer toten Mütter bargen, oder von Menschen, die ihre verletzten oder sterbenden Familienmitglieder erschießen mussten oder gezwungen waren, Angehörige und kleine Kinder in Tibet zurückzulassen.

Sobald sie das Exil erreicht und sich vor den Chinesen in Sicherheit gebracht hatten, wurde ihnen die

Bewältigung von Problemen ganz anderer Art abverlangt: die Anpassung an eine fremde Umgebung und ein ungewohntes Klima, an unbekannte Krankheiten, Sprachen und eine andere Kultur. Als Seine Heiligkeit vom Massenexodus seiner Landsleute erfuhr, von denen die meisten dem einfachen Volk angehörten und dringend auf Hilfe angewiesen waren, appellierte er an die Regierungen von Indien, Nepal und Bhutan, die Aufnahme und Wiederansiedlung der Flüchtlinge zu unterstützen.

Obwohl Indien jetzt an China grenzte und nicht offen Partei für Tibet ergreifen wollte, war die Regierung sehr großzügig bei der Bereitstellung von Land für Flüchtlingslager. Seiner Heiligkeit wurde außerdem ein weitläufiges Haus in der Bergstadt Mussoorie zur Verfügung gestellt, das der wohlhabenden Familie Birla gehörte. Von hier aus konzentrierte er seine Kraft darauf, den Schutz der tibetischen Flüchtlinge zu gewährleisten und weltweit Unterstützung für Tibets Kampf um Unabhängigkeit zu gewinnen.

Nachfolgend wurden zwei Durchgangslager unweit der indischen Grenze errichtet, eines in der Missamari-Ebene in Assam, das andere in Buxa, Bengalen. Sie standen unter der Leitung eines indischen Regierungsbeamten, der die Funktion des Lagerkommandanten besaß, und eines Tibeters, der das Vertrauen seiner Landsleute genoss.

Die erste größere Gruppe erreichte im April 1959 das Flüchtlingscamp in Missamari. Sie wurde in eilends errichteten Behelfsunterkünften untergebracht, Bambushütten, die jeweils fünfzig bis sechzig Menschen Platz boten. Binnen weniger Wochen kamen sechstausend Flüchtlinge nach Missamari und weitere tausend, überwiegend Mönche, in das Camp in Buxa. Internationale Hilfsorganisationen, verschiedene Gesellschaften und Einzelpersonen kümmerten sich um die Flüchtlinge mit menschlicher Anteilnahme, Geldspenden und humanitärer Hilfe. Die weltweite Aufmerksamkeit und Unterstützung war für die Flüchtlinge ein Hoffnungsfunke.

Trotz seiner eigenen Erschöpfung und Besorgnis über die Zukunft Tibets hatte die Notlage der Flüchtlinge für den Dalai Lama Vorrang und er bemühte sich nach besten Kräften, seinen entkräfteten, entwurzelten, verzweifelten Landsleuten Mut zu machen und ihnen mit gutem Beispiel voranzugehen. Wir sind dem Dalai Lama auf immer dankbar für seine Führung, sein Einfühlungsvermögen und seine Fürsprache und allen Tibetern, die auf ihre eigene Bequemlichkeit verzichteten, um den Flüchtlingen in ihrem Kampf ums Überleben beizustehen.

· Mein Cousin, der verstorbene Phurphu Samdup, gehörte zur Lagerleitung eines der beiden Camps. Er berichtete:

»Das Leben in Missamari war grauenvoll. Das Klima war heiß und unerträglich, die Moskitos saugten uns bis auf den letzten Blutstropfen aus und viele starben an Malaria und Ruhr. Die wenigen Dolmetscher im Lager fühlten sich dem Umgang mit den Krankheiten, den Toten und dem Elend nicht gewachsen; sie ließen mich im Stich und ich musste eine Zeit lang alleine zurechtkommen. Beim Anblick von Reis und *dal* (Linsensuppe) wird mir heute noch schlecht, denn das war alles, was wir zu essen bekamen, Tag für Tag.«

Aus den Tagen wurden Monate, die Camps platzten aus allen Nähten und die Menschen starben wie die Fliegen. Seine Heiligkeit bat die indische Regierung, die tibetischen Flüchtlinge in die kühleren Bergregionen zu verlegen. Dort würde ihnen die Hitze weniger zusetzen und sie konnten sich eine Beschäftigung suchen, statt sich den ganzen Tag um ihre Angehörigen und Freunde in Tibet zu sorgen. Die indische Regierung gab dem Ersuchen statt und bald wurden die Flüchtlinge gruppenweise in die kühleren Regionen des Himalaya umgesiedelt, wo sie Arbeit im Straßenbau fanden. Viele Bergstraßen im Umkreis wurden von tibetischen Flüchtlingen errichtet. Die Waisenkinder wurden mit einem Sammeltransport nach Dharamsala in ein Waisenhaus gebracht, das der Dalai Lama mit seiner älteren Schwester Tsering Dolma eingerichtet hatte, die auch die Betreuung übernahm. Die älteren Kinder besuchten eine neu gegründete Schule in Mussoorie, die von meinem Großonkel Jigme und meiner Großtante Rinchen Dolma Taring geleitet wurde.

Unser Volk musste bald eine dauerhafte Bleibe und Beschäftigung finden. Kaum jemand ging einer geregelten Tätigkeit nach: Die meisten zogen als Wanderarbeiter von Ort zu Ort und hausten mit ihren Familien in Bretterverschlägen oder Zelten. Viele hatten kleine Kinder dabei und das Leben war extrem hart. Während des

Monsuns, wenn im Himalaya Wolkenbrüche niedergingen, standen die Zelte im Schlamm. Wasser tropfte von den Zeltöffnungen hinab, sodass Kleidungsstücke oder Bettzeug durchnässt waren. Das Milchpulver aus den Care-Paketen fing in Folge der Feuchtigkeit an zu schimmeln und ein ganzes Heer von Bergratten, so groß wie Katzenjunge, stahlen die wenigen Bissen, die man sich für die Kinder vom Mund abgespart hatte. Eine Mutter sagte: »Ich hatte Milchpulver für meinen Sohn aufgehoben, doch als es zu schimmeln begann, brachen sich Wut und Enttäuschung in einem Tränenbad ihre Bahn.«

Die meisten Flüchtlinge waren Bauern und Nomaden aus Tibet, unqualifiziert für mechanische Arbeiten gleich welcher Art. Dazu kam die Sprachbarriere, die es ihnen erschwerte, eine längerfristige Beschäftigung zu finden. Seine Heiligkeit gab die Hoffnung nicht auf und appellierte erneut an die Hilfsbereitschaft des indischen Premierministers Pandit Nehru. Dieser erkundigte sich in einem Schreiben an die Ministerpräsidenten der verschiedenen indischen Staaten, ob sie den tibetischen Flüchtlingen Land zur Kultivierung zur Verfügung stellen könnten. Der Staat Mysore in Südindien erklärte sich bereit, der indischen Zentralregierung dreitausend Morgen Land zu verpachten, und so wurden 666 Tibeter am 16. Dezember 1960 nach Bylakuppe umgesiedelt. Die finanziellen Mittel für dieses Projekt stammten von der indischen Regierung und verschiedenen internationalen Hilfsorganisationen. Vor allem die Schweizer waren besonders hilfreich bei der Urbarmachung der Dschungelregionen.

Mein Kollege Deki Khedrup sagt über das Leben in der Wildnis:

»Bylakuppe war ein undurchdringlicher Urwald, als ich für die dortige Lagerleitung als Dolmetscher arbeitete. Überall gab es Tiger, Elefanten, Wildschweine, Schlangen und Schakale. Zum Glück ist mir nie ein wildes Tier begegnet, außer einer Elefantenherde, vor denen die Leute große Angst hatten. Ich achtete darauf, mich nicht zu weit von dem Zelt zu entfernen, das ich bewohnte. Die meisten Flüchtlinge waren entweder in den Zelten oder damit beschäftigt, den Urwald zu roden, um Getreide anzubauen und ein neues Leben zu beginnen.«

Die Flüchtlingssiedlungen breiteten sich auch im Norden Indiens und im Landesinneren aus. Das tibetische Volk, fleißig, zuversichtlich und bestrebt, sich eine dauerhafte Bleibe mit einem richtigen Dach über dem Kopf zu schaffen, arbeitete hart und war als Flüchtlingsgemeinschaft vorbildlich organisiert. Viele Menschen aus aller Welt kamen, um zu sehen, wie sich die Flüchtlinge in Indien und Nepal integriert hatten, und aus unseren Erfahrungen zu lernen.

In Darjeeling eröffnete Mrs Thondup, die mit Gyalo Thondup, dem älteren Bruder des Dalai Lama verheiratet war, ein Zentrum für tibetisches Kunsthandwerk, das erste, das im Exil entstand und Arbeitsplätze für einige der ärmsten Tibeter schuf. Es existiert noch heute und ist durch den Export seiner Produkte in alle Welt zur Erwerbsquelle für viele Familien geworden. Inzwischen sind mehrere Werkstätten solcher Art entstanden. Die Schüler der Mount Hermon School führten Theaterstücke auf, deren Erlös solchen Selbsthilfe-Projekten zufloss. Wir halfen dem Zentrum außerdem, Eintrittskarten und Programmhefte für die tibetische Oper zu verkaufen, die in Darjeeling aufgeführt wurde. Wir konnten nur wenig für unsere Landsleute tun, aber wir empfanden es als sehr befriedigend, in einer so schwierigen Periode der tibetischen Geschichte einen aktiven Beitrag zu leisten.

Ende 1961 legte ich mein Cambridge-Examen ab. Den Schuluniformen und Prüfungen entronnen, fühlte ich mich endlich frei. Es dauerte einige Jahre, bis ich mich überwinden konnte, wieder Marineblau zu tragen. Gleichzeitig erfüllte es mich mit Wehmut, Mount Hermon zu verlassen, das imposante Steingebäude mit dem von Efeu umrankten Eingang, durch den Schüler aus so vielen verschiedenen Länder gespannt eine neue Welt betreten hatten. Es war eine Welt für sich, mit Schlafsälen und Klassenzimmern, in denen ich gemeinsam mit meinen Freundinnen, die heute in der ganzen Welt verstreut sind, viele wichtige Erfahrungen machte. Ein wunderbares Kapitel meines Lebens war zu Ende und plötzlich gehörte ich zu den Erwachsenen, ohne zu wissen, wie mir geschah. Ich überlegte, was ich als Nächstes tun sollte: in den tibetischen Flüchtlingsorganisationen mitarbeiten oder studieren?

Meine Eltern lebten damals in Kalkutta. Als der Massenexodus der Tibeter einsetzte, von denen die Mehrzahl in Indien Aufnahme fand, wurde mein Vater als Regierungsbeamter mit Englischkenntnissen gebeten, im Tibet

Büro in Neu Delhi mitzuarbeiten. Er sollte bei der Wiederansiedlung der Tibeter helfen. Als Erstes wurde er gleichwohl einem Projekt zugeteilt, das Gyalo Thondup, der ältere Bruder des Dalai Lama, und ein ranghoher Mönch leiteten. Ihre Aufgabe bestand darin, alte tibetische Kunstschätze zu verkaufen. Mein Vater bat den Ministerrat inständig, ihn von dieser schweren Verantwortung zu entbinden, doch es war vergebens. Da nur wenige Tibeter Erfahrungen mit der Außenwelt besaßen, wurde jemand mit seinen Fähigkeiten gebraucht, um eine tibetische Exilgemeinschaft aufzubauen. Meinem Vater blieb keine andere Wahl, als nach Neu Delhi umzuziehen.

Mit dem Erlös aus dem Verkauf dieser Kunstschätze wurden verschiedene Projekte finanziert, zum Beispiel die Errichtung einer tibetischen Exilregierung in Indien, die Eröffnung tibetischer Vertretungen in New York und Genf und die Vorbereitungen, die erforderlich waren, um die Tibetfrage vor die UN zu bringen. Ein Teil des Geldes wurde in den Aufbau von Produktionsstätten investiert, wie die Eisen- und Stahlfabrik in Bihar, in der mein Vater eine leitende Position innehatte. Eine Papierfabrik entstand in Bhopal im Verwaltungsgebiet Madhya Pradesh und eine Holzfabrik in Bangalore. Keine dieser Unternehmungen im großen Stil war von Erfolg gekrönt. Gayday Iron and Steel wurde in Partnerschaft mit Belgien gegründet. Die Produktion begann, aber es wurde mehr Startkapital benötigt und die Kredite der Reserve Bank of India versiegten. Die indische Regierung sah sich nach dem Angriff der Chinesen auf die Grenze im Nordosten des Landes einer zusätzlichen finanziellen Belastung gegenüber und der Wettbewerb mit der ebenfalls im Staate Bihar ansässigen Birla Iron and Steel Company war auch nicht gerade förderlich. Mein Vater war ein sanfter Mann und nicht mit den modernen Managementtechniken vertraut, während seine indischen Kontrahenten gewiefte Geschäftsleute waren, die notfalls über Leichen gingen.

Erschwerend kam hinzu, dass sich die finanziellen Mittel der Familie dem Ende zuneigten, da vier Kinder die Schule besuchten und mein Vater die Patenschaft für zwei Waisenkinder in einer tibetischen Schule in Dharamsala übernommen hatte. Die Tätigkeit in der Fabrik war ehrenamtlich und die Hitze in Kalkutta begann auch gesundheitlich ihren Tribut zu fordern. Gyalo Thondup, der offizielle Vorstand des Unternehmens, hielt sich damals die meiste Zeit bei der tibetischen Untergrundbewegung im Königreich Mustang in Nepal auf. Kungoe Gadang und Kungoe Mindong Senpo Khenpo, die beim Verkauf der Kunstschätze mitgewirkt hatten, waren nach Beendigung des Projekts nach Dharamsala zurückgekehrt.

Schließlich erlitt meine Mutter einen schweren Nervenzusammenbruch, der ihr einige Jahre zu schaffen machte. Dann verschlechterte sich auch der Gesundheitszustand meines Vaters durch den Stress, der sich durch seine vielfältigen Pflichten und den Misserfolg der Fabrik aufgestaut hatte, und er sah keine andere Wahl, als seine Tätigkeit in der Fabrik aufzugeben. Mein Vater hatte ebenfalls einen Nervenzusammenbruch und wurde in das Christian Medical Hospital in Vellore eingeliefert. Meine beiden Eltern lagen gleichzeitig im selben Krankenhaus.

Nach dem Examen war ich mir nicht im Klaren darüber, wie es weitergehen sollte. Als Flüchtling hatte ich keine gesicherte Zukunft. Trotz ihrer gesundheitlichen Probleme versuchten meine Eltern, den vielen Verwandten und Freunden zu helfen, die aus Tibet geflohen waren und mittellos und entkräftet eintrafen. Einige quartierten sie in ihrem Haus ein. Wir hatten keine Gelegenheit, lange Diskussionen über meine Zukunft zu führen. Tibetische Kinder wurden traditionsgemäß dazu erzogen, zu gehorchen und sich nicht in die Angelegenheiten Erwachsener einzumischen. Dazu kam, dass ich wie viele meiner Altersgenossen in frühester Kindheit keine sehr enge Beziehung zu meinen Eltern entwickelt hatte. Und trotz meiner neunzehn Jahre galt ich immer noch als Kind.

Ich besuchte eine Sekretärinnenschule und lernte Französisch in der Alliance Française in Kalkutta, als Colonel Ilya Tolstoy, der Enkel des russischen Schriftstellers Leo Tolstoi, meine Eltern besuchte. Er war zu einer Audienz beim Dalai Lama nach Indien gekommen und wollte sich mit Tibetern in Darjeeling und Sikkim treffen. Es ging dabei um den Plan, eine große Anzahl von Tibetern im US-Bundesstaat Wyoming anzusiedeln. Er war seit 1943 mit unserer Familie befreundet, als er im Auftrag der amerikanischen Regierung nach Lhasa gekommen war und meinem Großvater Geschenke des damaligen Präsidenten Roosevelt überbracht hatte. Die Freundschaft hatte all die Jahre überdauert.

Ilya bot seine Hilfe an, um mir die Aufnahme in das

Pratt-Institut für Design in New York City zu erleichtern. Ich hielt eine solche Ausbildung für nützlich, um das tibetische Kunsthandwerk zu bewahren und weltweit bekannt zu machen. Ich zog diese Möglichkeit ernsthaft in Erwägung, als Familienangehörige des Dalai Lama mir den Vorschlag machten, den zweitältesten Bruder Seiner Heiligkeit, Lobsang Samden, zu heiraten.

Lobsang hielt sich damals in den Vereinigten Staaten auf; er war vor einiger Zeit emigriert und hatte sich seinem älteren Bruder Thubten Norbu angeschlossen. Vorher hatte er eine Zeit lang tibetische Guerillakämpfer ausgebildet. Da er zu der Ansicht gelangte, Gewalt sei keine pragmatische Lösung des Tibetproblems, begann er, Englisch an einem College in Pennsylvania zu studieren und nebenher als Kellner zu arbeiten, um sein Studium zu finanzieren. Seine Mönchsgelübde hatte er inzwischen aufgegeben. Sein älterer Bruder Norbu hatte erst vor kurzem geheiratet, was sehr bedauert wurde, da er ein Rinpoche war, ein reinkarnierter hoher Lama. Die Familie befürchtete offenbar, dass Lobsang seinem Beispiel folgen und eine amerikanische Frau mit nach Hause bringen könnte. Lobsangs jüngere Schwester, Jetsun Pema, eine gute Freundin von mir, kam in Übereinstimmung mit Lobsangs Freunden auf die Idee, dass ich Lobsang heiraten sollte. Eines Tages wurde sein älterer Bruder Gyalo Thondup bei meinen Eltern vorstellig und hielt für seinen Bruder um meine Hand an. Ich kannte Lobsang zwar, doch das letzte Mal waren wir uns in Kalkutta begegnet, als er siebenundzwanzig und ich siebzehn gewesen war.

Das war eine wichtige Entscheidung. Ich hatte zum Glück Eltern, die aufgeschlossen waren und mir das letzte Wort überließen. Ich gelangte zu der Ansicht, dass ich Lobsang noch einmal sehen wollte, bevor ich mich zu einem so bedeutsamen Schritt in meinem Leben entschloss. Mein Vater warnte mich, dass es nicht leicht sein würde, mit dem Bruder des Dalai Lama verheiratet zu sein. Meine Mutter erklärte, sie habe auch bei den Ehen der Schwestern meines Vaters viele Höhen und Tiefen miterlebt und es sei am Besten, mir die Entscheidung zu überlassen.

Lobsang und ich trafen uns in Kalkutta. Er war attraktiv, zuvorkommend, angenehm im Umgang und lebensfroh. Er war weit gereist, hatte viel Sinn für Humor und wirkte sehr aufgeschlossen. Mit seiner Offenheit, Aufrichtigkeit und Natürlichkeit eroberte er mein Herz im Sturm. Wir trafen uns im Mai und Ende August 1962 fand die Hochzeit statt.

Nach dem tibetischen Kalender war 1962 ein schwarzes Jahr, ein unheilvolles Jahr, in dem keine religiösen Zeremonien und erst recht keine Hochzeiten anberaumt wurden! Lobsangs Mutter und seine ältere Schwester wollten unbedingt, dass wir bis zum nächsten Jahr warteten. Der Tschö-gyal von Sikkim und seine amerikanische Verlobte Hope Cook hatten ihren Hochzeitstermin bereits verschoben. Inzwischen hatte sich Seine Heiligkeit in Dharamsala niedergelassen, wo eine tibetische Exilregierung aufgebaut wurde und Lobsang im Innenministerium arbeitete. Später erfuhr ich, dass Lobsang seiner Mutter weisgemacht hatte, ich sei schwanger und deshalb sei eine schnellstmögliche Heirat erforderlich. Er hatte die Geschichte schlau eingefädelt und wir lachten später oft darüber.

Wir wurden in einer einfachen Zeremonie im Haus meines Schwagers Gyalo Thondup und seiner Frau Chutan in Darjeeling getraut. Da ich noch blutjung war und frisch von der Schule kam, war ich an meinem Hochzeitstag ziemlich schüchtern und nervös. Ich wurde Lobsangs zahlreichen Freunden und Bekannten vorgestellt, die uns Gebetsschals, Geschenke und Glückwünsche überbrachten. Bevor ich mein Elternhaus in Kalimpong mit dem traditionellen Brautzug verließ, der mir vom Bräutigam aus Darjeeling entgegengeschickt worden war, hatten wir eine schlichte Feier im engsten Freundeskreis abgehalten, einschließlich der Tanten aus dem Himalaya Hotel, die uns betreut hatten, wenn unsere Eltern in Tibet waren, und Major Cann, unserem Lehrer. Major Cann, ein kanadischer Buddhist, verdiente seinen Lebensunterhalt als Privatlehrer in Kalimpong. Er schenkte mir eine herrliche gelbe Orchidee, die er an meinem grünen Brokatkleid befestigte. Ich war sehr traurig, dass ich mein Elternhaus verlassen musste. Mit tränenüberströmtem Gesicht sagte ich meinen Eltern Lebewohl, die ebenfalls in Tränen aufgelöst waren, vor allem mein lieber Vater.

In Tibet wurden Ehen gewöhnlich arrangiert und die Partner einander oft schon im Kindesalter versprochen. Die älteren Familienangehörigen oder Freunde der Familie übernahmen die Aufgabe, eine Braut für die Söhne zu suchen. Die Namen der jungen Mädchen, die in Frage kamen und meistens aus ähnlichen sozialen Verhältnissen stammten, wurden ›handverlesen‹ und man vergewisserte sich, dass sie aus einer rechtschaffenen und religiösen Familie stammten. Vier oder fünf Anwärterinnen kamen dann in die engere Wahl. Der Sohn durfte sich glücklich schätzen, wenn er dabei ein Wörtchen mitzureden hatte. Die Namen wurden anschließend einem heiligen Mann präsentiert, der mittels Zukunftsschau und zusätzlichen astrologischen Berechnungen die endgültige Entscheidung traf. Damit sollte gewährleistet sein, dass Braut und Bräutigam zusammenpassten. Danach suchten Familienmitglieder oder enge Freunde die Familie des Mädchens auf, um um die Hand der Auserwählten anzuhalten.

In meiner Familie gab es eine fröhliche, stets zu Späßen aufgelegte Großtante, eine Schwester von Tsarong Pola, die mit dem Stammesfürsten von Poyul verheiratet wurde, einer Region unweit der Grenze zu Nordost-Indien. Dieser Volksstamm galt als ungebärdig und lebte im Dschungel. Er bereitete der Regierung großes Kopfzerbrechen, weil er sich weigerte, Abgaben zu entrichten, mit den Emissären der tibetischen Zentralregierung zu verhandeln und die ständigen Fehden mit seinen Nachbarn zu beenden. In dem Versuch, Frieden herzustellen und die Kooperation der Stammesangehörigen zu gewinnen, gab mein Großvater seine schöne Schwester dem Häuptling zur Frau. Pola besaß große Macht und meine arme Tante hatte keine Möglichkeit, sich der Heirat zu widersetzen. Sie erzählte uns oft ihre Geschichte. »Ich kam als Braut dorthin, voller Vorurteile und Angst, weil ich gehörte hatte, dass diese Stämme Kannibalen und völlig unzivilisiert waren. Aber ich hatte keine Wahl. An meinem Hochzeitstag spähte ich heimlich zum Häuptling hinüber. Zu meiner Erleichterung war er wenigstens nicht hässlich.«

Trotz der Ehe blieben die Unstimmigkeiten mit der Zentralregierung und die kriegerischen Auseinandersetzungen mit den Nachbarn bestehen. Schließlich wurden Truppen aus Zentraltibet in Marsch gesetzt, um den Stamm zu unterwerfen. Der Häuptling floh über die Grenze nach Indien und Tante Zheyshi kehrte nach Lhasa zurück. Die Regierung übereignete ein kleines Stück Land, das Zheyshi genannt wurde und von dessen Erträgen sie lebte, und sie wohnte in einem unserer Häuser an der Außenmauer unseres Anwesens. Sie war vergnügt und trug jede Menge Schminke, trotz ihres fortgeschrittenen Alters. Alle mochten sie und wir lachten oft Tränen über ihre derben Witze. In Gegenwart meiner Großeltern war sie gleichwohl still und zurückhaltend. Sie hatte noch einmal geheiratet und ihr zweiter Mann war sehr herrisch und besitzergreifend. Sie konnte nicht einmal in der Öffentlichkeit mit einem männlichen Wesen sprechen, ohne dass es Schläge hagelte. Doch hinter seinem Rücken flirtete sie hemmungslos mit jedem jungen Burschen, der ihr unter die Augen kam.

Die Hochzeitszeremonien waren in ganz Tibet die gleichen, abgesehen von geringfügigen Abweichungen, bedingt durch lokale kulturelle Gebräuche und die wirtschaftlichen Verhältnisse. Nach der Auswahl der Braut und Zustimmung der Brauteltern wurde das Datum für die Verlobung festgesetzt. Am Verlobungstag, *longchang* genannt (was übersetzt ›Bier-Bitte-Tag‹ bedeutet), begaben sich die Abgesandten des Bräutigams, normalerweise Verwandte oder enge Freunde, zum Haus der Brauteltern, wo sie um die Hand des Mädchens und um Bier baten. Sie führten zahlreiche Geschenke mit sich, *khadaks* oder Geld, das der Brautmutter in einem Papierumschlag überreicht wurde, als Entschädigung für die Verköstigung des Mädchens. Diese Aufwandsentschädigung wurde *nu rin*, Brustgeld, genannt, wobei es sich nicht um einen festgelegten Brautpreis handelte. Bei dieser Übergabe-Zeremonie wurden die meisten Eheverträge ausgehandelt. Der Vertrag enthielt eine Klausel für den Fall einer Scheidung, die eine friedliche Beilegung und angemessene Versorgung des Mädchens vorsah. Gingen Kinder aus der Ehe hervor, lebten die Töchter nach der Trennung bei der Mutter und die Söhne beim Vater. Am Verlobungstag wurde außerdem gefeiert und getrunken.

Die Hochzeit fand an einem Glück verheißenden Tag statt, der von einem Astrologen bestimmt wurde. Die Familie des Bräutigams schickte einen Brautzug zum Haus des Mädchens mit einer kompletten Brautausstattung, Schmuck und einem *dha,* einem Pfeil, an den Tücher in den Farben der fünf Elemente – weiß, gelb, blau, grün und rot – geknüpft und verknotet waren, mit kostbaren Steinen und einem *melong,* einem runden Schmuckamulett, verziert. Die Mitglieder des Brautzugs wurden mit einer Willkommenszeremonie begrüßt, bei der *droma,* Reis mit Rosinen, und Tee gereicht wurde. Am nächsten Morgen legte man der Braut die mitgeschickten Gewänder und Schmuckstücke an; dann wurde sie in den Schreinraum des Hauses geleitet, wo sie der Schutzgottheit der Familie Lebewohl sagte. Dann überreichten die Abgesandten des Bräutigams der Familie der Braut Geschenke und der Pfeil wurde auf der Rückseite des Brautgewandes befestigt. Er symbolisierte, dass dieses Mädchen nun zum Besitzer des Pfeils gehörte und ihrem neuen Heim Glück bringen sollte. Beim Aufbruch der Braut wurde der *dha* ihrer Familie im Uhrzeigersinn hinter ihr geschwenkt, damit das Glück ihr Elternhaus nicht verließ, wenn sie ging.

Es gab keine Mitgift im klassischen Sinne wie in Indien, doch die Brauteltern statteten ihre Tochter mit Kleidung, Bettzeug, Haushaltsutensilien, Schmuck und Geld aus. Der Umfang der Zuwendungen für die Einrichtung eines eigenen Hausstandes war nicht festgelegt. Ein Bildnis vom Rad des Lebens wurde an der Spitze des Hochzeitszugs mitgeführt, wenn sich die Braut auf den Weg zu ihrem neuen Heim begab. In jeden Haus befand sich ein Bildnis vom Rad des Lebens oder *Sipä Khorlo,* das Glück bringen und Unglück fern halten sollte.

Wenn die Braut das Haus des Bräutigams betrat, wurde sie von der Mutter des Ehemanns in Empfang genommen, die ihr einen Krug oder eine Schale mit Milch, Getreide, *tsampa* und *chang* zur Begrüßung anbot und ihr Glück wünschte. Dann wurde sie in den Gebetsraum der Familie geführt und anschließend fand im Wohnraum eine Tee- und Reiszeremonie statt, an der sie gemeinsam mit dem Bräutigam und seiner Familie teilnahm. Zum Schluss wurden ihr von Familienmitgliedern und Freunden des Hauses die Gebetsschals überreicht. Die Eltern begleiteten ihre Tochter nicht in ihr neues Heim und kamen erst im Anschluss an diese Zeremonie oder einige Tage später, um die Hochzeit mit einem Festmahl und den traditionellen Gesängen und Tänzen zu begehen.

Wenn die Braut in ihrem neuen Heim nicht glücklich war oder von ihrem Mann schlecht behandelt wurde, konnte sie jederzeit zu ihren Eltern zurückkehren. Natürlich versuchten Verwandte und Freunde zu schlichten, aber Scheidungen kamen gelegentlich vor und es haftete kein Stigma an solchen Entscheidungen. Die Partner heirateten danach erneut oder blieben allein. Starb einer von beiden, durfte der verwitwete Teil wieder heiraten und wurde oftmals ermutigt, ein jüngeres Mitglied der angeheirateten Familie zu ehelichen. Es gab auch Polygamie und Polyandrie und selten entstanden Zwistigkeiten wegen solcher Arrangements. Normalerweise teilten sich zwei oder drei Brüder eine Frau oder ein Mann nahm zwei oder drei Schwestern zur Frau. Liebesehen und Seitensprünge gab es auch. Heutzutage heiraten die meisten Tibeter aus Liebe und suchen sich ihren Partner selbst aus.

Neu Delhi

Vor unserer Heirat war Lobsang im tibetischen Reha-
bilitationsbüro in Dharamsala tätig. Bevor ich zu ihm
übersiedeln konnte, erhielt ich ein Schreiben vom tibetischen Kabinett, das mich zur Arbeit nach Neu Delhi
beorderte. Sechs Wochen nach unserer Heirat musste
Lobsang nach Dharamsala zurück und ich nach Neu
Delhi. Das war ein harter Schlag für uns. Inzwischen
waren wir beide unzertrennlich und ich wusste nicht, ob
ich mein Leben ohne Hilfe bewältigen konnte. Schließlich
hatte ich noch nie für mich allein gesorgt. Lobsang beschloss, einen längeren Urlaub zu nehmen, und ersuchte
um seine Versetzung nach Delhi. Während ich arbeiten
ging, übernahm er die häuslichen Pflichten und das Kochen. Das war wohlgemerkt lange vor der Fraueneman-
zipation; ich hatte einfach einen verständnisvollen, liebevollen und praktisch denkenden Ehemann.

Wir lebten in einer Wohnung in Delhi, die meinem
Schwager und seiner Frau gehörte. Sie wohnten in Dar-
jeeling und benutzten die Wohnung nur während der
Wintermonate. Mein Gehalt betrug ganze fünfundsiebzig
Rupien im Monat und deshalb fuhr ich in der Regel nach
Hause, um mit meinem Mann zu Mittag zu essen, wobei
die Fahrtkosten meinen Verdienst überstiegen. Außer uns

lebte noch ein mongolischer Lama, Zurki Rinpoche, als Hausmeister in der Wohnung. Groß und spindeldürr mit hagerem Gesicht und schriller, rauer Stimme, bot er nicht nur einen erheiternden Anblick, sondern war auch ein fröhlicher Mensch und wunderbarer Hausgenosse, umgänglich und bescheiden. Er war ein hoher Lama in Amdo gewesen, bevor er Tibet verlassen hatte. Er scherzte gerne und bereitete köstliche mongolische Pfannkuchen mit Fleischfüllung zu. Sonntags kauften wir gemeinsam frisches Gemüse ein und kochten exotische Gerichte, was Lobsang sehr genoss. Lobsang aß gerne und war ein hervorragender Koch. Ich hatte in dieser Hinsicht noch einiges zu lernen. Ich hatte nie kochen müssen und meine kulinarischen Fähigkeiten beschränkten sich auf Spiegeleier oder Omelett. Wie sehr ich mich auch bemühte, alles schmeckte langweilig. Mit dem Abwasch klappte es besser als mit dem Kochen.

Ich arbeitete als Übersetzerin im Büro Seiner Heiligkeit des Dalai Lama in Neu Delhi für einen tibetischen Mönch namens Ngawang Choesang. Er war Minister in der Exilregierung und Mitte dreißig. Sein Schädel war kahl rasiert, aber er trug Hosen und ein Buschhemd. Da er gerade erst aus Tibet gekommen war, besaß er möglicherweise keine Mönchsrobe und auch nicht die Mittel, sich eine anfertigen zu lassen. Seine großen Augen und die breite Nase waren das auffallendste Merkmal in seinem braunen runden Gesicht, das ständig glänzte. Er war ein wortgewandter, mitreißender Redner. Er bereiste die Camps der Tibeter, die im Straßenbau arbeiteten, die Ansiedlungen und die Auffanglager, in denen täglich neue Flüchtlinge eintrafen. Er schrieb Berichte an das indische Innenministerium und an Hilfsorganisationen, die sich für die Flüchtlinge einsetzten. Es war eine außerordentlich mühsame Arbeit, auch für mich, weil ich die Berichte übersetzen musste. Da ich schon in jungen Jahren nach Indien gekommen war, ließ mein Tibetisch zu wünschen übrig. Ich konnte seine Berichte nicht entziffern und musste ihn bitten, sie mir vorzulesen. Sie waren in der klassischen Schriftsprache abgefasst, die offiziellen Dokumenten vorbehalten war und sich von der Alltagssprache stark unterschied. Ich musste ihn daher bitten, seine Botschaft einfacher zu formulieren. Er war sehr nett und geduldig und ich lernte viel durch die Zusammenarbeit mit ihm. Manchmal musste ich auch die Berichte anderer Mitarbeiter der Dienststelle tippen und ihre Telefonanrufe entgegennehmen.

Inzwischen befand sich der Amtssitz der tibetischen Exilregierung in Dharamsala und alle Ressorts hatten einen Vertreter im Büro in Delhi. Wir sammelten Informationen über Erziehungs- und Gesundheitswesen, Religion, Wiederansiedlung und andere Entwicklungsprojekte der tibetischen Flüchtlinge; das Material leiteten wir einschließlich der Projektberichte an verschiedene Organisationen in aller Welt weiter, mit der Bitte um Hilfe. Wir unterhielten außerdem Beziehungen zu den diplomatischen Missionen in der Hauptstadt und versuchten, ihren Beistand bei der Suche nach Unterstützung für unsere Sache zu gewinnen. Tsepon Shakabpa, ein altgedienter Diplomat, war Leiter des Tibet Büros mit ungefähr einem Dutzend Mitarbeiter. Mein Mann wurde später zu seinem Assistenten ernannt. Wir gelangten zu dem Schluss, dass es wirtschaftlich sinnvoller und praktischer wäre, in das Gebäude umzuziehen, in dem sich das Büro befand.

Neu Delhi war wunderbar. Damals verschandelten nur wenige der gigantischen Betonbauten, die man heute allenthalben sieht, die Stadt, die einer weitläufigen Parklandschaft glich. Gepflegte Häuser mit Miniaturgärten lagen zwischen malerischen alten Moscheen, Forts und Parks mit üppiger Vegetation verstreut. Jede Enklave hatte ein eigenes, gut organisiertes Einkaufszentrum, das seiner internationalen Klientel Produkte aus aller Welt bot. In der Altstadt wimmelte es vor Menschen und historischen Bauwerken. Beim Gang durch den Sadar-Bazar hatte man das Gefühl, die Welt von Ali Baba zu betreten. Uralte Häuser säumten die schmalen, schmutzigen Gassen, in denen Kühe, Hunde und Menschen darum kämpften, ein Bein auf den Boden zu bekommen. Rikschas, von ausgemergelten dunkelhäutigen Männern mit drahtigen Beinen gezogen, bahnten sich im Schneckentempo einen Weg durch das Gewühl. Leuchtend bunte Saris blendeten das Auge und der Geruch nach frittierten Kartoffelküchlein, der mit dem Duft der Orangen und Mangos wetteiferte, bewirkte, dass uns das Wasser im Munde zusammenlief. Exotisches Räucherwerk waberte um jede Ladentür und das Geschrei der Straßenhändler wurde ohrenbetäubend, wenn man ihnen zu nahe kam.

Straßenhändler, die Gemüse verkauften, streiften mit ihrem vielfältigen Angebot durch die Stadt. Sogar im

Winter waren viele Sorten erhältlich. Wir freuten uns riesig, wenn wir die *sabjeewallahs* erwischten und die frische Ware von den bunt bemalten Handkarren kaufen konnten, die sie durch die benachbarten Stadtviertel schoben.

Die einfachen Leute waren sehr freundlich und hilfsbereit. Die Reichen und die Regierungsbeamten in Delhi gaben sich im Vergleich dazu steif und formell. Letztere hatten die gesellschaftlichen Gepflogenheiten der Briten übernommen und schienen sich weder mit ihrem indischen Erbe noch als Abklatsch ihrer britischen Herrscher wohl zu fühlen. Der Gemüsehändler in unserer Nachbarschaft, der Inhaber der chemischen Reinigung, der unverzichtbare Elektriker und der *dobi* (Wäschereibesitzer) behandelten uns dagegen ungezwungen und zuvorkommend, besonders wenn wir Hindi sprachen.

Das Büro des Dalai Lama befand sich in einem großen zweistöckigen Mietshaus mit einem kleinen Vorgarten. Der ehemalige Salon im ersten Stock wurde in ein Büro umfunktioniert, in dem jedes Ressort einen eigenen Schreibtisch erhielt. Den Schreibtisch teilten sich zwei Mitarbeiter; es erübrigt sich wohl zu sagen, dass wir aus allen Nähten platzten. In den übrigen Räumen wohnten die ranghöheren Angestellten der Geschäftsstelle. Unser gemeinsames Wohn- und Esszimmer und die Unterkünfte des restlichen Personals befanden sich im Parterre. In jedem Raum gab es ein Bett, einen Tisch, einen Stuhl und zum Glück Einbauschränke. Einige hatten ein eigenes Badezimmer, doch dieser Luxus war nur wenigen vergönnt.

Die Belegschaft bestand aus etwa einem Dutzend Mitarbeitern, unter denen ich die einzige Frau war. Wir hatten auch einen Koch und einen indischen Fahrer. Der Gärtner und der Putzmann waren Teilzeitkräfte aus Delhi. Wir arbeiteten und aßen zusammen und waren wie eine große Familie. Das Büro in Delhi diente auch als Anlaufstelle für Tibeter auf der Durchreise und folglich herrschte hier immer ein großes Gedränge. Manchmal fanden wir morgens Leute vor, die auf dem Flachdach oder auf einer der Veranden übernachtet hatten. Wir wurden von unserer Gemeinschaftsküche zum Selbstkostenpreis verköstigt und jeden Tag entdeckten wir mindestens drei oder vier unbekannte Gesichter.

Lobsang fand die Kantinengerichte furchtbar eintönig, weil es jeden Tag und zu jeder Mahlzeit Nudelsuppe oder Reis und *dal* mit Gemüse gab. Wir kauften einen kleinen Elektrokocher und bereiteten am Wochenende unsere eigenen Mahlzeiten im Badezimmer zu. Auf dem Badezimmerfußboden zu hocken, darauf zu achten, die Zutaten so weit wie möglich von der Toilettenschüssel entfernt vorzubereiten und sich bei der Hitze in Delhi über die Elektroplatte zu beugen war eine Plage.

Unsere Küchenutensilien bewahrten wir im Schlafzimmer auf. Lobsang und ich erstanden ein paar Tassen und Teller, bunte Tischdecken und Bettwäsche. Ich kaufte Blumen, immer gegen Abend, weil sie dann billiger waren, und unser kleines Wohnschlafzimmer sah heiter und blitzsauber aus. Ich habe sehr glückliche Erinnerungen an unser kleines Reich. Hier verbrachte auch unsere Tochter Chuki ihre ersten beiden Lebensjahre.

Die Autorin auf dem Schoß ihrer Mutter (Lhasa 1943)

Haus und Garten der Familie Tsarong

Die Großeltern Tsarong

Die Verwandten mütterlicherseits: die alteingesessene Familie Ragashar

Tante und Mutter der Autorin (1945)

Der Vater der Autorin in offizieller Winterrobe

Die Autorin im Garten des Hauses Tsarong in Lhasa

»Barkhor«, der rituelle Umwandlungsweg um den Jokhang Tempel in Lhasa

Der Einmarsch der Chinesen in Tibet

Tibetische Flüchtlinge in einem Arbeitscamp in Manali

Die Geschwister Tsarong in Lhasa (1956)

Einführung in das westliche Schulsystem: Die Autorin, rechts, mit ihrer Schwester und ihrem Bruder

S.H. der Dalai Lama mit Waisenkindern in Dharamsala (1960)

S.H. der Dalai Lama in einer tibetischen Bauernsiedlung in Südindien

Lobsang (links) und die Autorin (Mitte) beim Besuch tibetischer Moslem-Freunde in Kaschmir (1962)

Abschlussklasse der Mount Hermon School von 1961 – die Autorin mit Klassenschild

Lobsang, Tenzin und Chuki in New Jersey (1976)

S. H. Drikung Kyabgon Chetsang nach seiner Ankunft aus Tibet – mit Lobsang, der Autorin und ihrem Vater in ihrem Haus in Scotch Plains (1976)

Die Autorin mit dem Ersten Leibarzt Seiner Heiligkeit Dr. Choedrak (links neben ihr) und internationalen Ärzten und Wissenschaftlern im Institut für Tibetische Medizin in Dharamsala

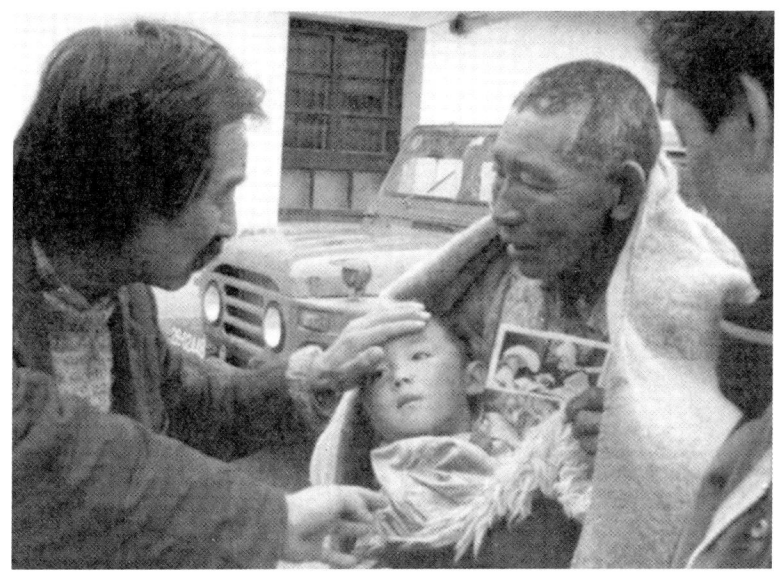

Lobsang in Amdo während der Reise der ersten Delegation nach Tibet (1979)

*Die Autorin mit Heinrich Harrer bei der Eröffnung des Lingkhor in
Hüttenberg, Österreich (1994)*

Die Autorin mit ihren Eltern und Tochter Chuki mit ihrer Familie (1996)

Die Familie Yabshi Taklha am sechzigsten Geburtstag Seiner Heiligkeit beim Gebet um ein langes Leben (Dharamsala, 1995)

Der Bruder der Autorin, S. H. Drikung Kyabgon Chetsang

*S.H. der Dalai Lama mit M. Mathison, M. Scorcese. B. Defina und
E. Lewis beim Zeichnen der Räume des Potala für den Film »Kundun«*

Die Autorin und Angehörige des Filmteams von »Kundun« in Marokko

Mein Mann musste verschiedene Cocktail- und Dinnerparties in Diplomatenkreisen besuchen, zu denen ich ihn anfangs begleitete. Als ich nach Delhi kam, machte es mir Spaß, in Abendgarderobe an solchen Veranstaltungen teilzunehmen. Die Atmosphäre war sehr glamourös. Im Laufe der Zeit fand ich sie gleichwohl langweilig und oberflächlich. Die Gespräche drehten sich immer um die gleichen Themen und manche Gäste tranken mehr, als sie vertragen konnten. Ich hatte bisweilen den Eindruck, dass die meisten nur wegen der kostenlosen Speisen und Getränke kamen, was sie hinter der Fassade eines eingefrorenen künstlichen Lächelns und politischem Blabla verbargen. Natürlich war nicht alles umsonst. Bestimmt wurden bei solchen Anlässen einige wichtige Geschäfte eingefädelt – Entwicklungsprojekte wurden geplant, die Hungrigen bekamen zu essen und die Habgierigen eine Gelegenheit, einen Teil der Gelder, die für die Armen bestimmt waren, in die eigene Tasche abzuzweigen. Es heißt, dass bei solchen Anlässen bisweilen über Aufstieg und Fall von Regierungen entschieden wird.

Der Sommer nahte und mir graute vor der trockenen Hitze und dem Staub in Delhi. Ich fühlte mich benommen und erschöpft. Eines Tages war ich so ausgelaugt, dass ich beschloss, das Holy Family Hospital aufzusuchen. Da ich in einem behüteten Elternhaus aufgewachsen und in eine konservative Schule gegangen war, hatte ich Hemmungen und bat darum, von einer Ärztin behandelt zu werden. Zu meiner Überraschung wurde die Untersuchung von einer katholischen Ordensfrau durchgeführt, die mir eröffnete, dass ich schwanger sei. Als mein Mann die

Neuigkeit erfuhr, behandelte er mich wie ein rohes Ei, was bewirkte, dass ich mich prompt genauso zerbrechlich fühlte. Nach dem Besuch im Krankenhaus besorgten wir uns in einem Buchladen sofort Lektüre über Schwangerschaft und Kinderpflege. Der Ladeninhaber empfahl uns ein Werk von Dr. Benjamin Spock, einem amerikanischen Kinderarzt und Psychoanalytiker, das mich hervorragend vorbereitete. Es leistete mir gute Dienste bei der Erziehung meiner Kinder und ich schleppte es von Indien nach Europa und Amerika mit. Als meine Tochter ein Kind bekam, empfahl ich ihr ebenfalls, Dr. Spock zu lesen. Eine Freundin sagte ihr, solche Ratgeber seien längst aus der Mode, aber ich bin dankbar, dass ich Dr. Spock hatte. Meine Kinder sind gesund und gut geraten, körperlich und seelisch.

Die Menschen in meinem Kulturkreis waren sehr zurückhaltend, was Gespräche über Schwangerschaft und Sexualität betraf, und meine einschlägigen Kenntnisse waren verschwommen. Es wäre undenkbar gewesen, meine Mutter danach zu fragen. Unser Biologielehrer in der Mount Hermon School, ein Bengale, wäre viel zu gehemmt gewesen, um uns aufzuklären. Zum Glück wurden uns im Abschlussexamen keine Fragen zum Thema Sexualkunde gestellt! Mit zwanzig wusste ich über die Geburt nur das, was ich aufgeschnappt hatte, als ein Dienstmädchen entbinden und Amala ihr beistehen musste. Amala hatte meine Schwester und mich gebeten, ihr zur Hand zu gehen. Die werdende Mutter schrie vor Schmerz, sodass sie uns zu Tode erschreckte und wir uns nicht in die Nähe des Zimmers trauten. Wir sahen das Baby erst nach der Entbindung. Die kleine Dolma Kyi, dick, hellhäutig und niedlich, war für uns wie eine lebende Puppe.

Am 29. Mai 1963 wurde unsere Tochter Tenzin Chuki geboren. Ich kehrte in das Haus meiner Eltern in Kalkutta zurück, um das Kind dort zur Welt zu bringen. In der Nacht vor der Entbindung träumte meine Mutter von meiner Großmutter väterlicherseits, der ich mich eng verbunden fühlte. Als meine Mutter im New Market Blumen kaufen wollte, um sie ins Krankenhaus mitzunehmen, konnte sie nur Lotusblüten finden. Das war merkwürdig, denn die Blumenhändler auf dem Markt hatten sonst immer viele Sorten zur Auswahl. Das tibetische Wort für Lotus ist *pema*, und Pema war auch der Name meiner Großmutter. Meine Mutter war der Überzeugung, Chuki sei die Reinkarnation meiner Großmutter väterlicherseits. Es ist wirklich seltsam, denn Chuki hat auch ein sehr inniges Verhältnis zu meinem Vater.

Chuki war ein ungemein hübsches Baby, mit einem dichten schwarzen Haarschopf und Grübchen in ihrem pausbäckigen Gesicht. Sie war der Liebling der Entbindungsstation. An dem Tag, als wir nach Hause entlassen wurden, weinte sie ohne Unterlass, bis ich so verstört war, dass ich ebenfalls in Tränen ausbrach. Sie hörte nicht auf zu weinen, bis mein Vater seinen kleinen Finger in ein Honigglas tauchte und sie daran saugen ließ. Daraufhin gab sie eine Weile Ruhe. Bis zum heutigen Tag hat mir Chuki nie wieder Grund zur Sorge gegeben. Mein Mann und ich waren froh, in Kalkutta auf die Hilfe und Erfahrung meiner Eltern zurückgreifen zu können.

Tenzin Chuki, was ›Hüterin des Glaubens‹ und ›Glück‹ bedeutet, erhielt ihren Namen von Seiner Heiligkeit dem Dalai Lama.

Im Juni, knapp einen Monat vor Beginn der Monsunzeit, kehrten wir nach Delhi zurück. In unserem kleinen Raum war es so heiß wie in einem Backofen. Wir wickelten Chuki in feuchte Laken, um ihr Kühlung zu verschaffen, doch die waren binnen Minuten getrocknet. Der Ventilator wirbelte die heiße Luft nur auf und während der ersten Nächte in Delhi weinte die arme Chuki ununterbrochen. In Kalkutta war es auch sehr heiß gewesen, dort hatten wir jedoch wenigstens eine funktionierende Klimaanlage. Wir begrüßten den Platzregen während des Monsuns, das laute Grollen des Donners und die Blitze am dunklen, dräuenden Himmel von Delhi.

Nach Chuki bekamen wir eine weitere Tochter. Ich fuhr wieder nach Kalkutta, ohne meinen Mann, der sich in den USA aufhielt, weil sein Visum abgelaufen war. Die Wehen setzten verfrüht ein und ich erzählte Lobsang nicht, dass ich ins Krankenhaus musste. Ich hatte einen namhaften deutschen Gynäkologen und meine Eltern, die sich um mich kümmerten. Als ich ins Krankenhaus eingeliefert wurde, hatte ich starke Blutungen und Schmerzen. Mein Arzt war gerade auf Visite bei anderen Patienten in der Klinik und ich blieb mehrere Stunden ohne medizinische Betreuung. Den Krankenschwestern waren die Hände gebunden, sie durften nicht einmal Aspirin ohne ärztliche Anweisung verabreichen. Als der Arzt endlich auftauchte, wurde ich sofort in den Operationssaal gebracht. In dem Moment kam auch mein

Mann, der vom Flughafen direkt ins Krankenhaus gefahren war. Als ich aus der Narkose erwachte, fragte ich nach meinem Kind. Ich hing überall an Schläuchen, war benommen und hatte große Schmerzen. Wie aus weiter Ferne nahm ich meinen Mann an meinem Bett wahr. Er hielt meine Hand, doch meine Gedanken waren bei meinem Baby. Bevor ich meine Frage wiederholen konnte, versank ich wieder in einer dunklen, unbekannten Welt. Als ich schließlich wieder klar bei Bewusstsein war, verlangte ich mein Kind zu sehen. Mein Mann brachte mir schonend bei, dass es tot geboren war. Inzwischen waren die Schläuche aus meinem Mund entfernt und Kummer und Verzweiflung bahnten sich in einer Flut von Tränen ihre Bahn. Ich hatte das Kind mit viel Liebe und Umsicht ausgetragen, hatte den Schmerz der Geburt durchgestanden, um diesem kleinen Mädchen das Leben zu schenken. Es zu verlieren war unerträglich.

Einige Monate später erzählte mir mein Vater, man habe ihm den Leichnam meiner kleinen namenlosen Tochter in einem langen weißen Kittel der Klinik überreicht. Lobsang war bei mir geblieben, weil ich so schwach und untröstlich gewesen war. Pala besorgte sich ein buddhistisches Gebetbuch und fuhr zum Ghat, dem Einäscherungsplatz am Ufer des Brahmaputra. Er blieb im Auto sitzen und las in den Heiligen Schriften, während unser Fahrer Norbu das Baby, das immer noch den weißen Kittel trug und in ein weißes Laken gehüllt war, zu dem Holzstoß trug, der bereits aufgeschichtet war und von den Bestattern angezündet wurde. Noch bevor der Scheiterhaufen brannte, liefen Bettler aus allen Himmelsrichtungen herbei, um sich wie die Aasgeier auf das Laken und den Krankenhaus-Kittel zu stürzen. Mein Vater und Norbu waren entsetzt über das menschenunwürdige Verhalten. Als ich die Geschichte hörte, die mein Vater lange Zeit für sich behalten hatte, nach Monaten jedoch hatte loswerden müssen, stimmte mich der Gedanke, wozu Menschen in ihrer Not fähig sind, tieftraurig. Wir können sie nur bedauern. Die Armut in Kalkutta ist unvorstellbar, vor allem angesichts der Verschwendungssucht der Reichen, die ihr Geld für Alkohol, in den Nachtclubs oder im New Market verprassen.

Am Morgen nach der Operation erfuhr ich von meiner Schwester, dass meine Eltern mich nicht besuchen konnten, weil unsere Familie erneut von einer Tragödie heimgesucht worden war. Sie hatte aus der Zeitung erfahren, dass Jigme Dorji, der Cousin meiner Mutter und Premierminister von Bhutan, einem Attentat zum Opfer gefallen war. Meine Eltern waren zu Tante Tess, der Witwe und Schwester meines Vaters, gefahren. Ihr ältester Sohn Paljor studierte in London Rechtswissenschaft und legte auf seinem Weg nach Bhutan, wo er am nächsten Tag zur Beisetzung seines Vaters erwartet wurde, in Kalkutta einen Zwischenstopp ein. Trotz seiner eigenen Trauer besuchte er mich in der Klinik, was mich tief anrührte. Wir fühlten uns vereint in unserem Kummer und trösteten einander. Ich hatte ein Kind verloren, konnte jedoch noch weitere haben, während er den Verlust seines Vaters zu beklagen hatte, den niemand zu ersetzen vermochte, und ich litt mit ihm. Er war sehr tapfer.

Norzin hatte die Schule beendet und sollte ihre Ausbildung unter der Bürgschaft unseres Freundes Ilya Tolstoy in Amerika fortsetzen. Ich war froh, dass sie in dieser Zeit des Kummers bei mir sein konnte. Es dauerte eine Weile, bis ich darüber hinwegkam, Norzin war mir dabei ein großer Trost und eine Stütze. Sie half mir, Chuki zu betreuen, als Lobsang nach Delhi zurückmusste. Noch heute bin ich sehr dankbar, dass ich eine Familie habe, die so eng miteinander verbunden, liebevoll und fürsorglich ist.

Nach unserer Rückkehr nach Delhi machten Lobsang und ich einen Abstecher nach Dharamsala. Er hatte dort zu tun und auf mich wartete eine Audienz bei Seiner Heiligkeit. Ich hatte ihn seit 1956 nicht mehr gesehen, als ich in Varanasi und Kalkutta seinen Segen empfangen hatte. Wir wurden für die Dauer unseres Aufenthalts in einem Trakt seines Palastes untergebracht, den Lobsangs Mutter, seine Schwester Tsering Dolma und sein Schwager Phuntsok Tashi Taklha bewohnten. Chuki begleitete uns. Es war schön, meine Schwiegermutter wieder zu sehen, mit der ich mich mehrmals in Darjeeling und Kalkutta getroffen hatte. Da meine Schwester und ich mit ihrer jüngsten Tochter Jetsun Pema befreundet waren, pflegten wir sie häufig zu besuchen.

Während meines kurzen Aufenthalts in Dharamsala verbrachte ich die meiste Zeit mit meiner Schwiegermutter. Sie und die Familie aßen getrennt vom Dalai Lama in ihrem eigenen Trakt. An ihren Wohnraum grenzte eine Küche und sie buk oft Brot für Seine Heiligkeit. Unter einem Dach mit ihm zu wohnen war nicht immer leicht, weil eine ehrfürchtige Stille über dem gesamten Anwesen lag. Wenn Chuki weinte, mussten wir sie mit ihrem Mädchen in den Wald schicken. Chuki war während unseres Aufenthalts meistens draußen.

Eines Tages eröffnete mir meine Schwiegermutter, dass wir mit Seiner Heiligkeit zu Mittag speisen würden. Ich war unbeschreiblich nervös! Das Essen wurde auf der Veranda des weitläufigen Swagashram Cottage serviert. Lobsang war unterwegs zu verschiedenen Ämtern und ich war mit meiner Schwiegermutter, von den Tibetern *Gyalyum Chenmo* oder ›Große Mutter Seiner Heiligkeit‹ genannt, und dem Dalai Lama allein. Er saß auf einem Lehnstuhl und drei alte Mönche, die ihm bei Tisch aufwarteten, standen in seiner Nähe. Er wirkte längst nicht so Furcht einflößend, wie ich es mir vorgestellt hatte, und bald ließ meine Anspannung nach und ich fühlte mich wohler. Ein junger Mönch trug ein Tablett herein und übergab es einem hoch gewachsenen alten Mönch, dem Küchenchef, wie ich später erfuhr. Er stellte das Tablett mit den Speisen vor den Dalai Lama auf den Tisch. Ich kann mich beim besten Willen nicht mehr erinnern, was es zum Mittagessen gab oder worüber gesprochen wurde, weil ich vor lauter Ehrfurcht wie benommen war. Nach dem Mittagessen schien die Sonne durch die hohen Kiefern und Rhododendronbüsche auf die Veranda. Seine Heiligkeit bat einen Bediensteten, das chinesische Schachbrett nach draußen zu bringen, ein Spiel, das meine Schwiegermutter sehr liebte und in das Gyalyum und ich uns vertieften, während Seine Heiligkeit zusah. Dann wurde Chuki hereingerufen und erhielt Pralinen von Seiner Heiligkeit. Später stellten wir fest, dass sie sich in seinen Wohntrakt stahl, wenn wir sie nicht scharf im Auge behielten. Eines Tages fand Gyalyum sie im Salon Seiner Heiligkeit: Sie hatte sich zwischen all den herrlichen *thangkas,* Sesseln und Tischen verirrt.

Ich dachte oft an meine tot geborene zweite Tochter; mit meiner Schwiegermutter über meine Trauer zu sprechen tat mir gut. Sie war ein ungemein liebevoller, mitfühlender Mensch. Oft tröstete sie mich mit dem Gedanken, es sei mir vielleicht vorbestimmt gewesen, dieses Kind zu verlieren, damit es als Sohn wieder geboren werden könne. Sie erzählte mir, dass sie einen aufgeweckten, lebhaften Sohn gehabt hatte, der an Keuchhusten erkrankt und während eines Hustenanfalls erstickt war. Ein Mönch riet der Familie, vor der Beisetzung ein kleines Stück Butter auf das Gesäß des Leichnams zu reiben, damit er in der Familie reinkarnierte. Im darauf folgenden Jahr kam ein weiterer Sohn zur Welt; er hatte einen weißen Fleck an der gleichen Stelle, an der das Butterstück bei dem toten Kind verrieben worden war. Dieses Kind war als mein jüngster Schwager, Tenzin Tschögyal, wieder geboren.

Ein weiteres unvergessliches Erlebnis in Dharamsala war für mich die Begegnung mit einem Arzt, der die Traditionelle Tibetische Medizin praktizierte. Dr. Yeshi Dhonden, ein Mönch, hatte gerade eine Puls- und Urindiagnose bei Seiner Heiligkeit durchgeführt. Danach stattete er Gyalyum einen Besuch ab, die darauf bestand, dass er auch meinen Puls prüfte. Dr. Dhonden teilte mir mit, dass ich wieder schwanger sei und es dieses Mal ein Junge sein würde. Er riet mir, kein Schweinefleisch zu essen und generell auf meine Ernährung zu achten. Das war meine erste Begegnung mit einem tibetischen Arzt. Ich war völlig überrascht, denn ich selbst hatte keine Ahnung von der Schwangerschaft gehabt. Unser Aufenthalt in Dharamsala neigte sich bald dem Ende zu. Ich besitze noch heute den *khadak,* den mir Seine Heiligkeit während der Audienz geschenkt hat.

Bald darauf wurde mein Sohn Tenzin Namdhak in Kalkutta geboren. Tenzin bedeutet ›Hüter des Glaubens‹ und Namdhak ›vollkommen‹; er war ein Baby, wie man es sich nur wünschen kann. Kopfzerbrechen bereitete mir nur seine Verstopfung unmittelbar nach der Geburt. Auch hier war meine Mutter mir wieder eine große Hilfe. Sie gab ihm frisch ausgepressten Orangensaft zu trinken und ermutigte ihn sanft, wenn er sich abmühte, seinen Darm in Bewegung zu bringen.

Kurz nach Tenzins Geburt mussten wir in die Schweiz übersiedeln, da Lobsang in das Tibet Büro in Genf versetzt worden war.

Die Menschen in der Schweiz hatten ein großes Herz für tibetische Flüchtlinge. In den Auffanglagern wurden Arbeitswillige gesucht und in Fabriken am Rande der Schweizer Alpen untergebracht. Das Personal des Tibet Büros in Delhi hatte alle Hände voll damit zu tun, indische Reisedokumente für die Flüchtlinge vorzubereiten, Visa zu besorgen, die nötigen Impfungen in die Wege zu leiten und sie für das Leben in einer neuen Welt vorzubereiten. Wir mussten ihnen einbläuen, häufiger zu baden, mit Messer und Gabel zu essen, ihre Notdurft nicht am Straßenrand zu verrichten und nicht die Zunge herauszustrecken, was in Tibet eine Geste des Respekts war, die im Westen Anstoß erregte. Es ist bekanntlich schwer, alte Gewohnheiten abzulegen. Wenn die Emigranten ins Flugzeug stiegen, sahen wir, dass unsere Belehrungen bei den meisten nichts gefruchtet hatten. Ihre Haare waren zerzaust, die Kleidung schmutzig und sie streckten zum Abschied die Zunge heraus, um uns ihre Ehrerbietung zu erweisen.

Am 3. Januar 1965 nahmen Lobsang und ich schweren Herzens Abschied von seiner Mutter in Delhi. Ich hatte Gyalyum Chenmo sehr lieb gewonnen, denn sie war mir eine wunderbare Schwiegermutter, Lehrmeisterin und Freundin. Auch sie war traurig über den Abschied. Chuki sah zum Anbeißen aus in ihrem rosafarbenen Mantel, den ich in einem Laden in Kalkutta gekauft hatte. Es war im Ausland gefertigt und wirkte, als sei er für sie gemacht. Dazu trug sie eine passende Mütze und Fäustlinge mit weißem Pelzbesatz. Tenzin, zweieinhalb Monate alt, war an dem eisigen Januarmorgen in warme Decken gewickelt und lag in einem roten Baby-Tragekorb. Er wurde von allen bewundert und hatte viele Fans unter den Stewardessen.

Da die Mittel der tibetischen Exilregierung nicht ausreichten, um auch die Reisekosten für die Kinder und mich zu übernehmen, hätten wir noch ein Jahr warten müssen, bis wir uns Lobsang anschließen konnten. Meine Eltern und einige Freunde sprangen ein und streckten uns das Geld für den Flug vor. Europa schien in unendlicher Ferne zu liegen. Ich war nur zweimal in meinem Leben geflogen, und beim Anblick der riesigen Eisenvögel und dem Gedanken, dass wir Meere und Berge darin überqueren würden, hatte ich Schmetterlinge im

Bauch. Dazu kam, dass wir nicht sicher waren, ob uns die Schweiz überhaupt aufnehmen würde. Die Schweizer Regierung hatte uns zunächst die Ausstellung der Visa verweigert. Wir erfuhren, dass die Chinesen sich mit den Schweizern in Verbindung gesetzt und gegen die Eröffnung eines Tibet Büros in der Schweiz protestiert hatten. Lobsang lieferte den Chinesen als Bruder des Dalai Lama genug Gründe für ein solches Veto.

Wir sollten in Wien Zwischenstation machen, um an der Eröffnung einer Tibet-Ausstellung teilzunehmen, die unser guter Freund Heinrich Harrer, der österreichische Naturforscher, arrangiert hatte, und dann nach New York City weiterfliegen, wo wir den Antrag auf Schweizer Visa stellen wollten. Ich war über die endlosen Gebirgszüge des Himalaya in die indischen Tiefebenen geritten und nun sollte ich an das andere Ende der Welt fliegen, ohne zu wissen, was uns dort erwartete. Es war beschlossene Sache, dass wir in den USA bleiben würden, wenn es uns nicht gelang, Visa für die Schweiz zu erhalten, da mein Mann die amerikanische Staatsbürgerschaft besaß. Mit dreiundzwanzig Jahren und als Mutter von zwei Kindern hatte ich Beklemmungen angesichts dieser Reise ins Ungewisse. Lobsang hatte genug Geld gespart, um uns in Amerika ein paar Monate über Wasser zu halten, wir hatten jedoch keine Ahnung, was danach sein würde. Trotzdem war ich aufgeregt und neugierig auf das Abenteuer, das vor uns lag; es würde gewiss ein einmaliges Erlebnis sein, von dem ich noch meinen Kindern und Enkelkindern erzählen könnte.

Im Bauch des Eisenvogels

Als ich die Stufen zum Bauch des riesigen Eisenvogels emporstieg, ging mir der Gedanke durch den Kopf, dass ich nun Tausende von Meilen über Berge und Meere, Oasen und Wüsten fliegen und mein Leben in den Händen anderer Menschen liegen würde, die ich nie zuvor gesehen hatte. Ich würde keinen Einfluss auf mein Schicksal haben, sondern es jemand anderem überlassen, mich sicher über Zeit und Raum hinauszubringen.

Es war sehr früh am Morgen, als wir an Bord des Flugzeugs gingen und Neu Delhi verließen. Als wir in der nach Raumspray duftenden Kabine bei gedämpfter Beleuchtung und leiser Musik Platz genommen hatten, versuchte ich mich zu entspannen. Als die Maschine von der Startbahn abhob, betete ich zu Palden Lhamo und schon bald waren Angst und Nervosität verflogen. Meine Schutzgöttin verlieh mir Seelenfrieden und sogar den Mut, einen Blick aus dem Fenster zu wagen. Delhi lag unter uns, ein funkelndes Lichtermeer.

Hoch droben am Himmel dachte ich an meine beschwerlichen Reisen zu Pferde zurück, von der heiligen Stadt Lhasa durch das zerklüftete Gebirge des Himalaya, über unwegsame Pässe und durch reißende Flüsse, bis zu den weiten Ebenen Indiens. Nun befand ich mich auf dem

Weg in eine andere heilige Stadt, nach Rom, und weiter nach Wien und New York. Ich hatte im Geografieunterricht von Mrs De in der Mount Hermon School etwas über diese Städte gelernt, hätte mir allerdings nie träumen lassen, dass ich eines Tages Gelegenheit haben würde, sie mit eigenen Augen zu sehen. Alle Länder außerhalb Indiens und Chinas wurden von den Tibetern als ›Außenwelt‹ bezeichnet. Nur sehr wenige meiner Landsleute hatten jemals von ihnen gehört, geschweige denn sie bereist.

Während meines Aufenthalts im weltläufigen Indien hatte ich Bekanntschaft mit Hollywood-Filmen, Elvis Presley und Chubby Checker gemacht. Nun war ich gespannt auf das Neue, das vor mir lag. Der einzige Wermutstropfen war der Abschied von meinen Eltern. Freud und Leid lagen so dicht beieinander, dass ich zwiespältige Gefühle hatte.

Rom war sehr kalt. Der Flughafen sah riesig aus und es wimmelte dort von Passagieren, aber im Vergleich zu Indien wirkte alles blitzsauber. Die Luft war angefüllt mit den unterschiedlichsten Parfums, von deren Duft mir schwindelte. Im Gegensatz zu Indien trug hier niemand schmutzige, zerlumpte Kleidung. Die Menschen waren gut angezogen und hatten ausgezeichnete Manieren. Das gewohnte Chaos fehlte, es gab kein Gedränge und keine Rempeleien vor den Abfertigungsschaltern. Ich kam mir ein wenig verloren und fremd vor in meinen langen tibetischen Gewändern. Ich hatte das Gefühl, als musterten mich Hunderte von Augenpaaren. Zum Glück war Lobsang immer an meiner Seite. Als erfahrener Weltenbummler wusste er, wie man Zoll- und Immigrationsformulare ausfüllt und Geld umtauscht. Reisen in Tibet gingen langsamer, aber auch einfacher vonstatten.

Die Fahrt in die Stadt war ein aufregendes Erlebnis. Rom lag unter einer Schneedecke und die Sonne glitzerte auf der weißen Landschaft. Der Verkehr war gesittet und jeder hielt sich an die Regeln. Wir bezahlten den Taxifahrer mit Lire, einige Hände voll, als er uns vor unserem Hotel absetzte. Ich war froh, als wir endlich unser Hotelzimmer bezogen, wo ich mit meiner Familie allein sein und versuchen konnte, die vielfältigen Eindrücke zu verarbeiten, die auf mich eingestürmt waren. Es kam mir vor wie die wohlverdiente Ruhepause nach einem großen Bankett, in der man alles verdaut, was man sich einverleibt hat.

Mit einem Kleinkind und einem zweieinhalb Monate alten Baby unterwegs zu sein, die ständig meine Aufmerksamkeit, ihre Milchflaschen und frische Windeln brauchten, war strapaziös, und deshalb verbrachte ich die meiste Zeit im Hotelzimmer. Ich hätte meinem Mann die Betreuung der Kinder überlassen und mich in einen Bus setzen können, um Rom zu besichtigen, doch ich fühlte mich zu unsicher, um mich auf unbekannten Straßen unter Menschen zu wagen, deren Sprache ich nicht verstand. Ich hatte Angst, mich in einem Labyrinth mit dröhnenden Autos, Drehtüren und lautlos hin und her fahrenden Aufzügen zu verirren, wenn ich meinen schützenden Kokon verließ. Bedauerlich war, dass ich auf diese Weise nicht viel von Roms Sehenswürdigkeiten zu Gesicht bekam, insbesondere den Vatikan und die Werke Michelangelos.

Dafür traf ich alte Freunde wieder. Zum Beispiel Geshe Jampel Sangye Ati, einen Gelehrten und Experten für tibetischen Buddhismus, der mit dem namhaften italienischen Forscher Giuseppe Tucci am Istituto Italiano per il Medio Estremo Oriente zusammenarbeitete. Lobsang und ich machten auch Professor Tucci am Institut unsere Aufwartung. Er holte uns in der imposanten Eingangshalle ab, an deren Wände wundervolle Gemälde hingen. Professor Tucci war ziemlich alt und wirkte verloren in dem riesigen Raum. Vor einigen Jahren hatte er während seines Tibet-Aufenthalts meine Familie in Lhasa besucht und ich besaß noch immer die hübschen Glasperlen, die er meiner Großmutter geschenkt hatte. Geshe Jampel Sangye Ati war ein liebenswerter, aufgeschlossener Mann. Er nahm uns zu einigen seiner italienischen Freunde mit, die Buddhisten waren und sich sehr freuten, uns endlich kennen zu lernen. Sie fanden unsere Kinder hinreißend und verwöhnten sie. Bedauerlicherweise haperte es mit der Verständigung, da wir nicht Italienisch und sie nicht Tibetisch oder Englisch sprachen. Geshe-la war Mönch im Kloster Sera gewesen, doch er hatte eine italienische Freundin und einen Sohn mit ihr, wie ich später erfuhr.

Professor Namkhai Norbu war jünger als Geshe-la und ein *tulku* aus Kham. Er forschte und lehrte an der Universität Rom. Beide beherrschten fließend die Landessprache und waren zu der Zeit die einzigen Tibeter in Italien. Ihre Freunde kennen zu lernen und mit ihnen zu essen weckte heimatliche Gefühle. Italiener und Tibeter essen und trinken gerne. Die Italiener hatten einen enormen Appetit und waren sehr leutselig. Ich probierte zum ersten Mal in meinem Leben Spaghetti, Lasagne und Rotwein, die mir sehr gut schmeckten. Mir gefiel die Spontaneität und Liebenswürdigkeit der Italiener und es war schade, dass wir uns nicht miteinander unterhalten konnten.

Die drei Tage in Rom vergingen wie im Fluge. Dann ging es weiter nach Wien, wo wir von Thupten Woser Phala, dem Repräsentanten des Dalai Lama in Europa, vom Flughafen abgeholt wurden. Lobsangs Schwester Jetsun Pema war bereits eingetroffen. Professor Heinrich Harrer hatte eine Ausstellung in der Stadt arrangiert und uns zur Eröffnung eingeladen. Harrer begrüßte uns in seiner überschäumenden Art und bald saßen wir alle in der Lobby, lachten, scherzten und erinnerten uns an die gute alte Zeit in Lhasa. Das reservierte, steife Verhalten der anderen europäischen Gäste in der Lobby stand im krassen Gegensatz zu unserer lärmenden Gruppe alter Freunde, die sich lange nicht gesehen hatten. Ich bemerkte, dass uns einige Leute missbilligend ansahen.

Ich war sehr glücklich, Pema wieder zu sehen. Sie hatte ihren Abschluss an einer Schweizer Schule gemacht und besuchte nun ein Sekretärinneninstitut in London. Wir hatten uns seit Jahren nicht mehr gesehen und deshalb viel zu erzählen. Sie war eine wunderbare Begleiterin in Wien.

Als unser mitgebrachtes indisches Milchpulver zu Ende ging, musste ich zu einer anderen Marke überwechseln, die Tenzin nicht bekam; er litt ständig unter Bauchweh. Chuki war erschöpft und nicht zu bewegen, in der Obhut der Babysitterin zu bleiben, die Professor Harrer uns freundlicherweise besorgt hatte. Wieder war ich in einer schönen Stadt, von der ich nur das Hotelzimmer kennen lernte.

Es gelang mir jedoch, bei der Eröffnung der Tibet-Ausstellung dabei zu sein. Professor Harrer war einer der besten Botschafter Tibets. Aus Tibet auszureisen war schon schwierig und daher erstaunte es mich, wie groß die Sammlung war, die er zusammengetragen hatte. Für die meisten geladenen Gäste war Tibet bis zu diesem Abend ein nahezu unbekannter Planet gewesen. Sie wussten nur wenig darüber und Leute wie Harrer trugen in hohem Maße dazu bei, die Außenwelt auf Tibet und seine Bewohner aufmerksam zu machen. An der Eröffnung nahmen auch einige wichtig aussehende Honoratioren teil. Es wurden Reden gehalten, während ein Blitzlichtgewitter aufflammte. Ein Fernsehteam filmte uns mit grellen Scheinwerfern und die Reaktion der Öffentlichkeit war fantastisch. Pema und ich trugen unsere Nationaltracht, wir gehörten zu den ›lebenden Exponaten‹. Die Tibeter wurden allenthalben bestaunt wie eine seltene Spezies. Wir waren sehr stolz auf unsere Wurzeln und in Hochstimmung. Es fiel uns schwer, uns vom Museum loszureißen, um am Bankett teilzunehmen. Da Chuki lauthals geschrien hatte, als ich gegangen war, beschloss ich allerdings, darauf zu verzichten und schleunigst ins Hotel zurückzukehren. Eine weise Entscheidung, denn sie weinte immer noch und Christa, die Babysitterin, war genauso aufgelöst wie ihr Schützling. Ich war froh, wieder bei meinen Kindern zu sein.

Am nächsten Tag nahmen wir in der Lobby des Hotels

Abschied von Mr Phala. Pema flog nach London zurück. Auf unsere Frage nach den Visa für die Schweiz hatte es geheißen, wir möchten uns mit dem Schweizer Konsulat in New York in Verbindung setzen. Wir flogen also nach New York, in der Hoffnung, Mr Phala bald wieder zu sehen. Harrer war mit seinen Freunden zum Flughafen gekommen, um Lebewohl zu sagen. Das Hotelpersonal hatte uns zuvor sehr freundlich verabschiedet. Wieder landeten wir im Bauch einer Lufthansa-Maschine.

Wir flogen in der Abenddämmerung Manhattan an. Im verblassenden, orangefarbenen Schein der untergehenden Sonne blinkten Myriaden von Lichtern auf dem Festland, wie eine mit Diamanten besetzte riesige Brosche. Lobsang liebte New York. Er hatte einige Zeit dort gelebt und konnte es kaum erwarten, mir die Stadt zu zeigen. Er wies mich auf die Sehenswürdigkeiten hin, die man aus der Luft erkennen konnte, und ich war hingerissen vom Anblick der märchenhaften Silhouette. Die angekündigte Landung brachte uns leider allzu schnell auf den Boden der Tatsachen zurück. Wir mussten uns anschnallen, Chuki aufwecken und uns um Tenzin in seinem roten Tragekorb kümmern.

Der JFK-Flughafen war größer, lauter und chaotischer als die Flughäfen in Wien und Rom. Auch die Menschen kamen mir lauter und hektischer vor. Die Zoll- und Immigrationsformalitäten waren schnell erledigt; ich staunte über die Zwanglosigkeit der Menschen in diesem Teil der Welt. Das Flughafenpersonal behandelte die Passagiere wie Freunde, die sich lange nicht gesehen hatten. Ich kam mir klein und verloren vor.

Die Taxifahrt nach New York City war ein Abenteuer. Der Fahrer redete unentwegt über das Wetter, die Stadt und Baseball, ein Thema, das Lobsang genauso wenig vertraut war wie mir. Er wollte wissen, woher wir kamen, doch anstatt Tibet hätten wir genauso gut Timbuktu sagen können. Als Lobsang ihm erklärte, er habe früher einmal in New York gelebt, betete der Taxifahrer eine ganze Litanei von Veränderungen herunter und meinte, mit New York City gehe es ›den Bach runter‹. Überhaupt schien er sich gerne reden zu hören. Er sprach so schnell, dass ich der Unterhaltung kaum folgen konnte, und obendrein hatte ich Schwierigkeiten, die Sprechweise der New Yorker zu verstehen.

Überwältigt vom dichten Verkehr auf dem Highway und der Geschwindigkeit, mit der die Autos fuhren, merkte ich nicht gleich, wie hoch die Gebäude waren, denen wir uns näherten. Die Wolkenkratzer flößten mir Furcht ein. Als wir die Ausläufer der Stadt erreichten, fiel unser Blick auf Grabsteine, Reihe um Reihe. Dass wir beim Eintritt in eine aufregende neue Welt mit der letzten Reise des Menschen, dem Tod, konfrontiert wurden, empfanden wir wie einen Schlag ins Gesicht. Seltsam, wie New York seine Besucher willkommen hieß.

Lobsang hatte uns im Hotel Bedford einquartiert, einem kleinen Hotel an der East 42nd Street. Es war ein hohes schmales Gebäude aus rotem Backstein, von unten bis oben mit Efeu bewachsen. Die Lobby war klein und in grelles künstliches Licht getaucht, obwohl die Sonne schien. In dem Hotel, sauber und ruhig gelegen, hatten sich viele Amerikaner eingemietet, die hier ihren Ruhestand verbrachten. Zu unserer Suite gehörte ein Wohnzimmer mit einem Klappschrank, in dem sich eine Küchenzeile verbarg, ein Schlafzimmer und ein Bad. Ich war froh, auspacken und mich eine Weile ausruhen zu können, bevor es nach Europa weiterging. Es war außerdem eine Erleichterung, in einer Sprache zu kommunizieren, die ich beherrschte, auch wenn ich mich an den fremden Akzent gewöhnen musste.

Wir wohnten ganz in der Nähe einer der geschäftigsten U-Bahn-Stationen der Welt, Grand Central Station. Meine erste Fahrt unter der Erde war beängstigend. Ich hatte immer noch Beklemmungen angesichts der vielfältigen neuen Herausforderungen, denen ich mich gegenüber sah, und war nicht gewöhnt an eine Welt, in der die Menschen einander vor lauter Eile kaum wahrnahmen. Es schien, als würden sie ständig um ihr Leben rennen. Nur ein paar alte Leute sah man sitzen, vielleicht weil sie zu alt und schwach waren, um ständig auf Trab zu sein. Durch die hell beleuchteten unterirdischen Gänge zu den Zügen zu gehen war eine unheimliche Erfahrung. Die Zugtüren gingen so schnell auf und zu, dass ich befürchtete, eingeklemmt und durch die dunklen Tunnel geschleift zu werden. Ich hielt mich immer gut an Lobsang fest, um ihn nicht zu verlieren. Es war unfassbar für mich, mit welcher Geschwindigkeit wir durch Manhattan fuhren und dass sich über unseren Köpfen Wolkenkratzer und dichter Verkehr befanden.

Die nachfolgenden Tage waren angefüllt mit neuen Erfahrungen. Bei meinem ersten Besuch im Supermarkt war ich ratlos, welche Zahnpasta- oder Seifenmarke ich kaufen sollte. Geronnene Milch wurde hier als Joghurt bezeichnet und ›Dime‹ bedeutete zehn Cents. Lobsang erklärte mir, wie eine Waschmaschine funktionierte, die mir wie ein Zauberkasten erschien. Trotz seiner Erklärung war meine erste Erfahrung in einem Waschsalon, der sich im Keller des Hotels befand, eine Katastrophe. Chuki und ich mussten entdecken, dass Schaum hervorquoll und an den Seiten der Maschine herunterlief, obwohl sie geschlossen war. Auf diese Weise lernte ich den Unterschied zwischen Wasch- und Spülmittel kennen. Es war mühevoll, die Lauge aufzuwischen, die über den ganzen Fußboden gelaufen war. Chuki war außer sich vor Freude über die Seifenblasen, während ich betete, dass niemand den Raum betreten und die Bescherung entdecken möge.

Tenzins vertrug die Babymilch nicht, die ich in den Vereinigten Staaten kaufte, und so war ich wieder einmal mit Arztbesuchen, schmutzigen Windeln und einem kranken, unleidlichen Kind voll ausgelastet. Lobsang machte sich Sorgen, weil wir immer noch keine Nachricht bezüglich unserer Schweizer Visa erhalten hatten und unsere Mittel bald erschöpft sein würden, wenn wir keine billigere Bleibe fanden. Es war eine harte Zeit. Im Winter mit zwei kleinen Kindern in einem Hotelzimmer in New York eingesperrt zu sein war deprimierend. Ich hatte keine Freundin, der ich mein Herz ausschütten konnte. Manchmal hätte ich am liebsten vor Verzweiflung und Wut geweint. Trotz alledem versuchten wir, das Beste aus der Situation zu machen, und Lobsangs alte Freunde waren sehr freundlich und hilfsbereit.

Thupten Tharpa Liushar war der Repräsentant des Dalai Lama in den Vereinigten Staaten. Er war Mönch und hatte als Außenminister der letzten tibetischen Regierung angehört. Im März 1959 hatte er sich mit dem Gefolge Seiner Heiligkeit ins Exil begeben. Liushar war ein kleiner Mann, der die Sechzig überschritten hatte, mit einem freundlichen runden Gesicht, schmalen Augen und hängender Unterlippe. Als Mönch hatte er sein Haupthaar rasiert und sein kahler Schädel glänzte. Er besaß ein sanftes, heiteres Wesen und eine gemächliche Gangart. Da er kein Wort Englisch sprach, arbeiteten zwei junge Tibeter als Dolmetscher mit ihm zusammen. Lobsang und Mr Liushar waren seit langem befreundet und wir besuchten ihn häufig am Abend. Bei einem dieser Besuche sah ich zum ersten Mal fern.

Von Mr Liushar lernte ich, wie man richtig Reis kocht und Teigtaschen in Dampf gart. Er hatte sich jedoch auch an die amerikanische Lebensweise gewöhnt und meinte: »Es war ein seltsames Gefühl, als ich zum ersten Mal den Supermarkt mit Einkaufstüten in der Hand verließ. Ich hatte Angst, dass mich jemand erkennen könnte. Auf der Straße hielt ich ständig Ausschau. Ich war von früher her daran gewöhnt, dass meine Bediensteten mir alles hinterhertrugen.«

Mr Liushar war sogar so nett, Tenzin und Chuki unter seine Fittiche zu nehmen, damit Lobsang mir New York bei Nacht vom Empire State Building aus zeigen konnte. Nach unserer Rückkehr hörten wir zu unserer Erleichterung, dass Tenzin die ganze Zeit geschlafen und Chuki keinerlei Schwierigkeiten gemacht hatte. Es war vermut-

lich das erste Mal, dass Mr Liushar ganz allein zwei kleine Kinder hatte hüten müssen. Kein anderer als Lobsang
hätte es gewagt, den tibetischen Außenminister zu bitten,
Babysitter zu spielen!

Wir hatten immer noch nichts von der Schweizer Regierung über unsere Visa gehört. Wir konnten es uns
nicht mehr sehr viel länger leisten, im Hotel zu wohnen.
Lobsangs eiserne Reserve war auf sechstausend Dollar
zusammengeschmolzen und ich war völlig mittellos. Wir
hingen buchstäblich in der Luft. Lobsang war es zu verdanken, dass wir nicht den Mut verloren. Er war idea-
listisch und abenteuerlustig, ein unverbesserlicher Opti-
mist, dem seine Intuition sagte, dass am Ende alles gut
gehen würde. Er war überzeugt, dass einem Menschen
nichts Schlimmeres widerfahren konnte, als seine Heimat
zu verlieren. Ich war naiv und besaß so wenig Selbst-
sicherheit wie ein neugeborenes Kind. Zum Glück hatte
Phuntsok Thonden, der gerade nach New York gekommen war, ein Apartment in der Stadt gemietet. Seine Frau
Pema und seine Tochter Chemi waren noch in Neu Delhi; sie wollten nachkommen, sobald die tibetische Regierung die Reisekosten übernehmen konnte. Er stellte uns
freundlicherweise die Wohnung zur Verfügung.

Das Apartment war völlig leer, bis auf ein Doppelbett
und eine Wiege für das Baby. Wir wohnten ungefähr drei
Wochen darin, aßen von Papptellern und tranken aus
Plastikbechern. Wir luden sogar Gäste zum Essen ein, die
auf dem Boden sitzen mussten, und hatten viel Spaß mit
unseren Freunden.

In New York trafen wir Ilya Tolstoy wieder. Er rief oft

an und lud uns mehrmals zu sich ein. Er lebte allein und war älter geworden. Er machte sich Sorgen um uns und um das Schicksal der Tibeter. Er arbeitete mit der Tolstoy Foundation an einem Projekt, tibetische Flüchtlinge in Wyoming anzusiedeln, das sich am Ende jedoch zerschlug.

Wir bekamen auch Besuch von Lobsangs alten Freunden, einschließlich Jan und Elie van Hoogstraten und Leonard Ching vom Church World Service, Dr. David Baker und Dr. Allen Rice mit ihren Familien aus Collegeville, Pennsylvania, wo Lobsang während seines Englischstudiums als Kellner auf dem Campus gearbeitet hatte. Sie gaben uns das Gefühl, in ihrem Land willkommen zu sein. Von Mrs Baker bekam Chuki ihre erste Puppe geschenkt, die sie hoch in Ehren hielt.

Ein weiterer wunderbarer Mensch war ein *tulku* namens Rato Khyongla, der in New York lebte. Er war groß und kahlköpfig, mit hoher Stirn und einem schüchternen Lächeln. Er war im gleichen Alter wie Lobsang und ein stiller, bescheidener Mensch, deshalb wussten viele nicht, dass er ein hochgelehrter Rinpoche aus Tibet war. Ich stellte ihm oft Fragen über den Buddhismus, die er nur oberflächlich beantwortete. Wahrscheinlich glaubte er, ich sei nur an einer belanglosen Unterhaltung interessiert. Später erfuhr ich von meinem Mann, dass buddhistische Lehrer niemanden zu ihrem Glauben bekehren oder unterweisen wollten, dem es nicht ernst mit seinen Fragen war. Sie pflegten als Erstes die Motive eines Menschen zu ergründen, bevor sie sich auf eine Diskussion über das Dharma einließen oder jemanden als Schüler annahmen.

Kgongla Rinpoche war in die Vereinigten Staaten emigriert und arbeitete in der Verpackungsabteilung eines Kaufhauses, um seinen Lebensunterhalt zu verdienen. Lobsang kannte ihn gut und spannte ihn ebenfalls als Babysitter ein, wenn wir auf Besichtigungstour war. Als Mönch hatte er keine Erfahrung mit Kindern. Er gab Tenzin die vorbereitete Flasche, aber Chuki weinte die ganze Zeit. Der Rinpoche war hilflos und wusste nicht, was er tun sollte. Zum Glück hatten wir uns nicht weit von unserer Wohnung zu entfernen gewagt, sodass er nach kurzer Zeit erlöst werden konnte.

Lobsang war ein offener, wissbegieriger Mann, der Spaß an Entdeckungen und Experimenten hatte, weil er glaubte, dass Menschen auf diese Weise am Besten etwas dazulernen. Wenn wir in einer fremden Ortschaft ankamen, machte er sich auf den Weg, um die Gegend zu erkunden, noch bevor die Koffer ausgepackt waren; die heimischen Wochenmärkte hatten es ihm besonders angetan. Er wollte mir Amerika zeigen und dazu gehörte auch ein amerikanisches Frühstück. Wir gingen zu einem Pancake House, nur ein paar Blocks von unserem Apartment entfernt, wo ich zum ersten Mal in meinem Leben einen Pfannkuchen aß, dick mit Butter und Ahornsirup bestrichen, der auf der Zunge zerging. Er schmeckte köstlich. Chuki war genauso begeistert. Den aromatischen Kaffee empfand ich ebenfalls als Luxus und ich wurde auf Anhieb ein Pancake-House-Fan!

Bei meinem Besuch in Chinatown konnte ich nur noch staunen über die Freiheit, die man in Amerika genoss. Man hätte meinen können, in China zu sein. Die Laden-

und Straßenschilder bestanden aus chinesischen Schriftzeichen und es gab chinesische Tageszeitungen. An jeder Straßenecke sah man chinesische Restaurants und der Geruch chinesischer Gerichte hing in der Luft. Kleine Läden verkauften chinesische Heilkräuter, Krimskrams und Spielsachen. Hausfrauen in weiten Hosen und Jacken, die wie Pyjamas aussahen, prüften mit den Fingern die noch lebenden Hummer der Straßenverkäufer und überlegten, auf welche der vielen Arten sie das Meeresgetier zum Mittagessen zubereiten sollten. Riesige, fettig glänzende, mit Sojasoße bepinselte Hühner zum Rotschmoren hingen kopfunter und gerupft in den Schaufenstern. Junge Mütter schalten ihre Kinder laut in chinesischer Sprache. Ich befand mich im Herzen Chinas, und das mitten in Amerika!

Wir gingen auch im Central Park spazieren und fütterten die Tauben oder besuchten den Zoo, den Chuki liebte. Dort sah sie, ein tibetisches Kind, zum ersten Mal in ihrem Leben einen Yak. Sie hatte Angst vor dem großen schwarzen Rind mit dem zottigen Fell und das Tier sah verloren und traurig aus, so weit vom Himalaya entfernt. Mir tat der arme alte Yak Leid.

Lobsang bestand darauf, dass ich Macy's besuchte, damals das größte Kaufhaus Amerikas. Ich war sprachlos angesichts des riesigen Warenangebots. Jedes Stockwerk war mit Produkten von unterschiedlicher Form und Größe angefüllt. Benommen betrachtete ich die Vielfalt und Menge der Spielsachen. Ich kam mir wie ein Kind vor, das sich in einem Labyrinth verirrt hat.

Mein erster Eindruck von den Vereinigten Staaten war:

Dinge, Dinge, Dinge, so weit das Auge reichte. Amerika war ein Paradies für Konsumenten. Man konnte alles kaufen, was das Herz begehrte, und ich fragte mich, ob nicht immer neue materielle Bedürfnisse geweckt wurden angesichts einer solchen Fülle. Ständig kamen verbesserte Versionen auf den Markt, um die alten Produkte zu ersetzen, und die menschliche Erfindungsgabe war grenzenlos. Werbung und Kaufanreize waren allgegenwärtig und es war schwierig, sich dem Konsumzwang zu entziehen. Wenn man nicht aufpasste, konnte man binnen weniger Stunden arm werden. Sehr verführerisch waren auch die Inserate in den Hochglanzmagazinen, wie ich bald entdecken sollte.

Kochen war ein Problem für mich, weil mein Mann leidenschaftlich gerne aß. Er war selbst ein ausgezeichneter Koch und erwartete das Gleiche von mir. Es fiel mir schwer, meine Kochkünste weiterzuentwickeln, da ich mit zwei kleinen Kindern, die ständiger Aufsicht bedurften, und der Anpassung an neue Gewohnheiten und eine neue Umgebung voll ausgelastet war. Eines Tages sah ich in Mr Liushars Wohnung einen Werbespot für Ravioli, die köstlich aussahen. Sie erinnerten mich an *momos*, die gefüllten tibetischen Teigtaschen. Dass die Tomatensoße gleich dabei war, war fantastisch. Mit solchen Fertigmahlzeiten entfiel die Plackerei in der Küche und so kaufte ich das angepriesene Gericht. Was dabei herauskam hatte gleichwohl nicht die geringste Ähnlichkeit mit den großen saftigen Ravioli im Fernsehen. Ich war zutiefst enttäuscht. Von den Ravioli auf dem Teller waren einige nicht größer als Erbsen. Das war mir eine Lehre:

Ich ließ mich nie wieder von der Werbung hinters Licht führen. Lobsang war so verärgert, dass er postwendend außer Haus essen ging.

Wir mussten downtown zur Einwanderungsbehörde, um eine Greencard für mich zu erhalten, die offizielle Arbeitserlaubnis in den USA. Es war nun sechs Jahre her, seit der Dalai Lama und eine große Anzahl Tibeter ins Exil gegangen waren. Eine baldige Lösung des Tibetproblems oder die Möglichkeit, in unsere Heimat zurückzukehren, war nicht in Sicht. Lobsang besaß bereits eine Greencard und war zu dem Schluss gelangt, dass es am Besten sei, sich in Amerika niederzulassen. Die Entscheidung war vor allem deshalb wichtig, weil wir an die Zukunft unserer beiden Kinder denken mussten. Lobsangs Bruder Norbu besaß bereits die amerikanische Staatsbürgerschaft und wollte in den USA bleiben, bis er nach Tibet zurückkonnte. Es war unerlässlich, eine Zweitheimat zu finden, und deshalb stellten wir einen Einwanderungsantrag. Drei Tage reihten wir uns in einer langen Schlange von Menschen aus aller Herren Länder mit einer Vielzahl von Sprachen ein. Endlich waren wir zum Schalter vorgerückt und konnten unser Anliegen vortragen. Auf die Unhöflichkeit, mit der man uns hier begegnete, war ich nicht gefasst. Die Mitarbeiter der Einwanderungsbehörde waren unfreundlich und unsensibel. Sie redeten mit uns, als wären wir begriffsstutzig und kämen von einem anderen Planeten. Wenn die Papiere für unsere Zukunft nicht so wichtig gewesen wären, hätte ich die Demütigung nicht hingenommen und wäre gegangen.

Wir beschlossen, nach Bloomington, Indiana, zu fahren und Lobsangs ältesten Bruder Thubten Jigme Norbu zu besuchen, der an der Indiana University lehrte. Professor Norbu lebte bereits seit mehreren Jahren in Amerika. Seine Frau Kunyang kannte ich vom Sehen. Sie war die Tochter des verstorbenen Oberhauptes der Sakya-Sekte. Sie war ein paar Jahre jünger als ich und ebenfalls auf der Mount Hermon School in Darjeeling gewesen, jedoch schon als Teenager mit ihrem ältesten Bruder und seiner Familie nach Amerika emigriert.

Wir blieben fast sechs Wochen bei Professor Norbu und seiner Familie. Sie hatten drei Söhne. Lhundup war der älteste, dann kam der um ein Jahr jüngere Kunga, der genauso alt war wie Chuki, und Jigme, der ein Jahr älter war als mein Sohn Tenzin. Chuki war sofort bei allen beliebt. Obwohl Professor Norbu geheiratet hatte, war er eine Reinkarnation des früheren Thaktse Rinpoche und deshalb nannte ich ihn wie in Tibet üblich Rinpoche. Er und Kunyang nahmen uns sehr herzlich auf und ich lernte viel von ihnen, was Einkaufen, Kochen und amerikanische Haushaltsführung betraf.

Kunyang fuhr einen großen Kombi und musste zuerst die Kissen auf dem Fahrersitz zurechtrücken, bevor sie den Wagen anließ, damit sie ans Lenkrad gelangte. Ihr blieb keine andere Wahl, als mit dem Auto zu fahren, weil die Jungen größer wurden und jede Woche Lebensmittel gekauft und befördert werden mussten. In den ländlichen Regionen war man auf ein Fahrzeug angewiesen, weil die Einkaufszentren so weit von den Wohnsiedlungen entfernt lagen, dass sie sich nicht zu Fuß erreichen ließen. Ich gestand Kunyang, dass ich mir nicht zutraute, jemals auf den amerikanischen Highways Auto zu fahren, wo dichter Verkehr herrschte. Sie erwiderte: »Wenn man muss, geht alles, und man wächst über sich selbst hinaus.« Ich denke oft an diese Bemerkung meiner Schwägerin zurück und an meine eigenen Erfahrungen. Es erstaunt mich noch heute, welche Herausforderungen ich zu bewältigen hatte und um wie viel bedeutungsvoller und interessanter mein Leben wurde, weil ich es mit ihnen aufnahm.

Der Einkauf in einem Supermarkt auf dem Lande war ein Erlebnis. Riesige Hallen waren mit Produkten aller Art gefüllt. Einer hatte sogar Lebensmittel aus aller Welt in seinem Sortiment. Kein Wunder, dass man vom ›Land der ungegrenzten Möglichkeiten‹ sprach. Ich lernte auch die Shopping Malls kennen und die Versuchung, den ganzen Tag in diesen mehrstöckigen Einkaufspalästen zu verbringen. Dort befanden sich Restaurants, Geschäfte und Kinos unter einem Dach. Hotdogs und Hamburger schmeckten köstlich, dennoch mochten wir unsere heimische *Amdo thukpa* (Nudelsuppe mit oder ohne Gemüse) und *momos* am liebsten. Das amerikanische Speiseeis, von dem Lobsang ständig schwärmte, war ein echter Genuss.

Ich fand es seltsam, dass in den ländlichen Regionen Amerikas so wenig Fußgänger zu sehen waren. Wenn man aus Indien kam, wo es vor Menschen nur so wimmelte und ein unglaubliches Gedränge herrschte, muteten die leeren Straßen merkwürdig an. Die Anzahl der Fahrzeuge war dagegen überwältigend. Jede Familie besaß mindestens ein Auto und zum Teil besaß sogar jedes Familienmitglied ein eigenes.

Der Rinpoche war ein großer, gut aussehender Mann mit einem aufmunternden Lächeln. Ich muss dazu sagen, dass allen Geschwistern meines Mannes dieses wunderbare Lächeln zu Eigen war. Der Rinpoche war sehr herzlich und umgänglich, wie Lobsang, und er sprach offen und unverblümt. Am Abend trank Lobsang Bier. Der Rinpoche bevorzugte ein Glas Portwein und rauchte eine Mentholzigarette. Die beiden Brüder erzählten gerne Witze, manche ziemlich obszön, doch für Lobsang und Norbu war das ganz natürlich. Der Rinpoche hatte viel Sinn für Humor und manchmal bogen wir uns alle vor Lachen. Er lachte oft Tränen.

Die älteren Kinder amüsierten sich prächtig. Damals war *Batman* das größte Fernseh-Idol. Die Jungen machten sich Capes aus Handtüchern oder allem, was nicht niet- und nagelfest war, und flatterten durch sämtliche Räume. Es war nicht leicht, sie in die Kinderzimmer im Erdgeschoss zu verbannen, wo ihr gesamtes Spielzeug verstreut lag. Bei schönem Wetter tollten sie draußen im Schnee herum, fuhren Schlitten oder bauten einen Schneemann und sahen wie Liliputaner-Eskimos aus. Lobsang war ihr liebster Spielgefährte und er hatte genauso viel Spaß wie die Kinder.

Der Rinpoche zeigte uns auch seine Universität. Ich sah zum ersten Mal eine solche Institution von innen. Er machte uns mit seinen Kollegen in der Abteilung bekannt. Ich war erstaunt, dass ein Deutscher dort Tibetisch lehrte. Rinpoches Spezialgebiet war die tibetische Kultur. Wir aßen in der ›Cafeteria‹ der Universität. Ich fand es beeindruckend, dass Studenten und Professoren dort gleichermaßen Schlange standen, und wie schnell das Essen auf dem Tisch stand. Die Cafeteria war ähnlich wie ein Selbstbedienungsrestaurant organisiert und hervorragend geführt. Wir hatten zwar nur einen kleinen Teil der Universität zu Gesicht bekommen, dennoch war ich beeindruckt über die Weitläufigkeit des Geländes und die Freiheiten der Studenten.

Eines Tages rief uns Mr Liushar an, um uns die Neuigkeit mitzuteilen, dass unsere Schweizer Visa eingetroffen seien. Wir verabschiedeten uns von der Familie Norbu und kehrten nach New York zurück. Bevor wir nach Genf flogen, lud ich meine Schwester Norzin ein paar Tage zu uns ein. Die Wiedersehensfreude war auf beiden Seiten groß. Sie fühlte sich fremd in Amerika und hatte Heimweh. Trotzdem war sie fest entschlossen, ihr Graduierten-Studium als Lehrerin abzuschließen. Ilya Tolstoy hatte ihr bei der Aufnahme ins William Penn College geholfen und sie war ihm sehr dankbar für diese Chance. Als Norzin einige Jahre später heiratete und meine Eltern nicht zur Hochzeit kommen konnten, führte er sie stellvertretend für den Brautvater vor dem Traualtar ihrem Ehemann zu.

Chuki genoss es, von Norzin mit Aufmerksamkeit überhäuft zu werden. Seit Tenzins Geburt und der kurz danach erfolgten Abreise aus Indien stand sie nicht mehr im Mittelpunkt unserer Aufmerksamkeit. Lobsang und ich waren vollauf damit beschäftigt gewesen, die unzähligen Vorbereitungen für das Leben in einem neuen Land zu treffen und dafür zu sorgen, dass alles glatt lief; dabei war uns entgangen, dass Chukis Unleidlichkeit nicht nur auf den Wechsel der Umgebung und die Erschöpfung nach dem langen Flug zurückzuführen war, sondern ihre Art war, Aufmerksamkeit zu verlangen. Norzins Gegenwart schien den Stress zu mindern, unter dem sie stand, und die beiden hatten viel Spaß miteinander. Ich war glücklich, meine Schwester wieder zu sehen und mit ihr reden zu können. Sie freute sich, bei uns zu sein, und wir verbrachten eine schöne Zeit miteinander.

Da Norzin Studentin war, hatte sie nur sehr wenig Geld für Freizeitaktivitäten oder Einkäufe. Sie kannte nur die Shopping Malls in der Kleinstadt, in der sie wohnte, und deshalb beschlossen wir eines Tages, zu Macy's zu gehen, während Lobsang auf die Kinder aufpasste. Wir brauchten beide Mäntel und ich wollte noch lange Hosen und Kleider kaufen, die kürzer und praktischer waren als unsere tibetische Tracht. Man zeigte Norzin und mir die damals modernen Wildledermäntel und wir kauften uns beide einen, ohne zu ahnen, dass diese eine spezielle Pflege verlangten. Fußlahm kehrten wir abends nach Hause zurück, nachdem wir den ganzen Tag lang durch die Stadt gelaufen waren. Die Sehenswürdigkeiten von New York und der Einkaufsbummel hatten uns so fasziniert, dass wir gar nicht bemerkt hatten, dass unsere Füße in drückenden Schuhe eingezwängt waren.

Kurz nach dem Kauf unserer neuen Mäntel beschlossen Lobsang und ich, mongolische Freunde in New Jersey zu besuchen; zu ihnen gehörte auch ein mongolischer Mönch namens Geshe Wangyal-la, der ein buddhistisches Zentrum in Freehold Acres, New Jersey, eröffnet hatte. Geshe-la war ein alter Freund der Familie. Im Haus unserer mongolischen Freunde wurden wir mit köstlichen dampfenden *momos* bewirtet, die sich bei Mongolen und Tibetern großer Beliebtheit erfreuten; während wir schlemmten, biss ich in eine dieser saftigen gefüllten Teigtaschen und die Füllung spritzte heraus, auf meinen neuen Mantel. Da ich sehr stolz auf ihn war, behandelte ich den Flecken nicht selbst, sondern brachte den Mantel in die Reinigung. Erst als ich ihn wieder abholte und sah, in welch beklagenswertem Zustand er sich befand, wurde mir klar, dass Wildlederkleidung speziell behandelt und gereinigt werden muss.

Geshe Wangyal-la war ein ungewöhnlicher Mensch. Er war ein alter Mann und obendrein Mönch, allerdings ein sehr liberaler, der sich nicht im Geringsten um die Etikette scherte. Wahrscheinlich war er ein gestrenger Lehrer, denn einige seiner Schüler wurden später namhafte buddhistische Gelehrte und Professoren an Universitäten in ganz Amerika. Geshe Wangyal kochte seine eigenen Mahlzeiten, schor sich die Haare, nähte seine Kleidung und war ein Mann, der gut ohne fremde Hilfe auskam. Er war sehr liebenswert und humorvoll. Seine kleinen Augen zwinkerten und funkelten vor Vergnügen, wenn er mit Lobsang und Norbu beisammen war, und ständig lachten und scherzten sie, denn sie waren gute Freunde.

Ich hatte Geshe-la in einem kleinen Hotel in Neu Delhi kennen gelernt. Er war auf dem Weg zu Seiner Heiligkeit in Dharamsala, in Begleitung seines Schülers Robert Thurman, der inzwischen ein bekannter buddhistischer Gelehrter und Professor der Columbia University ist. Bob Thurman war damals zum ersten Mal in Indien. Er war ein großer, bescheidener junger Mann mit kahl rasiertem Schädel und fest entschlossen, die Gelübde abzulegen und Mönch zu werden. Da Lobsang und Geshe-la seit langem befreundet waren, rief er im Tibet Büro an und Lobsang und ich besuchten ihn und seinen Schüler.

Geshe Wangyal-la war aus der Mongolei nach Tibet gekommen und hatte in einem der berühmten Gelugpa-Klöster in Lhasa studiert, bevor er in die USA emigrierte. In Tibet hatte er sich nicht als herausragender Gelehrter oder praktizierender Buddhist hervorgetan, doch kann man einen Menschen nicht nach dem äußeren Schein beurteilen. Er hatte eine Zeit lang im Hause der Phalas gelebt, einem alten Adelsgeschlecht in Lhasa, und häufig meine Familie besucht. Von Mr Phala wusste ich, dass Geshe-la *sho* liebte, das tibetische Würfelspiel. Außerdem sagte man ihm eine Neigung zum Jähzorn nach. Wenn er beim Würfeln verlor, warf er die Unterlage, den Becher, die Muscheln, Münzen und alles, was sonst noch dazu gehörte, zum Fenster hinaus. Seine Wut verrauchte genauso schnell, wie sie gekommen war, und alle lachten über sein Verhalten.

In den USA bewohnte er gemeinsam mit zwei tibetischen Mönchen ein kleines Haus, das als buddhistischer Tempel diente. Im Wohnzimmer stand ein Altar mit zahlreichen Buddha-Statuen und die Vitrinen waren mit Schriften gefüllt. Einige seiner Landsleute, die zuerst aus der russisch kontrollierten Mongolei nach Europa geflüchtet waren, ließen sich nun an der Ostküste Amerikas nieder, wo auch etliche Tibeter lebten. Für sie war Howell, New Jersey, Pilgerort und Gebetsstätte und dort lernten viele junge Amerikaner tibetischer Herkunft Buddha und die buddhistischen Rituale kennen. Geshe-la hatte auch einige amerikanische Schüler, die bei ihm die buddhistischen Lehren studierten. Für mich war das vertrautes Terrain und eine Freude, alte Freunde wieder zu sehen.

Der buddhistische Gelehrte und Lehrer Jeffrey Hopkins war hier Schüler; eigentlich lebte er im Tempel. Er war so eifrig, dass wir ihn nur zu Gesicht bekamen, wenn er sich in der Küche etwas zu essen holte. Ansonsten hockte er in seinem Zimmer, in seine Studien vertieft.

Jentsen Dhondrup, der in Begleitung von Thubten Norbu aus Kumbum, Amdo, nach Amerika gekommen war, gehörte ebenfalls zu diesem Freundeskreis. Er war mit einer Mongolin verheiratet und die beiden hatten einen Sohn und eine Tochter. Unsere Familien freundeten sich bald an. Jentsen arbeitete in einer Fabrik und Barbara hielt Hühner und verkaufte die Eier. Wir besuchten sie gerne auf ihrer Hühnerfarm und hielten auch in späteren Jahren Kontakt.

Kaum hatte ich mich eingewöhnt, war es auch schon an der Zeit, unsere Zelte abzubrechen und in eine andere Welt umzusiedeln. Ich hatte meine langen tibetischen Gewänder inzwischen gegen die bequemere westliche Kleidung eingetauscht. Auch meine Lebenssicht hatte sich grundlegend gewandelt. Bis zu unserem Abflug von Neu Delhi hatte ich mich in allem auf meine Eltern und Lobsang verlassen. Wir hatten Diener gehabt, die sich um die Kinder kümmerten, kochten, das Geschirr und die Kleidung wuschen. Seit ich das Flugzeug bestiegen hatte, das uns in den Westen gebracht hatte, musste ich die meisten Arbeiten eigenhändig erledigen und wichtige Entscheidungen für mich selbst und meine Familie treffen. Lobsang war zwar immer da, wenn ich ihn brauchte, doch er drängte mich sanft, mein Leben selbst in die Hand zu nehmen. Ich weiß noch, wie es war, als ich zum ersten Mal allein einkaufen ging, weil ich Babynahrung für Tenzin brauchte. Lobsang musste mich beinahe vor die Tür setzen! Ich hatte Angst, mich im Gewirr der Straßen zu verirren, wusste nicht, wie ich das Geld abzählen oder für welche der vielen Produktmarken ich mich entscheiden sollte. Ich war wie ein Kind, das laufen lernt und auf unsicheren Beinen die Welt erkundet.

Die Ungezwungenheit der Amerikaner und die Freiheit in diesem Land waren für mich ein Umfeld, das Lern- und Wachstumsprozesse begünstigte. Ich befreite mich nicht nur von meinen langen, einengenden Kleidern, sondern auch aus meiner begrenzten Welt. Ich wurde unabhängiger und selbstbewusster. Ich genoss es, in der Anonymität der Großstadt unterzutauchen und durch die Straßen zu schlendern, ohne dass jemand darauf achtete, was ich trug oder wohin ich ging. Lobsang war ein wunderbarer Gefährte, der mir half, mich selbst in meiner neuen Welt zu entdecken.

Klein Tibet in der Schweiz

Wir landeten im April 1966 an einem nebelverhangenen Morgen bei Nieselregen in Genf. Verglichen mit New York, wirkte der Flughafen klein und still. Die Auslagen in den Läden waren geschmackvoll und sorgfältig arrangiert und alles wirkte makellos. Die Schweizer waren höflicher und zurückhaltender als die Amerikaner. Mr Phala und sein Dolmetscher Phurpu Samdup erwarteten uns und brachten uns zum Parc du Bude, einem idyllisch gelegenen Wohnviertel am Rande der Stadt, nicht weit vom UN-Gebäude und den Niederlassungen anderer internationaler Organisationen entfernt. Es gab dort einen schönen Park und eine Reihe riesiger Wohnblocks. Wir fuhren mit einem kleinen Fahrstuhl in den sechsten Stock eines der Gebäude, die sich wie ein Ei dem anderen glichen. Sobald wir die Wohnung betreten und die Räume in Augenschein genommen hatten, führte mich Mr Phala auf den Balkon, um mir die herrliche Aussicht, den Spielplatz, das Einkaufszentrum und den Bauernmarkt zu zeigen, wo wir frisches Obst und Gemüse kaufen konnten. Ich hatte das Gefühl, mich in einem weitläufigen Garten, umgeben von Bergen mit schneebedeckten Gipfeln, zu befinden. Die Sonne drang durch den Sprühregen und die Regentropfen auf den Blättern der Bäume funkelten wie Diamanten.

Die Wohnung war sehr schön, wenn auch spärlich möbliert. Sobald wir unsere wenigen persönlichen Besitztümer ausgepackt hatten, die goldenen Tara-Wandbehänge, die silbernen Hochzeitsgeschenke von meinen Eltern, die bunten tibetischen Teppiche und bhutanesischen Stuhlbehänge, wirkte die Wohnung gleich anheimelnder. Bude war eine weltoffene Gemeinde und im Supermarkt vis à vis gaben sich Menschen aus aller Herren Länder ein Stelldichein. Beim Einkaufen befand ich mich in Gesellschaft indischer Frauen in eleganten Saris oder arabischer Männer in fließenden Gewändern. Die Afrikanerinnen trugen bunt bedruckte Kleider und kunstvoll geschlungene Turbane auf dem Kopf. Manchmal setzte ich mich in eines der Cafés im Einkaufszentrum, die draußen vor der Tür Stühle aufgestellt hatten, trank heiße Schokolade und genoss die multikulturelle Modenschau. Die Kinder, die im Park spielten, waren genauso vielfältig wie die Blumen, die dort wuchsen.

Insgesamt tausend Tibeter waren im Rahmen des Wiederansiedlungsprojekts in die Schweiz gekommen. Es gab zwei Heime für tibetische Kinder im Pestalozzi Kinderdorf und ungefähr hundertachtzig Kinder waren von Schweizer Familien adoptiert worden. Das Tibet Büro gab es seit etwa einem Jahr; es half dem Schweizer Roten Kreuz und einer Organisation namens Schweizer Freunde Tibets bei dem Wiederansiedlungsprojekt. Außerdem diente es als Bindeglied zwischen Schweizern und Tibetern und als Anlaufstelle für Tibeter in anderen Teilen Europas.

Lobsang arbeitete zunächst als Assistent von Mr Phala. Wie Mr Liushar in New York war auch Mr Phala Mönch und ein ranghohes Mitglied der tibetischen Regierung gewesen. Er war ein einflussreicher Mann und einer der führenden Köpfe, die die Flucht des Dalai Lama 1959 organisiert hatten. Mr Phala, ein großer, gut aussehender Mann in den Sechzigern, wirkte sehr selbstsicher und entspannt. Er war tadellos gekleidet und trug stets Anzug und Krawatte. Man wäre nie auf den Gedanken gekommen, dass er noch vor wenigen Jahren nichts anderes als schlichte Mönchsroben getragen hatte. Wir luden ihn oft zu uns nach Hause zum Essen ein und er war sehr beliebt bei unseren Kindern.

Phursam-la arbeitete ebenfalls im Tibet Büro. Er war ein ausgesprochen heiterer Mensch, der selbst in komplizierten Situationen Ruhe und Gelassenheit bewahrte. Seine Eltern waren sehr früh verstorben und er hatte außerhalb Tibets keine Familienangehörigen. Phursam-la hatte unter schwierigsten Umständen als Dolmetscher im Lager Missamari gearbeitet, als die ersten tibetischen Flüchtlinge in Indien eintrafen, und war später im Tibet Büro in Neu Delhi tätig gewesen. Die tibetische Exilregierung hatte ihn nach Italien geschickt, um sich dort mit Hilfe eines Stipendiums zum Fotografen ausbilden zu lassen, bis ein Nervenleiden mit einer Schüttellähmung der Hände ihn zwang, seine Ausbildung abzubrechen. Er sagte oft: »Ich schämte mich, weil meine Hände zitterten, und wenn Mädchen in der Nähe waren, war es noch schlimmer. Ich hatte Angst, sie könnten denken, dass ich ihretwegen nervös war. Ich musste umsatteln, denn wie hätte ich mit meinen zitternden Fingern gute Bilder machen können?« Wir genossen Phursam-las Gesellschaft und Lobsang und er verbrachten Stunden in der Küche, wo sie Bier aus Dosen tranken und ein köstliches Abendessen zubereiteten.

Als immer mehr Tibeter nach Europa kamen, musste Lobsang häufig ins Ausland reisen, um die Neuankömmlinge in Empfang zu nehmen. Die Arbeit im Büro häufte sich während seiner Abwesenheit an und Mr Phala, der nur Tibetisch sprach, hatte keinen Dolmetscher. Ich erhielt daher eine Teilzeitanstellung, um der Schweizer Buchhalterin, Madame Gillioz, einer sehr launenhaften Dame, zu helfen, mich der englischen Korrespondenz anzunehmen und für Mr Phala zu dolmetschen, wenn er Besucher hatte.

Die Schweizer waren dafür bekannt, Menschen in Not zu helfen, und gegenüber den tibetischen Flüchtlinge waren sie besonders großzügig. 1961 gab die Schweizer Regierung dem Einwanderungsgesuch der ersten Gruppe Tibeter statt, bestehend aus dreiundzwanzig Personen, mit der Auflage, dass ihnen das Schweizer Rote Kreuz half, Arbeit und in den ersten Monaten eine gemeinsame Unterkunft für sie zu finden und die Kosten für sämtliche Umschulungs- und Integrationsmaßnahmen zu übernehmen. Im Mai 1963 wurde weiteren tausend Tibetern der Zuzug gestattet, unter der Voraussetzung, dass sich die Kantone und Kommunen bereit erklärten, die Immigranten aufzunehmen. Mit Hilfe der Swiss Association for Tibetan Homesteads in Switzerland wurde die Mehrheit der Tibeter schließlich in der deutschsprachigen Region der Schweiz wieder angesiedelt. Sie fanden Arbeit in Fabriken und einige jüngere Männer erhielten die Möglichkeit, ein Handwerk zu erlernen.

Wenn die Einwanderer aus dem Himalaya eintrafen, wurden sie von Repräsentanten des Schweizer Gastlandes am Flughafen abgeholt und in so genannten ›Tibeter-Heimen‹ untergebracht. Schweizer Bürger wurden als Ausländerbeauftragte damit betraut, sich um ihre Belange zu kümmern und sie mit ihrer neuen Umgebung vertraut zu machen. Jede Gruppe wurde von einem tibetischen Begleiter in ihr neues Leben geführt, oftmals einem Mönch, der sich der kulturellen und religiösen Bedürfnisse annahm und den Kindern Unterricht in der tibetischen Sprache und im tibetischen Buddhismus erteilte. Ein Dolmetscher wurde ihnen ebenfalls zugeteilt. Es wurden Sprachkurse angeboten und viele Männer fanden problemlos einen Arbeitsplatz. Bald waren die ersten Familien in der Lage, eine eigene Wohnung zu beziehen, und sie lebten sich in den Schweizer Dörfern und Städten gut ein. Die Tibeter konnten hart arbeiten und waren bei den Fabrikbesitzern sehr beliebt.

Das tibetische Wiederansiedlungsprojekt stand unter der Leitung von Frau Rosemarie Schwarzenbach vom Schweizer Roten Kreuz. Frau Schwarzenbach war oft zu Gast bei den Zeremonien, die am tibetischen Neujahrsfest stattfanden. Wenn es in einem Tibeter-Heim ein Problem gab, das die Schweizer Heimleitung nicht zu lösen vermochte, schaltete sich Frau Schwarzenbach ein und wurde von Lobsang unterstützt. Sie war Mitte fünfzig, ging jedoch schon leicht gebeugt, als trüge sie die Last ihrer Verantwortung auf den Schultern. Sie hatte ein großes, längliches Gesicht, das immer abgespannt wirkte, und kurzes, lockiges braunes Haar. Wenn es Schwierigkeiten gab, pflegte sie schweigend nachzudenken, wobei sie eine Zigarette rauchte und die Finger in der Luft rieb, als wollte sie die Lösung zwischen ihnen hervorzaubern. Plötzlich hellte sich ihr Gesicht auf, sie lächelte und wir wussten, dass sie einen Weg gefunden hatte. Lobsang bewunderte ihre Geduld und Tüchtigkeit, von der sie kein großes Aufheben machte, und ich lernte viel in den Besprechungen mit ihr. Ironischerweise war ihr Bruder, ein bekannter Schweizer Politiker, strikt gegen die Ansiedlung und Beschäftigung von Ausländern in der Schweiz.

Meine erste Begegnung mit tibetischen Flüchtlingen in der Schweiz fand etwa zehn Monate nach unserer Ankunft in Genf statt. Während des tibetischen Neujahrsfestes erhielten die tibetischen Arbeitnehmer frei und manche nahmen noch ein paar Tage unbezahlten Urlaub hinzu. Wir schlossen das Büro für fünf Tage und begleiteten Mr Phala nach Zürich, wo wir bei unseren Landsleuten nach dem Rechten sehen wollten. Er besuchte eine der Siedlungen, während wir die Runde bei den anderen machten. Wir fuhren mit dem Zug, da keiner von uns Auto fahren konnte.

In den ländlichen Regionen sah man überall malerische Holzchalets und moderne Bauernhäuser aus Stein, herrliche Blumen und schneebedeckte Berge. Das ganze Land war blitzsauber. Die Schweiz schien hervorragend geeignet, den Tibetern in puncto Reinlichkeit etwas beizubringen. Wir stammten aus einem kalten Land, der höchstgelegenen Landmasse der Erde, wo wir in engem

Kontakt mit der Natur lebten. Wir hatten keine Fahrzeuge in den Städten, sondern gingen zu Fuß oder ritten auf Pferden. Es gab auch keine Plastiktüten, Dosen- oder Flaschenmüll und in der kühlen, trockenen Luft konnten sich keine Krankheitserreger bilden. Papier war Mangelware und ich erinnere mich, dass mein Großvater Notizen auf die Innenseite leerer Zigarettenschachteln geschrieben hatte. Wir waren nicht an Reinlichkeit gewöhnt. Es gab keine sanitären Einrichtungen und deshalb konnten wir nur im Sommer in den Flüssen baden und mussten unsere Notdurft im Freien verrichten. Eine Freundin erzählte mir, was sie zu Beginn des Wiederansiedlungsprojekts mit einem meiner Landsleute in den Schweizer Alpen erlebt hatte, den sie mit dem Zug an seinen Bestimmungsort begleitete. Nach der Ankunft am Bahnhof mussten sie noch ein Stück zu Fuß gehen, einen schmalen steilen Pfad entlang. Plötzlich entfernte sich der Mann ein paar Schritte und urinierte am Wegrand. Dieses Verhalten war für ihn völlig natürlich, meine Freundin war jedoch schockiert, peinlich berührt und dankbar, dass weit und breit niemand zu sehen war.

Die meisten Tibeter lebten in den kleinen Städten und Dörfern rund um Zürich. Am ersten Tag des Neujahrsfestes brachten sie die traditionellen Opfergaben – Reis mit Rosinen, tibetischer Tee und *khadaks* – auf dem Hausaltar und vor dem Bildnis Seiner Heiligkeit des Dalai Lama dar, die sich in jeder Familie befanden. Sie zogen ihre tibetische Tracht an und wünschten sich *tashi delek*.

Wir mussten jedes tibetische Haus im Umkreis besuchen, weil wir zum traditionellen *tsche-ma* (was Mehl heißt) eingeladen waren, bestehend aus Weizenkörnern, geröstetem Gerstenmehl und *chang*. Einige Familien brauten ihr eigenes Gerstenbier, doch die meisten nahmen mit gekauftem vorlieb. Es wurde gefeiert, getrunken, gesungen, Karten oder *sho* gespielt. Unsere Schweizer Freunde nahmen an den Mahlzeiten und Vergnügungen teil. Sie tauten auf in der Gesellschaft der zwanglosen, herzlichen Tibeter. Für Mr Phala und Lobsang bot sich in dieser Zeit eine Gelegenheit, sich die Sorgen und Nöte der tibetischen Familien aus erster Hand anzuhören.

Ich bewunderte die Geduld der Schweizer Bevölkerung. In der Anfangsphase des Wiederansiedlungsprogramms hatten viele Tibeter Heimweh und taten sich schwer, sich an die fremde Umgebung zu gewöhnen. Fast alle waren aus Sammellagern in Indien und Nepal in die Schweiz gekommen. Die meisten waren Bauern und Nomaden, die noch nie in einem richtigen Haus gelebt hatten. Die älteren Frauen weigerten sich, Kleider mit westlichem Zuschnitt anzuziehen, und trugen ihre langen, verschlissenen alten Kleider, die sie aus Indien mitgebracht hatten, auf. Sie waren entrüstet über die Zumutung, ihre Beine zu zeigen. Einige hoben die Kleiderspenden in Kartons auf, die sie nach Tibet mitnehmen wollten, wenn sie eines Tages in ihre Heimat zurückkehrten. Wir mussten ihnen einschärfen, häufiger zu baden, die Kleider zu wechseln und unbekannte Nahrungsmittel zu essen. Es galt, ihnen die Grundlagen der persönlichen Hygiene beizubringen. In jeder Kolonie gab es einen tibetischen Mittelsmann und einen Schweizer Ausländerbeauftragten, trotzdem war es schwer, mit den älteren Tibetern zu kommunizieren. Die Frauen weigerten sich, auch nur einen Schritt vor die Tür zu setzen, die fremde Sprache zu erlernen oder ihre alten Gewohnheiten abzulegen.

Das Schweizer Rote Kreuz hatte ein besonders heikles Problem mit einer tibetischen Familie, die in einem Dorf wohnte: Der Mann hatte zwei Frauen, die mit ihm unter einem Dach lebten. Als die Nachbarn darauf aufmerksam wurden, beschwerten sie sich beim Roten Kreuz. Der Mann war nicht bereit, sich von einer der beiden Frauen zu trennen oder scheiden zu lassen. Nicht einmal Frau Schwarzenbach gelang es, das Problem zu lösen, und die Nachbarn reagierten immer ungehaltener. Lobsang wurde gerufen und erklärte Frau Schwarzenbach nach einem Gespräch mit dem Mann, dass diese Ehe zu dritt sehr glücklich sei, da sich die Frauen gegenseitig respektierten und gute Freundinnen seien. Das Arrangement störe keine von beiden. Schließlich gebe es auch in der Schweiz Männer, die sich ohne Wissen der rechtmäßigen Ehefrau eine Geliebte hielten. Frau Schwarzenbach war sehr verständnisvoll, die Schweizer Dorfdelegation war jedoch nicht bereit, sich dieser Argumentation anzuschließen. Der Ehemann, der im Zwiespalt war, weil er sich der Ehefrau mit den älteren Rechten moralisch verpflichtet fühlte, aber seine zweite Ehefrau liebte, bat Lobsang zu entscheiden, welche von beiden er behalten solle. Am Ende wurde beschlossen, dass eine der beiden Frauen mit ihm zusammen und die andere getrennt von ihm wohnen sollte. Diese Lösung schien für alle annehmbar zu sein.

Wir besuchten auch die tibetischen Hausgemeinschaften im Pestalozzi Kinderdorf in Trogen, Appenzell. Die Kinder besuchten die lokalen Schulen, gemeinsam mit Kindern aus anderen Ländern und Kulturen, Mrs Tethong Rakra und Miss Sopal Tethong waren jedoch ausgezeichnete Hausmütter und sorgten dafür, dass diese Kinder Gelegenheit hatten, ihre tibetische Sprache, ihre Traditionen und ihren buddhistischen Glauben zu bewahren. Miss Tethong war unsere Hausmutter in der Mount Hermon School gewesen. Die Hauseltern im Kinderdorf wurden gründlich ausgebildet und mit der westlichen Kultur vertraut gemacht, bevor sie nach Europa kamen. Mr Rakra war ein *tulku*, ein buddhistischer Gelehrter, ein Künstler und für den Tibetisch-Unterricht und die religiöse Unterweisung der Kinder zuständig. Seine Frau Dolma-la war eine der Hausmütter. Mr Arthur Bill, der Leiter des Kinderdorfes, und Mrs Gyr, von den Tibetern liebevoll ›Mola‹ oder Großmutter genannt, hatten sehr viel Verständnis für ihre tibetischen Schützlinge und achteten darauf, dass sie ihre Identität bewahrten.

Etwa einhundertachtzig Waisenkinder wurden von Schweizer Familien adoptiert, doch zum Erstaunen einiger Adoptiveltern und der Kinder selbst nahmen plötzlich die leiblichen Eltern Kontakt zu ihnen auf. Sie hatten ihre Kinder als Waisen in das tibetische Kinderdorf in Dharamsala geschickt, in der Überzeugung, sie würden eine bessere Zukunft haben, wenn sie dort heranwuchsen. Es war ein Schock, als die Schweizer Adoptiveltern erfuhren, dass es noch leibliche Eltern in Indien oder Nepal gab. Manche hatten Angst, dass man sie zur Herausgabe ihres Sohnes oder ihrer Tochter zwingen könnte.

In einigen Fällen machten die adoptierten Kinder ihren neuen Familien Probleme. Einige stahlen oder hatten die Neigung, Spielzeug und Kleidung zu horten, während es anderen schwer fiel, sich mit ihren Schweizer Familien zu identifizieren. Eines dieser Mädchen sagte mir unlängst: »Ich kam in diese Schweizer Familie und wurde mit schönen Kleidern, Spielsachen, Essen und Dingen überhäuft, die ich nie zuvor in meinem Leben gesehen hatte. Ich hatte Angst, sie könnten eines Tages wieder verschwunden sein, deshalb versteckte ich sie. Ich versteckte auch die Spielsachen und Kleider, die den anderen Kindern in der Familie gehörten; ich wollte sie eines Tages nach Tibet mitnehmen und Kindern schenken, die solche schöne Dinge nicht hatten, aber meine Eltern schimpften und verstanden mich nicht.«

An einem Wochenende im Sommer besuchten wir ein Zeltlager für Kinder, die von Schweizer Familien adoptiert worden waren. Geshe Thupten Wangyal, für die religiöse Unterweisung und die Lagerleitung in einer der tibetischen Kolonien zuständig, hatte sich zur Aufgabe gemacht, den Kindern die tibetische Sprache, Kultur und buddhistische Religion nahe zu bringen. An dem Sommerlager nahmen ungefähr zwanzig Kinder aus verschiedenen Schweizer Regionen teil. Die Jungen und Mädchen, zwischen acht und vierzehn Jahre alt, sprachen Schweizerdeutsch untereinander und verhielten sich wie gebürtige Schweizer. Sie waren weniger schüchtern und gehemmt als die Kinder in den tibetischen Flüchtlingssiedlungen. Mr Phala und Lobsang spielten mit ihnen, es gab tibetische Mahlzeiten und einige Schweizer Familien leisteten uns bei dieser Gelegenheit Gesellschaft. Nicht alle Adoptivfamilien wollten, dass ihre Kinder Umgang mit Tibetern hatten.

Zu der Zeit lebten nur wenige tibetische Familien in Genf. Eine katholische Mission hatte einige junge Männer finanziell unterstützt, die in Genf studierten oder arbeiteten, und wir luden sie oft zu uns nach Hause ein. Sie genossen unsere heimischen Gerichte und die Möglichkeit, ihre Muttersprache zu sprechen.

Mr Tsang gehörte ebenfalls zu unseren Besuchern, ein höchst eigenwilliger Charakter. Er war Geschäftsmann und stammte aus einer bekannten Familie in Kham; er hatte sich Anfang der fünfziger Jahre in Hongkong niedergelassen und die britische Staatsbürgerschaft angenommen. Er galt als sehr wohlhabend und misstraute jedem. Unsere erste Begegnung war absonderlich. Es klingelte an unserer Haustür und auf der Schwelle stand ein kleiner älterer Mann in einem schäbigen Anzug. Als ich ihn einzutreten bat, rauschte er wortlos an mir vorbei ins Haus, ging ins Wohnzimmer, nahm eine Zeitung aus seiner abgenutzten Aktentasche und begann zu lesen. Eilends rief ich nach Lobsang, der im Schlafzimmer war. Als er das Wohnzimmer betrat, begrüßten sich die beiden nach allen Regeln der Kunst. Lobsang machte uns bekannt und Mr Tsang nickte mir zu. Mr Tsang kam gelegentlich auf einen Sprung vorbei, aber er war wortkarg und verabschiedete sich, sobald er seinen Tee getrunken hatte. Er wechselte kein einziges Wort mit den Kindern. Er tat mir Leid, weil er mir wie ein Mensch vorkam, den die Geister der Vergangenheit nicht losließen. Er war ständig auf Reisen und starb bei einem Autounfall. Die Polizei rief das Tibet Büro an und da Mr Phala mit ihm befreundet gewesen war, wurden die Mönche des Rikon-Klosters von ihm beauftragt, die Totengebete zu sprechen.

Im Lauf der Zeit erfuhr ich von mehreren Leuten, die in Genf lebten, dass ein großer Teil der einheimischen Bevölkerung den Zuzug der Ausländer insgeheim ablehnte. Einige Mitglieder des diplomatischen Korps waren sehr unhöflich und anmaßend. Sie missbrauchten ihre Privilegien und erweckten bei den Einheimischen den Eindruck, als könnten sie sich aufgrund ihrer üppigen Spesenkonten alles erlauben. Die französischsprachigen Schweizer waren außerdem sehr stolz auf ihre Sprache und es störte sie, dass diese ›Kosmopoliten‹ keinerlei Anstalten machten, sie zu erlernen. Die Ladeninhaber und Postangestellten sagten oft zu mir: »Da Sie in Genf leben, sollten Sie auch unsere Sprache beherrschen!« Ich beschloss, wieder die Schulbank zu drücken, um meine Französischkenntnisse aufzufrischen und mich heimischer zu fühlen.

Der Französischkurs an der Berlitz School machte mir Spaß, vor allem die Kaffeepause zwischen den Unterrichtsstunden. Hier bot sich mir die Gelegenheit, mich mit meinen Klassenkameradinnen auch über private Belange zu unterhalten. Das Gros der Kursteilnehmerinnen war noch sehr jung und stammte aus Skandinavien; die Mädchen waren als Haushaltshilfe ins Land gekommen, weil sie die Schweiz kennen lernen wollte. Ich gehörte zu den Älteren und freundete mich mit einer der älteren Frauen an, einer Jüdin aus Amerika mit zwei Töchtern, die in Israel lebten. Eine ihrer Töchter war Stewardess; da zu der Zeit viele Flugzeuge entführt wurden, war sie in ständiger Sorge um sie. In unsere Klasse ging auch ein russischer Diplomat, der still und aufmerksam war. Meine jüdische Freundin fasste auf Anhieb eine Abneigung gegen ihn. Als er erfuhr, dass ich aus Tibet stammte, war er sehr interessiert, sich mit mir zu unterhalten. Meine Freundin verstand nicht, wieso ich mit ihm redete, und riet mir ständig davon ab. Ich begriff nicht, wie Ausländer untereinander eine so starke Aversion entwickeln konnten.

Inzwischen hatten Lobsang und ich interessante Bekanntschaften geschlossen, zu der auch Nelly Kunzi gehörte, aus der eine gute Freundin wurde. Ein paar Tage nach unserer Ankunft in Genf überbrachte uns der Bote eines Blumenladens eine blühende Azalee mit einer Grußkarte. Wir wollten wissen, wer diese Person war und wie sie von unserer Ankunft erfahren hatte. Nach drei oder vier Tagen kam ein Telegramm, in dem sie ihren Besuch ankündigte. Ich kochte gerade Tee, als es klingelte, und vor uns stand eine Dame mittleren Alters mit kurzen schwarzen Haaren und blassem Teint. Nachdem wir Tee getrunken hatten, erzählte sie uns, dass sie eine Freundin von Mr Phala und Mr Samdup sei. Sie war fasziniert von Tibet, nachdem sie Lama Govinda und Heinrich Harrer gelesen hatte, und begeistert, als sie erfuhr, dass Harrer während seines Aufenthalts in Lhasa bei uns gewohnt hatte. Sie war eine stille, liebenswürdige Frau, die ausgezeichnet Englisch sprach und als Sekretärin bei einer Bank in Genf arbeitete.

228

Nellys Verhalten kam uns zunächst ziemlich seltsam vor. Lobsang und ich rauchten beide und als Lobsang ihr eine Zigarette anbot, nahm sie dankend an. Wir hatten den Eindruck, als schmecke sie ihr nicht und dass sie sonst nicht rauchte. Als Lobsang ihr sagte, sie dürfe die Zigarette getrost ausdrücken, schien sie erleichtert zu sein. Sie war ziemlich einsilbig und da wir sie nicht gut kannten, verlief die Unterhaltung schleppend. Danach kam Nelly jeden Donnerstag zu uns. Sie lebte allein, fühlte sich wohl in unserer Gesellschaft und liebte unsere Kinder. Zuerst wussten Lobsang und ich wenig mit ihr anzufangen, doch im Lauf der Zeit wurde Nelly Kunzi zur Tante Nelly für unsere Kinder und wir schlossen Freundschaft. Sie besuchte uns in Indien und Amerika und wir stehen bis zum heutigen Tag in Verbindung.

Lobsang und ich trafen viele wichtige Repräsentanten internationaler Organisationen und einer von ihnen, Prinz Sadruddin Agha Khan, damals Generalsekretär der UN-Flüchtlingskommission (UNHCR), war sehr freundlich. Er lud uns mehrmals in sein Schloss zum Dinner ein und einmal nahmen wir an einem Bankett teil, das er für Ihre Hoheit Prinzessin Shah von Nepal und ihren Gemahl Prinz Himalaya ausrichtete. Der Prinzessin wurde für ihr soziales Engagement in Nepal als Leiterin des Nepalesischen Roten Kreuzes eine Auszeichnung verliehen. Unser Freund Daryle Han, ein Neffe des ehemaligen Premierministers von Burma, U Nu, holte uns ab. Daryle arbeitete bei der UN-Flüchtlingskommission. Ich nahm zum ersten Mal an einem offiziellen Bankett teil, zu dem viele hoch gestellte Persönlichkeiten geladen waren, und war entsprechend nervös. Den weitläufigen Bankettsaal zu betreten und mich unter die illustren Gäste in langen Abendroben und Anzug mit schwarzer Krawatte zu mischen erinnerte mich an einen Hollywood-Film. Man sah beleibte Matronen in fließenden Gewändern und jüngere gertenschlanke Frauen in gewagten Kreationen, die jede Rundung ihres Körpers enthüllten. Alle waren mit fabelhaftem Glitzerschmuck behängt, wie Weihnachtsbäume. Die distinguierten Herren trugen formale Abendkleidung und als ein Butler im wei-ßen Smoking mit rundem, schweißglänzenden Gesicht ein Tablett mit Getränken herumreichte, nahm ich eines der langstieligen Gläser. Ich wusste nicht, was es enthielt, aber das Glas gefiel mir. Ich weiß bis heute nicht, was darin gewesen ist, ich fühlte mich jedoch hinterher ein wenig beschwipst. Der Saal füllte sich mit immer neuen Gästen. Daryle verschwand in der Menge, Lobsang war in ein Gespräch mit einem Gast vertieft und ich suchte verzwei-felt nach einem bekannten Gesicht.

Das Dinner war eine zwanglose Sache: Man bedien-te sich am Büfett, einer langen Tafel, die sich unter den Speisen bog, und suchte sich dann einen Platz an einem der zahlreichen runden Tische. Lobsang wurde von der Gastgeberin mit Beschlag belegt, Prinz Sadruddins Beglei-terin, und als ich das vertraute Gesicht von Mrs Krishnan entdeckte, der Frau des indischen UNO-Botschafters, ging ich zu ihr und nahm neben ihr Platz. Auf der gegen-überliegenden Seite saß die Frau des Genfer Polizeichefs. Plötzlich merkte ich, dass ich die einzige Frau war, die zwischen zwei Frauen Platz genommen hatte: sonst saßen immer ein Mann und eine Frau nebeneinander. Mein

Fauxpas war mir so peinlich, dass ich das Ende des Dinners kaum erwarten konnte.

Ein weiteres komisches Erlebnis hatte ich bei einem anderen offiziellen Abendessen im eleganten Domizil von Graf und Gräfin d'Escayrac. Der Graf war Franzose und seine Frau Schweizerin, glaube ich. Nachdem der Aperitif in der erlesen eingerichteten Eingangshalle gereicht worden war, begab sich die Gesellschaft nach draußen, wo das Essen von zwei Bediensteten in langen weißen Jacketts auf dem Rasen serviert wurde. Es war ein Abendessen in kleinem Kreis, an dem auch ein ehemaliger japanischer Botschafter in Großbritannien teilnahm. Als der Hauptgang kam, sah ich, dass die anderen Gäste ihre Gabel in eine Zitronenscheibe bohrten und den Saft auf den Fisch träufelte, deshalb tat ich es ihnen nach. Ich hatte noch nie Fisch gegessen, der auf diese Weise zubereitet war, und zu meiner Schande rutschte mir die Zitrone aus den Fingern und landete auf dem Teller meines Tischnachbarn, des ehrenwerten japanischen Gentleman. Am liebsten hätte ich mich in ein Mauseloch verkrochen. Zum Glück begann es zu nieseln und die Gastgeberin schlug vor, sich ins Haus zu begeben.

Solche steifen, formalen Dinnerpartys waren für mich kein Vergnügen, weil mich die Menge Besteck auf dem Tisch verwirrte und ich nie wusste, welche Gabel wann benutzt wurde und wie man dieses oder jenes Gericht aß. Manchmal befand sich mehr Besteck als Essen auf dem Tisch. Für Leute wie mich, die nicht an so förmliche gesellschaftliche Anlässe gewöhnt waren, wurde die Freude am Essen durch die Sorge um die Etikette getrübt.

Als Tenzin zwei Jahre alt wurde, meldeten wir die Kinder in einer Tagesstätte an. Morgens kam ein Minibus, um sie abzuholen. Ich kann nicht sagen, wer am ersten Tag aufgeregter war, die Kinder oder ich. Ich machte an diesem Tag früher als sonst Feierabend und erst als ich feststellte, dass die Kinder sich wohl gefühlt hatten und gerne in die Tagesstätte gingen, wurde mir bewusst, dass meine Sorge reine Energieverschwendung gewesen war. Die Kinder waren inzwischen an so viele Veränderungen gewöhnt, dass sie sich problemlos in eine neue Umgebung einfügten.

La Ronde war eine kleine Tagesstätte unter der Leitung einer Schweizerin; sie war mit einem Engländer verheiratet, der für eine der vielen internationalen Organisationen in Genf arbeitete. Es gab dort zwanzig bis dreißig Kinder, von denen die älteren eine reguläre Vorschule besuchten. Chuki und Tenzin lernten sehr schnell Französisch und unterhielten sich in dieser Sprache, was sehr komisch war, denn wenn sie sich stritten, verstanden wir kein Wort. Wir sprachen Tibetisch mit ihnen, unsere Freunde Englisch und in La Ronde wurde überwiegend Französisch gesprochen. Sie wuchsen dreisprachig auf.

Das Tibet Büro musste oft an Konferenzen mit dem Schweizer Roten Kreuz, dem International Council for Voluntary Agencies und der Hohen Flüchtlingskommission der UN teilnehmen, wenn es um Ansiedlungs- und Entwicklungsprojekte für tibetische Flüchtlinge ging. Die westlichen Nationen brachten den Tibetern viel Interesse und Hilfsbereitschaft entgegen. Wenn wir mit Vertretern der internationalen Organisationen oder Journalisten über unsere Sorgen und Probleme sprachen, bekamen wir zu hören: »Wir haben großes Verständnis für die tibetische Sache!« Zumeist waren das jedoch nichts als leere Worte, deren ich langsam überdrüssig wurde. Einige der Journalisten kannten wir recht gut. Wenn wir sie baten, über die Geschichte Tibets zu schreiben, erwiderten sie, sie würden keine Visa für China bekommen, wenn sie unserem Wunsch entsprächen.

Wir hatten auch einige seltsame Besucher im Tibet Büro, zum Glück nur wenige. Ich erinnere mich an einen Amerikaner, der angeblich mit einer europäischen Baroness verheiratet war. Er hatte eine nicht näher erläuterte Idee, wie man die Tibeter unterstützen könne. Er machte telefonisch einen Gesprächstermin mit Mr Phala und Lobsang aus. Bei dem Treffen stellte sich heraus, dass seine Pläne so unrealistisch, verstiegen und kostspielig waren, dass man ihn alsbald hinauskomplimentierte. Später mussten wir feststellen, dass er abgereist war und das Hotel angewiesen hatte, seine Rechnung an das Tibet Büro zu schicken. Da wir aus einem Land stammten, das großen Wert auf Gastfreundschaft legt, mussten wir erst lernen, dass nicht alle Gäste in Freundschaft kamen.

Während unseres Aufenthalts in der Schweiz kam meine Schwiegermutter zu uns. Sie war eine wunderbare, liebevolle Hausgenossin. Sie wohnte fast ein Jahr bei uns. Lobsang und ich wollten nicht, dass sie irgendetwas im Haushalt machte, da sie nicht mehr die Jüngste war; sie sollte ihren Urlaub genießen. Wenn sie in der Küche helfen oder im Wohnzimmer Staub wischen wollte, schalt Lobsang sie. Eines Tages sah ich, dass sie in ihrem Zimmer saß und ihre Kleider umsäumte. Auf die Frage, was sie da mache, erwiderte sie: »Ich darf doch sonst keinen Handschlag tun. Soll ich mich hinsetzen und auf den Tod warten?« Da verstand ich, wie sie sich fühlte, und wir ließen sie gewähren. Sie begann zu backen und zu kochen und übernahm das Sauberkeitstraining bei Tenzin. Sie blühte regelrecht auf. Ich hatte anfangs ein schlechtes Gewissen, dass ich Gyalyum Chenmo, die Große Mutter Seiner Heiligkeit des Dalai Lama, beim Zubereiten unserer Mahlzeiten einspannte. Das hatte es in unserer Kultur noch nie gegeben. Ich sah jedoch, dass sie am glücklichsten war, wenn sie Mutter sein und in der Küche herumwerkeln durfte.

Da inzwischen viele Tibeter in der Schweiz und in anderen Ländern Europas lebten, wurde ein religiöses Zentrum gebraucht und so entstand das buddhistische Kloster in Rikon. Wir nahmen an der Zeremonie der Grundsteinlegung teil, ein feierlicher Anlass, zu dem Tibeter aus allen Teilen der Schweiz anreisten. Darunter waren auch einige Mönche und es war ein seltsamer Anblick, wie sie in ihren maronenfarbenen Roben und gelben Hemden in den Schweizer Bergen auf Schweizer Alphörnern bliesen. Die bunten Gebetsfahnen zwischen den Baumwipfeln flatterten im Wind, der Himmel war wolkenlos und der Duft von brennendem Räucherwerk erfüllte die Luft. Meine Gedanken kehrten zu den erschöpften tibetischen Flüchtlingen in Indien zurück, in ihren von der Sonne aufgeheizten, zerlumpten, staubbedeckten Kleidern und zu den halb verhungerten Säuglingen, die an den leeren Brüsten ihrer Mütter saugten.

Dieselben Menschen nun hier zu sehen an diesem Festtag erschien mir wie ein Traum. Sie sahen gut situiert und gesund aus, viele waren sogar dick und gemästet. Die Frauen trugen ihre tibetische Tracht, aus Seide mit bunten Schürzen. Sie hatten genug Geld verdient, um in Indien und Nepal Schmuck nach traditionellen Entwürfen anfertigen zu lassen. Die Kinder machten einen robusten und glücklichen Eindruck. Einige hatten Schweizer Bürger geheiratet und die kleinen Mischlingskinder wurden von den Tibetern bewundert und bestaunt. Es gab nur wenige missbilligende Blicke von älteren Tibetern, die der Meinung waren, nach dem Völkermord an unseren Landsleuten in Tibet sei die Reinerhaltung unserer Rasse geboten.

Das Rikon-Kloster wurde zu einer tibetischen Begegnungsstätte und einem Ort, an dem jedermann die Lehren des Buddhismus studieren konnte. Es befand sich auf dem Gipfel eines Hügels zwischen Kiefernwäldern und Wildblumen. Am Fuße des Hügels befand sich die größte tibetische Flüchtlingssiedlung der Schweiz. Die Familien waren in Wohnungen untergebracht, die von den Besitzern der Metallwarenfabrik AG in Rikon für ihre Arbeiter errichtet worden waren. Sie übereigneten dem Kloster auch das Land und unterstützten es mit Spendenaktionen.

Während meines Aufenthalts in Genf lernte ich Gerichte kennen, von denen ich nicht einmal geträumt hätte. Eines Tages speisten wir in einem kleinen Lokal und unser Gastgeber hatte Fleisch bestellt, das nach Huhn schmeckte, gut gewürzt und in Butter gegart. Es war vorzüglich und erst auf dem Heimweg eröffnete mir Lobsang, dass wir Froschschenkel gegessen hatten. Ich kostete auch zum ersten Mal in meinem Leben Austern. In unserem Supermarkt gegenüber gab es Pferdefleisch und Kaninchen, aber auf beides konnte ich verzichten. Jemand erzählte mir, dass die kräftig gewürzte Salami, die wir gerne aßen, aus Eselsfleisch sei, ich fand jedoch nie heraus, ob das stimmte. Für die Tibeter wäre es ekelhaft gewesen, Pferdefleisch und Schnecken wie die Europäer zu essen, andrerseits gab es auch nicht viele Europäer, die Yakfleisch angerührt hätten.

Ich wollte unbedingt Käsefondue, ein Schweizer Nationalgericht, probieren. Lobsang fand heraus, dass es in der Nähe des Tibet Büros ein sehr gutes kleines Lokal gab, das für diese Spezialität bekannt war. Eines Tages gingen wir dorthin. Wir wussten allerdings nicht, dass die heiße Käsesoße, in die wir die Brotstücke tunkten, mit Weißwein zubereitet war. Der Ober hatte außerdem vorgeschlagen, eine Flasche Weißwein zum Essen zu trinken. Das Fondue schmeckte köstlich und als wir mit allem fertig waren, war es mir unmöglich, mich vom Tisch zu erheben. Lobsang musste unsere Buchhalterin anrufen und sie bitten, bis zu unserer Rückkehr allein die Stellung zu halten. Ich trank einen doppelten Espresso und nach einer kurzen Ruhepause gelang es mir dann, zu Fuß ins Büro zurückzugehen.

Bald darauf reiste meine Schwiegermutter ab, um ihren ältesten Sohn Thubten Jigme Norbu und seine Familie in Amerika zu besuchen. Schweren Herzens nahmen wir Abschied. In der ganzen Zeit, die sie bei uns verbrachte, hatte ich nicht ein einziges Mal erlebt, dass sie die Geduld verlor oder auch nur ein einziges harsches Wort über ihre Lippen kam. Sie war ein warmherziger Mensch, der so viel Güte und Liebe ausstrahlte, dass sogar unsere Nachbarn traurig waren, als sie abreiste. Meine Schwester hatte in diesem Sommer ihre Semesterferien bei uns verbracht, um unsere Kinder zu betreuen, und da sie ebenfalls zurückmusste, bat Gyalyum Norzin, sie auf dem Rückflug nach New York zu begleiten. Tenzin und Chuki vermissten Gyalyum sehr und Lobsang und mir kam das Haus nach ihrer Abreise leer vor.

Unterwegs

Im August 1967 waren 378 Tibeter im Rahmen des Wiederansiedlungsprojekts in die Schweiz gekommen. Jedes Jahr trafen ungefähr fünfzig neue Flüchtlinge ein und das Tibet Büro erhielt zusätzlich die Aufgabe, sich auch um die Belange der Tibeter zu kümmern, die in anderen Teilen Europas Zuflucht fanden.

Im Pestalozzi Kinderdorf in Wahlwies, Deutschland, lebten ebenfalls tibetische Kinder und Jugendliche, die von einer tibetischen Hausmutter und einer Assistentin betreut wurden. Sie erhielten nicht nur eine moderne Ausbildung in den Schulen vor Ort, sondern auch Unterricht in tibetischer Sprache, Geschichte und Buddhismus. In Deutschland lebten außerdem sieben junge Lamas, die an Universitäten studierten oder Tibetisch und Buddhismus unterrichteten.

Das Pestalozzi Kinderdorf in Sedlescombe, England, hatte zwanzig tibetische Jungen und Mädchen aufgenommen, mit einer tibetischen Hausmutter, einer Assistentin und einem buddhistischen Lehrer. Auch in London und im Umkreis wohnten Tibeter, die in der Metropole studierten oder eine Berufsausbildung machten, und in Schottland wurden vier junge Mädchen zu Schwesternhelferinnen ausgebildet. Zwanzig tibetische Jungen und

Mädchen waren in einer ländlichen Region Frankreichs untergebracht, wo sie lokale Schulen besuchten und, mit finanzieller Unterstützung der französischen Regierung, in einem Internat wohnen konnten. Einige Tibeter studierten, lehrten oder arbeiteten an Forschungsprojekten in Paris.

In Norwegen wurden dreiundvierzig junge Männer zum Landwirt, Automechaniker, Schmied oder einem anderen Beruf ausgebildet. Prinz Peter von Griechenland und Dänemark – ein Tibetologe, der in Kalimpong gelebt hatte –, setzte sich dafür ein, dass mehrere junge Tibeter auch in Dänemark einen Beruf erlernen konnten. Schweden nahm zweiundvierzig junge Mädchen auf, von denen heute einige in tibetischen Gemeinden als Kindergärtnerin tätig sind oder bei unseren Gesundheitsprogrammen mitarbeiten. Auch in Holland, Belgien und Italien fand eine Reihe junger Tibeter einen Studien- oder Ausbildungsplatz.

Im Sommer 1968 wurde Lobsang gebeten, die verschiedenen Projekte in Augenschein zu nehmen und den jungen Tibetern in Frankreich und England zu helfen; die Kinder und ich konnten ihn begleiten. Zuerst flogen wir nach Paris, wo uns Thupten-la, der Assistent von Dagpo Rinpoche, in Empfang nahm. Dagpo Rinpoche unterrichtete an einer Pariser Universität und war als *tulku* und Gelehrter sehr gefragt bei allen, die sich für den Buddhismus und Tibet interessierten. Der Rinpoche war nicht da, als wir in Paris landeten, aber Thupten-la half uns, eine Unterkunft zu finden und zeigte uns anschließend die Sehenswürdigkeiten der Stadt. Wir quartierten uns in einem kleinen Hotel ein, Soleil genannt, was Sonne bedeutet; ironischerweise handelte es sich um ein trübseliges, heruntergekommenes Etablissement. Das Zimmer war billig und nicht sehr sauber, doch da es sich nur um zwei Übernachtungen handelte, nahmen wir damit vorlieb. Erst nach unserer Abreise aus Paris stellte ich fest, dass man uns bestohlen hatte. In unserer Unerfahrenheit hatten wir am falschen Ende gespart und letztlich mehr bezahlt, als wenn wir gleich in ein besseres Hotel gegangen wären.

Thupten-la trug ein Nylon-Jackett und einen Schlapphut trotz der Sommerhitze in Paris und Lobsangs wiederholter Aufforderung, beides abzulegen. Schweißgebadet zeigte er uns den Eiffelturm, den Arc de Triomphe und eine Reihe touristischer Sehenswürdigkeiten in der Stadt. Ich war hingerissen von Sacré Cœur, aber enttäuscht, wie verwahrlost das Viertel rings um die strahlend weiße Basilika wirkte. Überall waren Touristen; und Straßenkünstler und grell aufgemachte Prostituierte priesen ihre Ware an. Der Louvre war beeindruckend und wir schlenderten stundenlang durch die Säle, betrachteten ehrfürchtig die Meisterwerke, die in diesem an Kunstschätzen reichen Museum in Hülle und Fülle vorhanden waren. Es war ein Erlebnis, das sich gelohnt hatte, trotz Erschöpfung und schmerzender Füße. Chuki und Tenzin waren sehr brav, aber völlig erledigt, bevor wir alles besichtigt hatten, was geplant war.

Thupten-la war so freundlich, bei den Kindern zu bleiben, als Lobsang mir unbedingt das Pariser Nachtleben zeigen wollte, da er meinte: »Du mit deinem behüteten Leben! Du hast nichts von der Welt gesehen. Es wird höchste Zeit, das nachzuholen!« In den Folies Bergères sahen wir uns eine fantastische Show an, in der die Schönheit des menschlichen Körpers zur Schau gestellt wurde, nackt oder in glitzernden Kostümen. Der *Cancan* und *soirée au bal* waren spektakulär. Lobsang bestand darauf, ich müsse noch eine andere Seite des Pariser Nachtlebens kennen lernen, die sehr beliebt sei. Wir gingen zu Fuß zu einem Lokal, wo wir mit zahlreichen anderen Touristen Schlange standen und dem Gewirr von Sprachen lauschten, das uns umgab. Nachdem wir den unverschämt hohen Eintrittspreis bezahlt hatten, wurden wir endlich in einen dunklen Raum eingelassen. Als die Show begann, tanzten ein paar klapperdürre junge Mädchen mit gelangweilter Miene, die kaum einen Fetzen am Leibe, dafür aber umso mehr Make-up trugen, auf einer erhöhten Plattform in der Mitte des Raumes. Andere leicht bekleidete und grell geschminkte Mädchen schlängelten sich durch die Tischreihen, schenkten Champagner ein und taten ihr Bestes, um die Gäste zu animieren. Ein gut gekleideter, sinnlos betrunkener alter Mann versuchte, nach den halb nackten Tänzerinnen zu grapschen, was ich schockierend fand. Der Geruch nach abgestandenem Champagner und der Qualm der Zigaretten benebelte unsere Sinne. Ich amüsierte mich nicht, sondern war bedrückt: Ich kam mir vor wie ein Voyeur, der einen Blick auf eine Parade menschlicher Gier, Schwäche und Selbstzerstörung erhascht. Die Erfahrung stieß mich ab, wenn ich ehrlich sein soll. Die Stadt war überwältigend, sowohl in ihrer Schönheit als auch in ihrer Hässlichkeit, mit ihren Licht- und Schattenseiten.

Ein paar Tage später hatten wir unseren ersten offiziellen Besichtigungstermin in einer Schule auf dem Lande, in Bleneau. Es war eine öffentliche Schule für die Kinder aus den umliegenden Dörfern, aber die tibetischen Kinder und Jugendlichen waren die Einzigen, die im angeschlossenen Internat wohnten. Das Schulhaus war alt und heruntergekommen, die Rektorin eine einfache, wortkarge Frau, deren Mann den einzigen Bus fuhr, der im Dorf verkehrte. Das tibetische Ehepaar Mr und Mrs Norgay hatte die Betreuung der jungen Tibeter übernommen. Bei unserem Treffen hörten wir zu unserer großen Enttäuschung, wie unzufrieden sie mit der Schule waren. Sie fürchteten, ihre Schützlinge würden in einem so abgelegenen Dorf keine angemessene Schulbildung erhalten. Dazu kam, dass der Kontakt zu anderen Tibetern durch die geografische Lage unmöglich war.

Während der zwei Tage, die wir in Bleneau verbrachten, versuchten wir, uns einen Überblick über die Situation zu verschaffen. Wir sprachen mit den Schülern über ihre beruflichen Pläne und ihre allgemeinen Ziele im Leben. Die meisten waren unschlüssig und unsicher, was ihre Identität und Zukunft betraf. Wir hatten kein gutes Gefühl und bevor wir Bleneau verließen, versprach Lobsang, sich mit der französischen Regierung in Verbindung zu setzen, um eine Verlegung der Schüler in eine größere Stadt zu erreichen, nach Möglichkeit in eine Ortschaft, die einen engeren Kontakt zu anderen Tibetern ermöglichte. Ich war traurig, dass wir die kleine Gruppe in dem abgeschiedenen Dorf zurücklassen mussten.

Unsere nächste Etappe war England. In London hatten

wir einen sehr netten Taxifahrer, der darauf bestand, uns die Stadt zu zeigen, als er hörte, dass dies mein erster Aufenthalt in England war. Er berechnete uns nur den halben Fahrpreis und schenkte mir damit einen sehr erfreulichen ersten Eindruck seiner Heimat. Kurz darauf wurden wir in einem Hotel sehr rüde abgewiesen.

Nachdem wir eine Nacht in London verbracht hatten, fuhren wir mit dem Zug nach Battle und von dort mit einem Leihwagen zum Kinderheim in Sedlescombe. Erfreulicherweise war die Situation hier ganz anders als in Frankreich. Die jungen Tibeter, die in einem großen schönen Haus mit einem herrlichen Garten lebten, waren offen, fröhlich und sprachen sehr gut Englisch. Sie strahlten geradezu. Viele arbeiteten nebenher als Aushilfen in landwirtschaftlichen Betrieben, bei Bauprojekten oder anderen Jobs, um ihr Taschengeld aufzubessern. Wir wurden im Gästezimmer des Wohnheimes untergebracht und konnten dadurch mehr Zeit mit den jungen Tibetern verbringen. Chuki und Tenzin wurden mit großer Aufmerksamkeit bedacht, was ihnen natürlich sehr behagte.

Lobsang setzte sich mit dem Leiter des Kinderdorfes zusammen, um die Möglichkeit zu besprechen, weitere Heime für tibetische Kinder zu errichten. Er hatte das Gefühl, dass sie hier mehr Kontakt zur Außenwelt hatten, eine breiter gefächerte Ausbildung erhielten und die Unterstützung tüchtiger, engagierter Pflegeeltern gewährleistet war, Mr und Mrs Dupok. Sie sorgten außerdem dafür, dass die Kinder ihre tibetischen Traditionen und ihre Muttersprache bewahrten und in den buddhistischen Lehren unterwiesen wurden.

244

Nicht weit vom Pestalozzi Dorf lebte eine englische Familie namens Tomsett, die einmal im Jahr tibetische Schüler am Nachmittag zu sich nach Hause einlud, zu einem Picknick. Da es sich traf, dass wir uns zu dieser Zeit in Sedlescombe aufhielten, wurden auch wir eingeladen. Die Tomsetts bewohnten ein herrliches, dreihundert Jahre altes Haus mit einem weitläufigen Garten. Die Kinder tobten ausgelassen im Swimmingpool, während die Erwachsenen auf dem Rasen unter Apfelbäumen saßen, Tee tranken und sich über Tibet unterhielten. Mr Tomsett hatte Darjeeling, Kalimpong und Sikkim bereist. Er kannte sogar das Haus meiner Eltern in Kalimpong, in dem früher einer seiner englischen Freunde gewohnt hatte!

Als Nächstes stand Edinburgh auf unserem Programm. Die Tochter der Dupoks, eine Krankenschwester namens Namgyal-la, machte den Vorschlag, wir sollten doch allein fahren, und erbot sich, in der Zeit die Kinder zu betreuen. Ich wusste, dass sich Chuki und Tenzin in den besten Händen befanden, bei dem Gedanken, zum ersten Mal eine Nacht ohne sie zu verbringen, war mir dennoch ein wenig mulmig.

Wir landeten auf einem kleinen Flughafen inmitten der grünen, sanften Hügel von Edinburgh. Das kleine schottische Hotel, in dem wir uns einmieteten, schien ein beliebter Treffpunkt der Einheimischen zu sein. Sobald wir ausgepackt hatten, riefen wir die vier tibetischen jungen Mädchen in der Klinik an, in der sie ihre Ausbildung machten, und vereinbarten ein Treffen für den nächsten Tag. Später, am Nachmittag, machten wir mit dem Bus

eine Rundfahrt durch die schöne, blitzsaubere Stadt und
aßen anschließend in einem chinesischen Restaurant zu
Abend. Bei unserer Rückkehr ins Hotel beschlossen wir,
noch einen Schlummertrunk an der Bar zu nehmen. Wir
entdeckten nicht nur, dass wir die einzigen Ausländer
waren, die in dem Hotel wohnten, sondern dass ich auch
die einzige Frau in der Bar war, in der dichtes Gedränge
herrschte. Als wir den Raum betraten, erregten wir ziem-
liches Aufsehen bei den Schotten, von denen viele Kilts
trugen und einen Dialekt sprachen, den wir kaum verstanden. Nachdem es ihnen einen Moment lang die Sprache verschlagen hatte, sprachen uns einige der Einheimischen an und wollten wissen, woher wir kämen. Sie
waren außerordentlich interessiert, vor allem als sie hörten, dass wir ebenfalls aus einem Bergland stammten.
Nachdem alle Fragen ausreichend beantwortet waren,
brachten sie so manchen Toast auf uns aus. Wir stellten
fest, dass die Schotten sehr warmherzig und freundlich
waren.

Am nächsten Morgen kamen die Mädchen zu uns ins
Hotel und wir verbrachten den ganzen Tag mit ihnen. Sie
zeigten uns die herrlichen Gärten und Parks von Edinburgh. Obwohl sie sich sehr wohl in der Stadt fühlten,
vermissten sie ihre Familien in Indien.

Wir verließen das saubere, friedliche und schöne Edinburgh, um in das quirlige London zu fliegen. Dort besuchten wir tibetische Freunde und Mitglieder der Tibet
Gesellschaft, eine der ältesten Organisationen, die sich
um tibetische Flüchtlinge kümmerte. Wir setzten uns
auch mit Trungpa Rinpoche in Verbindung, der sich

damals in London aufhielt, und lernten Mr Marco Pallis und seinen Freund Mr Nicholson kennen, der nach Tibet gereist war und das Haus meiner Familie in Lhasa besucht hatte. Mittagessen, Verabredungen zum Tee und Arbeitsbesprechungen folgten. Es gelang uns sogar, Zeit für Besichtigungen abzuzweigen, obwohl zweieinhalb Tage bei weitem nicht ausreichten, um alle Monumente und Museen in dieser historischen Stadt zu besuchen. Wir verbrachten außerdem unvergessliche Stunden mit Mrs Margaret Williamson in Fifield. Sie hatte Lobsang eingeladen, sich aus ihrer Foto- und Filmsammlung das eine oder andere Geschenk für den Dalai Lama auszusuchen. Ihr verstorbener Mann, Claude Williamson, war Verwaltungsbeamter in Sikkim, Britisch-Indien, gewesen und hatte Tibet mehrmals bereist. Er starb bei seinem letzten Besuch in Lhasa. Mrs Williamson liebte Tibet und die Tibeter. Sie war ziemlich betagt, aber sehr rüstig. Die hoch gewachsene schlanke Frau mit dem kastanienbraunen, von weißen Strähnen durchzogenen Haar versah ihren Haushalt ganz allein. Zuerst erschien sie mir sehr herb, bei näherem Kennenlernen entpuppte sie sich jedoch als fröhlicher, herzlicher Mensch. Sie lebte allein in einem hübschen kleinen Cottage, ringsum von hohen Blumen umgeben. Beim Betreten des Hauses fühlte man sich auf Anhieb nach Tibet zurückversetzt. An den Wänden hingen *thangkas* und Fotos von Tibet. Tibetische Teppiche lagen auf dem Fußboden und überall im ganzen Haus standen tibetische Tassen, Töpfe, Kästchen, Teeständer aus Holz, Silber und Kupfer. Sie besaß auch eine wunderschöne silberne Teekanne, ein Geschenk des

Dreizehnten Dalai Lama an ihren verstorbenen Mann. Ein großes gerahmtes Foto von Seiner Heiligkeit hing im Wohnzimmer.

Mrs Williamson hatte einen köstlichen Imbiss aus Melone, Käse, Kuchen und Obst vorbereitet; danach tranken wir Tee. Ich half ihr beim Abwasch und dann saßen wir bis Mitternacht zusammen und schauten Fotos und Filme von Tibet an. Auf einem der Filme war mein Vater zu sehen, als er dreizehn Jahre alt war. Mrs Williamson war hocherfreut, als sie erfuhr, dass ich aus der Familie Tsarong stammte, weil sie viele meiner Angehörigen in Lhasa kennen gelernt hatte.

Sie versprach, Kopien von sämtlichen Filmen an Seine Heiligkeit zu schicken, und schenkte uns Fotos, darunter einige von meiner Familie. Uns war sehr traurig und wehmütig zumute, als wir über die gegenwärtige Situation in Tibet sprachen. Als wir am nächsten Morgen aufbrachen, war es, als nähmen wir Abschied von einer guten alten Freundin der Familie und einer Frau, die Tibet liebte.

Erinnerungswürdig war auch der Besuch bei Sir Olaf Caroe. Zu Beginn des Jahrhunderts war er Generalgouverneur im Nordwesten von Britisch-Indien gewesen. Später arbeitete er bei tibetischen Flüchtlingsprojekten mit. Als wir ihn besuchten, war er schon ziemlich alt. Er war Witwer und seine Haushälterin Ann bereitete eine köstliche Mahlzeit für uns zu. Wir verbrachten einen wunderbaren Nachmittag mit Gesprächen über Tibet. Sir Olaf zeigte uns das Schlafzimmer seiner verstorbenen Frau; ihr Nachthemd war auf dem Bett ausgebreitet und man spürte noch immer ihre Anwesenheit in dem Raum. Man hatte den Eindruck, als sei sie nur kurz aus dem Haus gegangen, um Besorgungen zu machen. Sir Olaf war sehr vital, aktiv und hervorragend informiert über die aktuelle Situation in Tibet.

Als wir nach Sedlescombe zurückkehrten, um die Kinder abzuholen, verbrachten wir einen weiteren Abend mit den tibetischen Schülern und den Betreuern. Einige tibetische Studenten waren aus London zu Besuch in das Kinderdorf gekommen, unter anderem J. T. Surkhang, ein alter Freund von Lobsang und mir. Wir blieben bis zwei Uhr morgens auf und unterhielten uns über Tibet. Manchmal waren wir so wütend und traurig, dass uns die Tränen kamen. Mrs Dupoks *chang* gelang es gleichwohl, uns aufzuheitern. Bald mussten wir den Tibetern im Pestalozzi Kinderdorf Lebewohl sagen und Lobsang sprach noch einmal mit dem Leiter über die Möglichkeit, Heime für tibetische Kinder in Indien und Nepal zu errichten.

Wieder in Genf kehrte ich zu Haushalt, Büroarbeit und meinen Pflichten als Gastgeberin zurück. Lobsang und ich hatten viele Freunde aus aller Welt, die sich für Tibet interessierten, und daher oft Gäste. Ihnen gefiel die zwanglose Atmosphäre, die bei uns herrschte. Bei einem kleinen Imbiss, der aus *momos*, einer Schüssel Salat und Rotwein bestand, legten auch die eher Zurückhaltenden ihr förmliches Benehmen ab, entspannten sich, debattierten, lachten und amüsierten sich prächtig. Chuki und Tenzin waren sehr brav bei solchen Anlässen. Sie hatten vorher gebadet, gegessen und spielten leise in ihren Zimmern, spähten nur hin und wieder zur Tür herein.

Manchmal fragte ich mich, wie ich Haushalt, Büro und Gäste unter einen Hut brachte. Zum Glück war Lobsang ein wundervoller Partner. Vor einer Abendeinladung machte er frühzeitig Feierabend und ging mir zur Hand. Ohne meinen Mann, der nichts dabei fand, eine Schürze umzubinden, zu kochen oder mir bei der Wäsche zu helfen, wäre ich ein Nervenbündel gewesen.

Die tibetischen Angelegenheiten schienen gut zu laufen, als uns zu Ohren kam, dass die Schweizer Öffentlichkeit es zunehmend Leid war, dass ihre Steuergelder für die Unterstützung der Flüchtlinge verwendet wurden. Zeitungsfotos und Fernsehberichte zeigten keine armen und bedürftigen, sondern gut gekleidete und wohlgenährte Tibeter, die Asyl in der Schweiz suchten. Das Schweizer Rote Kreuz erhielt zahlreiche Beschwerdebriefe aus der Bevölkerung über den Zuzug solcher ›Wirtschaftsflüchtlinge‹ auf Kosten der Steuerzahler. Nach mehreren Besprechungen in der Zentrale in Bern bat das Rote Kreuz Lobsang, nach Indien und Nepal zu reisen und die Tibeter auszuwählen, die wirklich der Hilfe bedurften. Lobsang erhielt einen Ausweis des Schweizer Roten Kreuzes und brach zu seiner Mission nach Indien auf. Dort besuchte er mit einem Vertreter des tibetischen Innenministeriums die Durchgangslager. Die Lagerinsassen wurden gebeten, selbst zu entscheiden, wer am dringendsten Hilfe brauchte. Das war nicht leicht, doch sie fanden gemeinsam zu einer Einigung.

Die in ganz Europa und England verstreuten Tibeter unter einen Hut zu bringen war schwierig, aber es gelang uns, mehrmals ein Treffen zu organisieren. Die jungen

Tibeter aus den Pestalozzi Kinderdörfern in England und Deutschland und die Schüler und Studenten aus Frankreich verbrachten im Sommer eine Woche im Pestalozzi Kinderdorf Trogen in der Schweiz. Wir hielten eine traditionelle Begrüßungszeremonie ab, bei der tibetische Volkstänze, Lieder und Theaterstücke aufgeführt wurden. Es war sehr freundlich, dass sich das Schweizer Kinderdorf erbot, die Rolle des Gastgebers zu übernehmen. Mr Phala, Lobsang und ich waren sehr glücklich, dass diese jungen Tibeter gerüstet waren, sich mit ihren im Ausland erworbenen Kenntnissen und Erfahrungen in der Welt zu behaupten. Die meisten Kinder hatten in Indien und Nepal Verwandte und es würde schwer für sie werden, sich dort wieder einzugewöhnen, aber wir waren stolz auf unsere junge, fortschrittliche Generation. Etliche blieben in Europa. Die wenigen, die nach Indien zurückkehrten, arbeiteten in den tibetischen Gemeinden als Lehrer, im Gesundheitswesen oder an Entwicklungsprogrammen in den Flüchtlingssiedlungen mit. Oft wurde die Frage gestellt, ob die Ausbildung im Ausland dem tibetischen Volk überhaupt zugute komme, wenn die jungen Leute nicht nach Indien oder Nepal zurückkehrten, um ihren Landsleuten im Exil zu helfen. Das generell zu erwarten, hielt ich jedoch für unrealistisch. Sie unterstützten ihre Familien und Freunde finanziell und sorgten dafür, dass die jüngeren Verwandten in Indien eine Ausbildung erhielten. Sie waren gute Botschafter unseres Landes und haben im Ausland viel für die tibetische Sache bewirkt.

Der Leiter des Pestalozzi Kinderdorfs Trogen, Herr

Arthur Bill, war gerade erst von seiner Indienreise zurückgekehrt. Er zeigte uns einen Film, den er bei einem Besuch
tibetischer Siedlungen und bei Besprechungen mit Seiner
Heiligkeit gedreht hatte. Er enthielt eine Botschaft des
Dalai Lama an die tibetischen Kinder. Seine Heiligkeit auf
der Leinwand zu sehen und seine Stimme zu hören war
für die tibetischen Hauseltern ein bewegender Moment.
Viele Leute weinten. Ms Tethong und ich rückten zusammen, von Heimweh überwältigt. Nach dem Film gingen
wir in ihr Zimmer. Mrs Kramer, die Sekretärin des Kinderdorfes und eine gute Freundin von Ms Tethong, hatte bemerkt, wie bekümmert wir waren, und schickte uns
netterweise eine Flasche Wein. Ms Tethong und ich leer-
ten sie bis auf den letzten Tropfen und vergossen dabei
weitere Tränen. Als Lobsang zurückkam, schmunzelte er
bei dem Anblick, den Ms Tethong und ich boten, mit
unseren geröteten Augen und Nasen und einem gehörigen
Schwips.

Ein anderes erinnerungswürdiges Ereignis während
meines Aufenthalts in der Schweiz war die Begegnung
mit den beiden Tutoren Seiner Heiligkeit, Kyabje Ling
Rinpoche und Kyabje Trijang Rinpoche. Es war ihre erste
Auslandsreise, von Indien abgesehen. Sie waren zur Ein-
weihung des Rikon-Klosters gekommen, eine Zeremonie,
bei der sich Tibeter aus ganz Europa einfanden. Das
Rikon-Kloster platzte schier aus allen Nähten. Viele unserer Freunde aus der Schweiz und anderen Ländern nutz-
ten diesen Anlass, um uns zu besuchen. Alle trugen ihre
Festtagsgewänder: die tibetischen Frauen ihre elegantes-
ten *Tschu-ba* mit den bunten Schürzen und die Männer

locker fallende, langärmelige Roben und pelzverbrämte Mützen. Einige Männer waren in dunklem Anzug und Krawatte erschienen. Eine tibetische Schauspieltruppe formierte sich und mit ihren Trommeln, Flöten und Zimbeln bot sie einen sehr stolzen und exotischen Anblick, als sie die Schweizer und die tibetische Nationalhymne spielte. Ein junger Mann aus dem Ensemble trug die Schweizer Nationalflagge, ein schlichtes weißes Kreuz auf rotem Untergrund, und ein anderer die bunte, verschnörkelte Nationalflagge von Tibet.

Während Hörner und Zimbeln erklangen, um die guten Geister anzurufen, hatten die beiden ältlichen Tutoren auf geschmückten Thronsesseln im Hauptgebetsraum Platz genommen, in einem Nebel aus Räucherwerk. Die Zeremonie wurde mit der Rezitation von Gebeten eröffnet, gefolgt von Reden der Würdenträger und der Darbietung der traditionellen Opfergaben, Buttertee und Reis mit Rosinen. Viele Leute reihten sich in die Schlange ein, um den Segen der beiden heiligen Männer zu empfangen. Es war ein feierlicher und gefühlsseliger Augenblick für die Tibeter der älteren Generation, den Tutoren Seiner Heiligkeit so nahe zu sein und von ihnen gesegnet zu werden. Für die jüngeren Leute war es vermutlich ein seltsamer Anblick. Ich sah, wie einige verlegen lachten und sich den heiligen Männern sehr befangen näherten; wahrscheinlich wurden sie zum ersten Mal in ihrem Leben von einem Lama gesegnet.

Die Tutoren verbrachten auch einige Tage in Genf. Da Mr Phalas Wohnung nicht genug Platz bot, reisten sie nicht gemeinsam an. Lobsang und ich setzten uns mit beiden in Verbindung und luden sie zu uns nach Hause zum Mittagessen ein. Es war das erste Mal, dass ich ihnen so nahe war. Der ältere der beiden, Ling Rinpoche, kannte meinen Vater, der sich in Kalkutta um ihn gekümmert hatte, als er schwer erkrankt war. Ich war damals mehrmals als Dolmetscherin in das Sanatorium gegangen, wenn mein Vater verhindert gewesen war.

Ling Rinpoche war ein einfacher Mann, aber ein herausragender Gelehrter und Buddhist. Er war beleibt und heiter. Er hatte ein dreieckiges Gesicht, was als Manifestation des Yamantaka, des stiergesichtigen Boddhisattvas der Weisheit, gilt. Es heißt, dass sich die Kopfform nach oben verbreitert, weil sich dahinter die Hörner Yamantakas verbergen. Ling Rinpoches Bescheidenheit und Liebenswürdigkeit waren unbeschreiblich. In seiner Gegenwart fühlte man sich demutsvoll und in Harmonie mit sich selbst und allem, was ist. Er lachte gerne und sprach herzhaft dem Lammschlegel zu, den Lobsang eigens für ihn zubereitete.

Trijang Rinpoche war ein großer, asketischer Mann, ernst und elegant. In Gegenwart dieses hoch angesehenen Gelehrten fühlte ich mich gehemmter. Die beiden Rinpoches waren beeindruckt von der Sauberkeit und Schönheit der Stadt, wenn auch nicht so überwältigt wie manche anderen Besucher aus Asien. Trijang Rinpoche fühlte sich nicht wohl beim Besuch der Kaufhäuser, wegen des Überflusses, der dort protzig zur Schau gestellt wurde und der ihn benommen machte.

Außerhalb unserer Arbeit im Büro und für die tibetische Sache versuchten Lobsang und ich, im privaten

Bereich eine normale Atmosphäre zu schaffen. Wir stritten selten und bildeten auch in der Küche ein hervorragendes Gespann. Da ich nie eine gute Köchin gewesen war, lösten wir das Problem, indem ich das Gemüseputzen, Abräumen und Abwaschen übernahm. Eine weitere Quelle für Spannungen war, dass Lobsang im Gegensatz zu mir nichts für Kino und Theater übrig hatte. Ich ging aber nicht gerne allein aus. Einmal im Jahr schickte uns der Anwalt unseres Büros Eintrittskarten für eine Ballettaufführung im Opernhaus in Genf. Ich musste Mr Phala und Lobsang immer mit Gewalt mitschleppen. Einmal sahen wir *Schwanensee*, ein anderes Mal ein modernes Ballett, in dem es um das Thema des Tibetischen Totenbuchs ging. Lobsang rutschte unruhig auf seinem Sitz hin und her und klagte über Hunger. Mr Phala schnarchte leise vor sich hin, was mir sehr peinlich war. Als wir *Schwanensee* besuchten, sagte Mr Phala zu mir: »Was gefällt dir eigentlich am Ballett? Sogar ich könnte mich auf die Zehenspitzen stellen und auf der Bühne hin und her hopsen. Das ist wirklich das letzte Mal, dass ich mir so etwas antue!« Und prompt fielen ihm wieder die Augen zu! Im darauf folgenden Jahr ging ich mit unserer neuen Buchhalterin Madeleine ins Ballett und die beide Herren waren erlöst.

Wir vergrößerten unseren Vierpersonen-Haushalt um ein Sperlingspapageien-Pärchen. Das Männchen nannten wir Tsering, das Weibchen Dolma. Die Kinder waren ganz vernarrt in sie und gingen ständig auf den Balkon, wo der Käfig hing, um sie zu füttern. Es war ihre Art, ihnen ihre Liebe zu zeigen. Sie waren mit solcher Begeisterung dabei, dass Dolma an Überfütterung starb. Chuki und Tenzin waren untröstlich. Chuki weinte so herzzerreißend, dass ihre Augen zugequollen waren und sie am nächsten Tag nicht zur Schule gehen konnte.

Tsering verließ uns eines Tages auch. Tenzin und seine Freunde waren nach draußen gegangen, um ihn zu füttern, während ich mir im Bad die Haare wusch. Als er den Käfig öffnete, damit seine Freunde den Papagei streicheln konnten, flog er davon. Ich hörte lautes Geschrei, dann stürzte Tenzin, in Tränen aufgelöst, ins Bad. Als ich mit Shampoo in den Haaren auf den Balkon lief, waren seine Freunde starr vor Schreck.

Ende 1969 veranstaltete eine gemeinnützige Organisation, die in Verbindung mit den Vereinten Nationen stand, eine Ausstellung der Nationen, um einige ihrer Hilfsprojekte finanziell zu unterstützen. Das Tibet Büro wurde eingeladen, sich mit einem Stand zu präsentieren. Da die Planungskonferenz in französischer Sprache abgehalten wurde, schickte man mich als Vertreterin des Büros hin. Ich war sehr nervös. Ich hatte noch nie an einer so großen Besprechung teilgenommen und war vermutlich die erste Tibeterin überhaupt, die in den imposanten Hallen des Palais des Nations, dem Sitz der UN, bei einer solchen Veranstaltung Zutritt hatte. An der Konferenz nahmen auch einige sehr distinguierte Schweizer teil, die ehemals ein Amt bekleidet hatten und nun im Ruhestand waren. Den Vorsitz führte eine zierliche, attraktive Französin mit einer hochgesteckten blonden Mähne und langen, schwarz getuschten Wimpern namens Madame Blanchard. Ihr Mann leitete eine der vielen internationalen Körperschaften in Genf. Auch ein paar elegante Frauen waren anwesend und einige ältere Herren, die zahlenmäßig in der Minderheit waren; die Konferenz wurden ausschließlich in Französisch geführt. Ich hatte Schwierigkeiten zu folgen, aber ich bestätigte den Wunsch der Tibeter, an der Ausstellung teilzunehmen.

Die Folge war eine unvorstellbare Menge Arbeit und viele unterschiedliche Erfahrungen. Wir baten die Tibetan Drama Society of Switzerland, etwas für die Ausstellung einzustudieren. Mrs Dupok aus dem englischen Pestalozzi Kinderdorf versprach zu kommen, um ihr berühmtes *chang* und tibetischen Süßkäse zuzubereiten, und Freunde aus verschiedenen Städten der deutschsprachigen Schweiz wollten uns am Tibet-Stand helfen.

Mrs Dupok braute *chang* nach einem alten Rezept aus Reis, Rosinen, Zucker und gekochtem Wasser. Dieses Getränk ließ sie zum Fermentieren ein paar Tage in Plastikeimern ruhen, bevor es in Flaschen abgefüllt wurden. Aus Platzmangel mussten wir die Eimer im Zimmer der Kinder lagern. Wir konnten nur hoffen, dass sie sich nachts nicht heimlich darüber hermachten. Der Süßkäse wurde zum Trocknen in unserem Schlafzimmer aufbewahrt, weil Chuki und Tenzin der Versuchung nicht widerstanden hätten, von den runden, spiraligen Käsekügelchen zu naschen. Wir ließen Etiketten, für die *chang*-Flaschen drucken. ›Chang du Tibet‹ war in erhabenen Buchstaben auf rotem Hintergrund zu lesen und wir brachten etwa hundert Flaschen in unserem Schlafzimmer unter. Einige der Korken explodierten mit einem dumpfen PLOP und das süße, klebrige Gebräu tröpfelte auf den Boden. Deshalb musste ich den Fußboden morgens und abends auf den Knien schrubben.

In der Nacht vor dem großen Ereignis logierten achtzehn Tibeter bei uns, auf dem Sofa im Wohnzimmer, auf dem Fußboden und im Bett der Kinder, die in der Zeit bei uns schliefen. Während wir mit unserem Stand im Palais des Expositions beschäftigt waren, herrschte ein heilloses Durcheinander und die armen Arbeiter, die für den Aufbau der Stände zuständig waren, wurden ständig hin und her beordert. Elegant gekleidete Frauen aus dem diplomatischen Korps standen herum und gaben lautstark Anweisungen, die brennende Zigarette zwischen die Finger geklemmt. Zum Glück waren viele Tibeter aus den Siedlungen gekommen, die uns zur Hand gingen. Wir arbeiteten ohne Pause und waren so gut organisiert, dass wir als eine der ersten Gruppen unseren Stand aufgebaut hatten. Die Ausstellung dauerte zwei Tage, aber unser *chang* war bereits am ersten Tag vergriffen. Einer unserer Kunden war der Genfer Polizeichef. Er wollte wissen, wie man das Getränk zubereitet, und als wir ihm das Rezept verrieten, sagte er: »Haben Sie von der Polizei die Erlaubnis, Spirituosen herzustellen?« Nachdem er eine Kostprobe genommen hatte, kaufte er gleich mehrere Flaschen, die er mit nach Hause nahm.

Der tibetische Stand war besonders farbenprächtig mit den landestypischen Teppichen, Wollmänteln, die ›Hippy Mäntel‹ genannt wurden, Schulterbeuteln und anderen kunstgewerblichen Objekten. Auch die jungen Frauen hinter dem Verkaufsstand waren ein Blickfang in ihren prächtigen tibetischen Gewändern und die Männer in ihren Roben nicht minder. Auch Chuki trug tibetische Tracht und der pausbäckige Tenzin stand wie immer im Mittelpunkt der Aufmerksamkeit. Lobsang und ich sprangen ebenfalls am Verkaufsstand ein, an dem ständig Hochbetrieb herrschte.

Die Aufführung der Schauspieltruppe war sehr lebendig und wurde mit tosendem Applaus belohnt, obwohl der Auftritt der Yaks noch vor ihrer Ankündigung erfolgte und den Kommentator in Panik versetzte. Nach den Anstrengungen und Aufregungen der beiden Tage waren wir alle erschöpft, doch es freute uns sehr, dass eine Lokalzeitung schrieb, die besten Stände seien die von Tibet und Israel gewesen. Wir waren sehr stolz und feierten am letzten Abend unsere Bemühungen, Tibet auf der internationalen Bühne bekannt zu machen, mit einem zwanglosen Essen und ein paar Flaschen *chang*, die wir für diesen Zweck aufgehoben hatten, in unserer Wohnung. Um vier Uhr morgens trennten wir uns, nachdem wir viel geredet, gelacht und wie immer, wenn wir über unser Land sprachen, ein paar Tränen vergossen hatten.

Meine Eltern besuchten uns für eine Woche, auf dem Weg nach Amerika. Hitze und Staub in Kalkutta hatten ihnen schwer zu schaffen gemacht. Dazu kam, dass die Gesundheit und mentale Verfassung meines Vaters durch den Misserfolg der Gayday Iron and Steel Company gelitten hatte. Meine Eltern hatten einen großen Teil ihres persönlichen Vermögens bei dem Gayday-Projekt eingebüßt und beschlossen, nach Amerika zu emigrieren, da meine Schwester und zwei meiner Brüder dort lebten.

Es war fast fünf Jahre her, seit ich meine Eltern zum letzten Mal gesehen hatte. Mein Vater war gealtert und schwer magenkrank. Meine Mutter litt unter Depressionen und es war traurig, die beiden in einem solchen Zustand zu sehen. Sie ließen sich in der Schweiz ärztlich behandeln und ich war froh, dass sie sich wenigstens eine Woche bei mir ausruhen konnten. Sie lebten förmlich auf angesichts der Luftveränderung und Sauberkeit der Stadt. Auch die Gesellschaft ihrer Enkelkinder wirkte erfrischend. Leider war die Zeit viel zu schnell vorüber und sie mussten nach Amerika weiter.

Die Jahre vergingen wie im Fluge. Die Kinder mussten nach Beendigung des Kindergartens eingeschult werden. Wir hatten nicht geplant, uns endgültig in der Schweiz niederzulassen, und hielten es für unklug, sie in eine öffentliche Schule zu schicken, wo der Unterricht in Französisch stattfand. Also blieb nur die Internationale Schule übrig; für das Schulgeld ging fast die Hälfte unserer Gehälter drauf. Uns war bewusst, dass wir dieser finanziellen Belastung nicht lange gewachsen waren. Wir dachten daran, nach Indien zurückzukehren, doch die tibetischen Flüchtlingsschulen entsprachen immer noch nicht dem weltweiten Standard und die dortigen Privatschulen konnten wir uns nicht leisten. Daher war es am besten, in die Vereinigten Staaten überzusiedeln. Unsere Greencards erforderten ohnehin, dass wir alle zwei Jahre nach Amerika mussten, und die Flüge waren teuer. Staatenlos und Flüchtling zu sein ist ein Schicksal, das ich niemandem wünsche. Es ist so, als schwebte man im luftleeren Raum zwischen Himmel und Erde. Wir konnten uns in keinem von beiden niederlassen. Lobsang und ich fühlten uns entwurzelt, ziellos, hoffnungslos.

Wir wussten nicht, was damals in Tibet geschah. Niemand gelangte aus dem Land heraus und niemand hinein. Tibet war vom Rest der Welt abgeschnitten. Wir waren unendlich traurig und frustriert über den Stand der Entwicklung. Wenn sich Tibeter trafen, fragten sie als Erstes: »Gibt es Neuigkeiten aus Tibet?« oder »Wann können wir endlich in ein freies Tibet zurück?« Dann schüttelten wir den Kopf, den Tränen nahe, und schluckten den Kloß hinunter, den wir im Hals hatten.

Ende 1970 waren wir fast fünf Jahre in der Schweiz. Wir konnten nicht für immer im Tibet Büro bleiben und wollten keinen Asylantrag in der Schweiz stellen. Lobsang und ich beschlossen, uns von der Arbeit für die tibetische Regierung beurlauben zu lassen und in die Vereinigten Staaten zurückzukehren. Es war an der Zeit, Wurzeln zu fassen und unser Nomadenleben zu beenden, nicht mehr mit Kindern und Koffern im Schlepptau von einem Ort zum anderen zu ziehen.

Anfang 1971 kam Lobsangs älterer Bruder Gyalo Thondup in die Schweiz, um die Tibet Büros in Genf und dann in New York zu inspizieren. Wir erzählten ihm von unserer Entscheidung, aus dem Staatsdienst auszuscheiden und uns in den USA niederzulassen. Er fragte, ob wir konkrete Pläne hätten, aber wir hatten nur vage darüber gesprochen, einen Laden für tibetisches Kunstgewerbe zu eröffnen. Er sagte zu Lobsang: »Es ist unverantwortlich, deine Familie ins Blaue hinein nach Amerika mitzunehmen. Dann kannst du gleich in die Bucht von

San Francisco springen.« Er wollte unbedingt, dass Lobsang nach Indien zurückkehrte und dort für die Regierung arbeitete, aber Lobsang war entschlossen, sich selbstständig zu machen und den Kindern eine gute Ausbildung zu ermöglichen. Wir träumten von einem eigenen Haus, einem Platz auf dieser Welt, wo wir uns heimisch fühlen könnten, weit weg von unserer Heimat. Im Mai 1971 brachen wir nach Amerika auf.

Madison Avenue

Chukis achten Geburtstag feierten wir in unserem Zimmer im vertrauten Hotel Bedford. Meine Eltern waren ein paar Monate zuvor nach Amerika emigriert und hatten eine kleine Wohnung in Queens gemietet und meine Schwester Norzin und ihr Mann lebten und arbeiteten in Manhattan. Chukis Geburtstag entpuppte sich als gelungenes Fest, bei dem die ganze Familie wieder vereint war. Chuki genoss die Aufmerksamkeit, die ihr zuteil wurde, und die Geschenke. Sie strahlte, als sie ihren Geburtstagskuchen anschneiden und an alle verteilen durfte.

Wir wussten, dass wir nicht auf Dauer im Bedford Hotel wohnen konnten und uns schnellstmöglich eine preiswertere Bleibe suchen mussten. Meine Eltern hatten festgestellt, dass Queens ein teures Pflaster war, und hielten nach einer erschwinglicheren Unterkunft Ausschau, auch außerhalb der Stadt. Eines Tages sprach ein älterer Herr meinen Vater in der U-Bahn an und wollte wissen, woher er käme. Mein Vater, ein sehr höflicher und distinguierter Mann, war vermutlich eine auffallende Erscheinung in seinem uralten Kamelhaarmantel, der ihm einige Nummern zu groß war. Der Mantel stammte von einem mongolischen Freund, der ihn Lobsang geschenkt hatte, und der hatte ihn an meinen Vater weitergegeben. Der wiss-

263

begierige Fremde in der U-Bahn entpuppte sich als Immobilienmakler aus Westfield, New Jersey, und als sie ins Gespräch kamen, erbot er sich, meinem Vater einige kleine Objekte in einer weniger teuren Wohngegend zu zeigen, die zum Verkauf standen.

Wir waren sehr aufgeregt, als uns mein Vater die Geschichte erzählte. Wir hörten zum ersten Mal, dass man in Amerika schon mit wenig Eigenkapital ein Haus kaufen und den Rest in monatlichen Raten abzahlen kann. Der Begriff Hypothek war uns bis dato völlig unbekannt. Wir konnten unser Glück kaum fassen. Mein Vater hatte das Gefühl, dass dieser Immobilienmakler es ehrlich meinte und aufrichtig interessiert daran war, ihm bei der Lösung des Wohnungsproblems zu helfen; deshalb fuhren meine Eltern nach Scotch Plains, New Jersey, etwa eine Autostunde von Manhattan entfernt, um mit ihm einige Objekte zu besichtigen. Sie beschrieben die adretten Häuser an den von Bäumen gesäumten, gepflegten Straßen mit wohlklingenden Namen wie Nicholl Avenue, Elm Street und Spring Street. In der Nähe gab es öffentliche Schulen und ein kleines Einkaufszentrum mit Banken, Postamt, Bücherei und mehreren kleinen Restaurants. Die Busse nach New York gingen jede Stunde und ein Bahnhof in der benachbarten Kleinstadt bot die Möglichkeit, mit dem Zug in die Metropole zu gelangen.

Sobald wir die malerische kleine Ortschaft Cape Cod und das von einem gepflegten Rasen umgebene Haus sahen, wussten wir, dass wir hier bleiben wollten. Aber zuerst galt es, das benötigte Eigenkapital aufzubringen. Lobsang hob einen Teil seiner Ersparnisse ab und ich ver-

264

kaufte das Halsband, das ich bei meiner Hochzeit getragen hatte, und verschiedene andere wertvolle Schmuckstücke. Ein junger, mit Ilya Tolstoy befreundeter Anwalt handelte einen guten Preis für uns aus und wir zogen in das kleine Cottage, in dem wir fünf wunderbare Jahre verbrachten.

Zu Anfang wurden wir von unseren neuen Nachbarn mit Misstrauen beäugt. Sie beobachteten uns hinter geschlossenen Gardinen und niemand sprach uns an. Freunde in Europa hatten uns gewarnt, dass einige Weiße in Amerika nicht aufgeschlossen gegenüber Nicht-Weißen seien. Wie sich herausstellte, waren wir die erste farbige Familie in der Straße und wir fragten uns, ob es nicht ein Fehler gewesen war, hierher zu ziehen. Meine größte Angst war, dass Chuki und Tenzin unter unserer Entscheidung leiden könnten. Was war, wenn die andern Kinder ihnen Schimpfworte nachriefen oder sie hänselten? Ich erinnerte mich, wie sehr ich es gehasst hatte, in der Schule ›Mondgesicht‹ genannt zu werden. Ich zerbrach mir wochenlang den Kopf, bis mir auffiel, dass Chuki und Tenzin bereits mit einigen Kindern aus der Nachbarschaft spielten. Bald kamen die Kinder zu uns nach Haus und Lobsang und ich freundeten uns auch mit den Eltern an. Auch nach unserem späteren Umzug in ein größeres Haus in der Nähe hielten wir Kontakt und besuchten uns oft. Als wir nach Indien zurückkehrten, vergossen unsere Nachbarn so manche Träne beim Abschied.

Das nächste dringliche Problem war, Arbeit zu finden. Meine Eltern machten sich ebenfalls Sorgen, wie es finanziell weitergehen sollte. Meine Mutter hatte schon mit knapp fünfzehn geheiratet und keine abgeschlossene Schulbildung, mein Vater war nur wenige Jahre in ein Jesuitenkolleg in Indien gegangen. Lobsang hatte bis zum siebzehnten Lebensjahr eine tibetische Schule besucht und in einem Kloster die buddhistischen Lehren studiert, bevor er in die tibetische Regierung eingetreten war. Er hatte nie eine englische Schule absolviert. Ohne entsprechende berufliche Qualifikationen konnten sie sich nur mit schwerer körperlicher Arbeit oder Tätigkeiten für ungelernte Arbeitskräfte über Wasser halten. Nach langen Diskussionen erörterten wir mit verschiedenen tibetischen Freunden das Für und Wider, einen Laden für tibetisches Kunstgewerbe zu eröffnen.

Lobsangs Bruder Gyalo Thondup hielt sich zu der Zeit zufällig in New York auf; er war sehr angetan von der Idee und erbot sich, als Kompagnon einzusteigen. Er schlug vor, mit seiner Frau den Einkauf in Indien und Nepal zu übernehmen und den Versand der Ware zu organisieren. Lobsang sollte als Geschäftsführer fungieren, Tsering Dorji wollte sich finanziell beteiligen und die Buchhaltung erledigen und mir sollte die Dekoration der Schaufenster und gemeinsam mit Lobsang der Verkauf obliegen.

Nachdem die grundlegenden Vorbereitungen getroffen waren, konnten wir mit der Umsetzung unserer Geschäftsidee beginnen. Wir mieteten einen Laden an der Madison Avenue, der den Namen Tibetan Arts and Craft erhielt, und machten uns daran, Etiketten zu nähen, Wandteppiche aufzuhängen und das Schaufenster zu gestalten. Wir holten die Ware aus dem Zollamt und zeichneten jedes Stück mit Preisschild und Angaben über das Herkunftsland aus. Wir nähten Etiketten, bis uns die Finger wehtaten. Es war harte Arbeit, aber die Herausforderung und der Gedanke, mit diesem Geschäft unseren Lebensunterhalt zu verdienen, beflügelte uns.

Jeden Montagmorgen dekorierte ich das Schaufenster neu. Obwohl es mir nicht bestimmt gewesen war, am Pratt Institute Innenarchitektur zu studieren, konnte ich jetzt in der Madison Avenue beweisen, was in mir steckte. Ich erhielt oft Komplimente wegen der Auslagen.

Tibetan Arts and Crafts war nicht nur der erste tibetische Laden in Manhattan, sondern auch eine Anlaufstelle für Leute, die sich für das Land auf dem Dach der Welt interessierten. Unsere Ware wirkte auf die meisten Amerikaner sehr exotisch. Viele, die Informationen über Tibet suchten, kamen zu uns. Manche wollten uns nur zu verstehen geben, dass Tibet ein Teil Chinas sei. Über diese Ignoranten ärgerte ich mich sehr. Gelegentlich fanden auch hitzige Debatten statt. Ein anderes Mal kamen Leute, um sich vor unsere *thangkas* zu setzen und zu meditieren. Natürlich gab es gelegentlich auch Besucher, die auf einen Sprung hereinkamen, um zu schwatzen oder nur eine Karte oder ein Päckchen Räucherstäbchen zu kaufen.

An der Madison Avenue zu arbeiten war ungemein spannend. Die exklusivsten Geschäfte der Stadt befanden sich direkt vor unserer Haustür und es war faszinierend, einen Schaufensterbummel zu machen oder vom Laden aus vorbeiziehende Passanten zu beobachten. Ich fand es auch unterhaltsam zu sehen, was für unterschiedliche Hundearten die New Yorker als Hausgenossen hielten: Schäferhunde, Afghanen, Bulldoggen, elegante Pudel und sogar Lhasa Apsos; alle waren gepflegt und manche trugen Mäntelchen oder kostbare Halsbänder. Die Hunde waren oft besser gekleidet als die Menschen, denen ich früher begegnet war.

In unseren Laden kamen auch einige Berühmtheiten. Die blauen Augen von Paul Newman sind mir bis heute unvergesslich geblieben. Ich hatte schon in der Mount Hermon School für ihn geschwärmt und konnte es nicht fassen, dass er nun leibhaftig vor mir stand. Ich hätte mich gerne mit ihm unterhalten, brachte jedoch lediglich den Mut auf, ihn um ein Autogramm für meine Tochter zu bitten. Auch Jacqueline Kennedy Onassis schlenderte bisweilen die Madison Avenue entlang, immer chic und elegant. Die Leute starrten sie an, wenn sie ihrer ansichtig wurden. Es muss schwer gewesen sein, so viele neugierige Blicke auf sich zu ziehen.

Zsa Zsa Gabor ging manchmal mit ihrem Tross vorbei, bestehend aus einer Meute Hunde und großem Gefolge. Eine ihrer Schwestern hatte einen Laden in der Nähe. Auch eine ältere Dame, die jeden Tag in einer anderen ausgefallenen Aufmachung die Madison Avenue entlangbummelte, erregte meine Aufmerksamkeit. Manchmal erinnerte sie mich mit ihrer Kleidung und ihrer Schminke an eine Gestalt aus einer chinesischen Oper.

Eines Tages betrat eine junge Frau im Wildledermantel unseren Laden. Sie hatte einen langen Wollschal umgebunden und trug eine dazu passende Mütze, unter der zerzauste blonde Ringellocken hervorquollen. Sie war ungeschminkt, blass und zerbrechlich, aber sehr freundlich und sah aus wie die Blumenkinder der damaligen Zeit. Da sie ihre Einkäufe mit der Kreditkarte bezahlen wollte, bat ich sie, sich auszuweisen. Sie fand es bestimmt amüsant, dass ich sie nicht erkannte, denn sie war ziemlich berühmt. Es war die englische Schauspielerin Julie Christie und ich hoffe, sie hat es mir nicht übel genommen.

Inzwischen hatten meine Eltern ein Haus in unserer Nähe gefunden. Lobsang und ich fuhren jeden Tag nach New York in unseren Laden und die Kinder wurden nach der Schule von meinen Eltern betreut. Die Kinder bekamen hier viel Nestwärme. Obwohl wir häufig außer Haus waren, waren die Großeltern immer für sie da. Diese Lösung war für uns eine große Beruhigung.

Die Kinder waren glücklich und machten gute Fortschritte in der Schule. Tenzin rechte nach dem Unterricht Laub zusammen oder mähte Gras, um sein Taschengeld aufzubessern. Im Winter schaufelte er bei den Nachbarn Schnee. Er besaß viel Unternehmungsgeist. Wenn ich nach der Arbeit mit dem Bus nach Hause fuhr, sah ich oft, wie er mit einem älteren Freund seinen einträglichen Beschäftigungen nachging. Chuki sorgte als ältere Schwester dafür, dass seine Hausaufgaben nicht zu kurz kamen. Schließlich mussten meine Eltern wieder umziehen, um Arbeit zu finden, und konnten nicht mehr auf die Kinder aufpassen. Lobsang und mir behagte es nicht, dass sie nach der Schule so lange allein waren, doch wir mussten uns um den Laden in Manhattan kümmern, um uns über Wasser zu halten. Zum Glück hatten sie viele Freunde in der Nachbarschaft und auf der gegenüberliegenden Straßenseite wohnte ein älteres Ehepaar, das ein Auge auf die beiden hatte.

Meine Eltern zogen zuerst nach Texas, wo mein Vater eine Anstellung bei einem Heilpraktiker fand, und anschließend nach Maryland, wo er in der Praxis eines älteren Arztes tätig war. Beide versuchten sich sogar zwei Wochen lang als Hausangestellte auf dem Anwesen der sehr vermögenden Doris Duke. Ein Freund hatte sie dazu ermutigt, da Mrs Duke nur sechs Wochen im Jahr in diesem Domizil verbrachte und den Rest der Zeit zwischen ihren anderen Wohnsitzen hin und her pendelte. Ein Teil des Personals blieb dort, um nach dem Garten und den Hunden zu sehen, sodass meine Eltern nicht ganz allein im Haus waren. Wie es schien, war das ein Glücksfall, auch wenn meine Eltern zum ersten Mal in ihrem Leben als Bedienstete arbeiten mussten.

Wenn Mrs Duke anwesend war, hatte meine Mutter unter anderem die Aufgabe, Staub zu wischen und die Blumen zu arrangieren. Mein Vater wurde als Butler eingesetzt. Die beiden waren erst seit wenigen Wochen auf dem herrlichen Landsitz am Meer, als Mrs Duke und ihr Tross eintrafen. Einen Tag danach wurde meine Mutter vom Sekretär der Hausherrin, Mr Armand, wegen des Blumenschmucks gerügt. Meine Mutter, die Kritik noch nie ertragen konnte und auch nicht daran gewöhnt war, zurechtgewiesen zu werden, erwiderte: »Mr Armand, ich hatte früher einen größeren Haushalt als diesen mit mindestens dreißig Bediensteten und weiß, wie man Blumen arrangiert!« Der Mann war bass erstaunt, beließ es jedoch dabei. Mein Vater fühlte sich indes gedemütigt, eine Butler-Uniform zu tragen und die Dame des Hauses zu bedienen. Nach zwei Wochen kündigten sie und verließen Mrs Duke und das herrliche Anwesen.

Auch uns stand geschäftlich eine Veränderung bevor. Nach zwei Jahren an der Madison Avenue wurde uns bewusst, dass wir keine finanziellen Fortschritte machten. Zwei Partner hatten uns bereits verlassen und diejenigen von uns, die blieben, konnten sich nicht auf eine finanzielle Regelung einigen. Lobsang und ich beschlossen, ebenfalls auszusteigen und uns etwas anderes zu suchen. Auch unser Kompagnon und ›Finanzchef‹ Tsering hielt das für eine gute Idee, weil er sah, dass Lobsang und ich nie gute Geschäftsleute abgeben würden.

Vermutlich hatte er Recht. Die tibetischen Teppiche aus Indien und Nepal brauchten wie alle anderen Waren aus Wolle ständige Pflege. Sie mussten regelmäßig gelüftet und mit Mottenschutz behandelt werden. Im Laden gab es ein kleines Hinterzimmer, das wir als Lager benutzten; dort stapelten wir die Teppiche in einer Ecke übereinander und saugten sie jeden Abend nach Geschäftsschluss. Trotz der unermüdlichen Arbeit liebten die Motten die weiche Wolle unserer tibetischen Teppiche und Mäntel. Die Wandbehänge waren noch reizvoller, denn die Wärme der Spotlights spornte die Motten an, sich zu vermehren. Wenn wir Kunden unsere Wollteppiche zeigten, konnten wir nicht umhin, sie auf die Schadstellen aufmerksam zu machen. Unser Partner war der Ansicht, auf diese Art könne man kein Geld verdienen.

Kurz vor unserem Ausstieg kam ein älterer, weißhaariger Herr in den Laden. Er war nicht besonders groß, untersetzt und sehr gut gekleidet. Er trug einen dunkelblauen Überzieher und einen dazu passenden Schlapphut. Er sah sich verwirrt um und fragte nach der Kunstgalerie, die sich früher in dem Laden befunden hatte. Er staunte über unsere ungewöhnliche Ware und erkundigte sich nach ihrer Herkunft. Als wir ihm erzählten, dass die Produkte von tibetischen Flüchtlinge in Indien und Nepal gefertigt waren und wir aus Tibet stammten, wollte er wissen, ob es stimmte, dass es dort wirklich spirituelle Meister gab, die von Ort zu Ort fliegen konnten, und dass die Tibeter auf Blütenkissen schliefen. Als ich ihm in kurzen Zügen mein Land und mein Leben bis zur Ankunft in der Madison Avenue beschrieb, meinte er: »Junge Frau, Sie sollten Ihre Geschichte aufschreiben.« Dann verabschiedete er sich, doch seine Worte blieben mir gut in Erinnerung. Ich wusste, dass ich eines Tages ein Buch über mein Leben und die Welt jenseits des Himalaya schreiben wollte.

Natürlich mussten wir uns nun einen anderen Broterwerb suchen. Lobsang spielte mit dem Gedanken, ein tibetisches Restaurant zu eröffnen. Er kochte leidenschaftlich gerne und wenn er in der Küche war, verwandelte sie sich in eine exotische Werkstatt, in der Kreativität groß geschrieben wurde. Er pflegte sämtliche Zutaten übersichtlich auf dem Küchentisch auszubreiten. Gemüse und Fleisch mussten in Stücke von gleicher Form und Größe geschnitten werden. Die schmutzigen Teller wurden sofort nach Gebrauch abgewaschen oder zum

Einweichen ins Spülbecken gestellt und die Küche wurde nach dem Kochen tipptopp aufgeräumt. Das Ergebnis war, dass die Gerichte auf dem Küchentisch genauso malerisch aussahen wie an einem Gemüsestand im Basar. Noch bevor wir mit den Stäbchen oder Gabeln zulangten, lief uns schon beim Duft seiner Kreationen das Wasser im Mund zusammen.

Notgedrungen durchforstete ich mit Lobsang Manhattan auf der Suche nach einem geeigneten Standort für ein kleines tibetisches Restaurant. Wir setzten uns darüber hinaus auch mit mehreren Immobilienmaklern in Verbindung. Abends kamen wir meistens todmüde zurück. Ich hatte kein gutes Gefühl, was Lobsangs Vorhaben anging. Kochen als Hobby ist eine Sache, die allerdings ganz anders aussieht, wenn man einen Beruf daraus macht und tagaus, tagein vor dem heißen Ofen im Restaurant stehen muss. Lobsang war nicht mehr der Jüngste und ich machte mir Sorgen um seine Gesundheit. Außerdem musste ich mir eine reguläre Beschäftigung suchen, damit die Familie wenigstens krankenversichert war. Ich glaube, es war ein Wink des Schicksals, dass wir keine geeigneten Räumlichkeiten fanden.

Ich wusste, dass ich eine Arbeit machen wollte, mit der ich Menschen helfen konnte. Das war etwas, worauf ich mich verstand, weil ich mit ganzem Herzen bei der Sache war. Ich ging zu verschiedenen sozialen Organisationen, wo ich erfuhr, dass ich ohne College-Abschluss für eine solche Tätigkeit nicht qualifiziert war. Eine Ironie des Schicksals, denn später lernte ich Leute in sozialen Berufen kennen, die darin nur einen Job wie jeden

anderen sahen und ihm ohne inneres Engagement nach-
gingen.

Im April 1973 fand ich eine Anstellung im so genannten Boardroom des Banker's Trust. Es handelte sich
dabei um ein Tagungszentrum einschließlich Restaurant,
das wie ein Privatclub geführt und hauptsächlich von
großen Konzernen frequentiert wurde, deren Führungs-
kräfte hier Konferenzen und Arbeitssessen abhielten. Fünf
junge Angestellte im Büro sorgten für die Organisation und ich war für die Faktura zuständig. Wenn meine Kolleginnen in Urlaub gingen, übernahm ich ihre
Aufgabenbereiche mit, zum Beispiel Lohn- und Gehalts-
abrechnungen, Telefonvermittlung, Sekretariatsarbeiten
oder Empfang.

Die Arbeit im Empfang war interessant. Man musste ein gutes Gedächtnis haben, um ständig auf dem
Laufenden zu sein, in welchen Räumlichkeiten die Konferenzen stattfanden oder den Tagungsmitgliedern Aus-
kunft zu geben, wer wo speiste. Die Geschäftsleute standen immer unter Druck, waren hektisch und leicht
aufbrausend. Die Japaner waren ein Kapitel für sich. Sie
hatten so viel damit zu tun, sich zu verbeugen und ranghöheren Führungskräften ihre Ehrerbietung zu erweisen, dass sie ohne unsere Hilfe nie zum Fahrstuhl gelangt
wären.

Wir hatten einen Bürovorsteher und seine Frau arbeitete bei uns als Sekretärin. Mir gefiel der Zusammenhalt,
der in unserer kleinen Gruppe herrschte. In der Küche
nannten mich alle ›Schätzchen‹ und ›Süße‹. Was mir an
der Tätigkeit nicht behagte, war, dass sich das Tagungs-

zentrum im einundfünfzigsten Stock befand; ich fragte mich immer, was passieren mochte, wenn unter uns ein Feuer ausbrechen würde.

Lobsang beschloss, in unserer kleinen Stadt Arbeit zu suchen, weil er es hasste, jeden Tag nach New York zu fahren. Mr Michael, ein älterer Nachbar und gebürtiger Osteuropäer, erzählte ihm, dass die Junior High School einen Hausmeister suche. Er selbst hatte diese Tätigkeit über Jahre verrichtet, bis er aus dem Erwerbsleben ausgeschieden war. Seit seine beiden Söhne die Ausbildung beendet hatten und Führungspositionen in großen Unternehmen bekleideten, konnten er und seine Frau den verdienten Ruhestand genießen. Er war sehr zufrieden mit seinem Arbeitsplatz gewesen und empfahl Lobsang, sich zu bewerben. Lobsang wurde eingestellt und begann mit seiner Arbeit als Hausmeister, zu der auch das Putzen der Büros und einiger Klassenräume gehörte. Es war dieselbe Schule, die unsere Kinder besuchten. Als seine Freunde erfuhren, dass er als Hausmeister arbeitete, versuchten einige ihn zu überreden, sich anderswo nach einer besseren Stellung umzusehen. Sie verstanden nicht, warum er ›niedere‹ Tätigkeiten verrichtete. Lobsang war ein praktisch denkender Mensch, der manuelle Arbeit immer gewürdigt hatte und jede Tätigkeit für annehmbar hielt, bei der man auf ehrliche Weise seinen Lebensunterhalt verdiente. Er sagte stets: »Was wollt ihr, mir gefällt der Job! Ich betrüge und verletze niemanden, sondern verdiene mein Geld auf saubere, anständige Art.« Was ihm daran nicht gefiel, war, dass er dauernd Kaugummi abkratzen musste, der an Schreibtischen, Stühlen, Wänden und Fußboden klebte, eine Unsitte der Amerikaner, für die er kein Verständnis hatte.

Lobsang war zu Hause, wenn die Kinder aus der Schule kamen, und er verließ das Haus, wenn ich Feierabend hatte. Er war sehr bemüht und verstand etwas von seinem Metier. Es sprach sich herum, wie gründlich und gewissenhaft er war, sodass die Stadtbücherei ihn bat, an den Samstagen den Rasen zu mähen und die Gartenarbeit zu übernehmen. Lobsang war bei Lehrern und Schülern gleichermaßen beliebt. Er brachte oft selbst gebackenen Kuchen als kleine Anerkennung von Leuten mit nach Hause, die ihn bewunderten, und überall, wo er auftauchte, wurde er mit »Hi, Sam« begrüßt. Mich nannte man Mrs Sam, weil Lobsang als Lobsang Samden bekannt war.

Lobsang war enttäuscht über den Mangel an Disziplin, der sich bei manchen Schülern offenbarte. Er meinte, bei ihnen hapere es an der Achtung voreinander und vor dem Eigentum der Schule, sie hätten zu viele Freiheiten und schlügen über die Stränge, wobei sie nicht davor Halt machten, ihre Zerstörungswut abzureagieren. Viele Schüler tranken Alkohol während des Unterrichts. Die Hausmeister fanden leere Whiskey- und Gin-Flaschen in den Toiletten. Lobsang beklagte sich beim Direktor und schlug vor, für Disziplin zu sorgen. Zu seinem Erstaunen musste er erfahren, dass die Lehrer wenig Unterstützung von den Eltern zu erwarten hatten. Wenn Strafmaßnahmen angedroht wurden, ergriffen die Eltern stets für ihre Sprösslinge Partei. Wir waren froh, dass unsere Kinder uns keine Probleme machten, doch der Gedanke, wie sie sich nach dem Eintritt in die Highschool entwickeln würden, bereitete uns Kopfzerbrechen.

Lobsang arbeitete bereits seit drei Jahren als Hausmeister, als ein Reporter der *New York Times* herausfand, dass er der Bruder des Dalai Lama war. In unserer kleinen Stadt wusste niemand davon. Der Mann wollte einen Artikel über ihn schreiben, doch Lobsang lehnte ab. Daraufhin setzte sich dieser mit dem Direktor der Junior High in Verbindung, der Lobsang überredete, das Interview zu geben. Als der Bericht in der *New York Times* erschien, erhielten wir Anrufe aus allen Teilen der USA; viele wünschten uns alles Gute und sagten, wie sehr sie es bewunderten, dass er sich als Bruder des Dalai Lama nicht zu schade für eine Hausmeistertätigkeit sei. Er erhielt auch mehrere Jobs angeboten, die Lobsang zum Glück nicht in Betracht zog. Durch den Artikel waren wir plötzlich bekannt geworden: Ständig fuhren Autos an unserem Haus vorbei, in der Hoffnung, einen Blick auf uns zu erhaschen. Unsere Nachbarn waren ganz aus dem Häuschen und wir fürchteten, unsere kostbare Privatsphäre zu verlieren.

Nicht lange nach Erscheinen des Artikels gestand sich Lobsang allerdings ein, dass ihn der Hausmeisterjob auf Dauer nicht genug forderte. Er nahm eine Tätigkeit für die Dooley Foundation an; seine Aufgabe bestand in der Finanzmittelbeschaffung. Er kannte den Leiter der Stiftung, Dr. Verne Chaney, schon seit langem: Sie hatten zu Beginn der sechziger Jahre an Projekten in Zusammenhang mit den Gesundheitsbedürfnissen der tibetischen Flüchtlinge in Indien zusammengearbeitet.

Am 27. September 1977 erhielten wir die amerikanische Staatsbürgerschaft. Wir mussten mit zwei Bürgen vor einem Gericht in Elizabeth, New Jersey erscheinen, unserem Freund Zurki Rinpoche, der aus der Inneren Mongolei stammte, und unserer Freundin Barbara, einer Kalmückin aus der Mongolei. Wir waren dankbar, dass wir Bürger der Vereinigten Staaten werden durften, und gleichzeitig auch traurig, dass wir nicht in unserer eigenen Heimat leben konnten.

Ende der siebziger Jahre gab es in ganz Amerika nicht mehr als hundert Tibeter und etwa vierzig lebten an der Ostküste. Wir trafen uns am 10. März, während des tibetischen Neujahrsfestes, um des Aufstands der Tibeter gegen die chinesische Besatzung zu gedenken, und im Juli feierten wir den Geburtstag Seiner Heiligkeit des Dalai Lama. Wir freuten uns auf diese Feste und es war besonders wichtig für unsere Kinder, dass sie andere Kinder mit tibetischen Eltern kennen lernten und in einem tibetisch geprägten Umfeld waren, wenn auch nur für ein paar Stunden. Bei diesen Festen gab es immer reichlich zu essen und zu trinken. Die traditionelle tibetische Musik war ein wesentliches Element, obwohl meist amerikanische Popmusik bevorzugt wurde und sich moderne Tänze größerer Beliebtheit erfreuten als die überlieferten tibetischen Tänze. Unsere Kinder liebten diese Treffen und freuten sich jedes Mal auf das nächste.

Manchmal besuchten wir unsere mongolischen Freunde in anderen Teilen New Jerseys. Einige Mongolen hatten buddhistische Tempel errichtet. Wir konnten dort unseren Glauben praktizieren und unsere Kinder mit den buddhistischen Lehren, Gebeten und Ritualen wie dem Niederwerfen vor der Statue des Buddha vertraut machen. Wir tranken Buttertee und aßen traditionelle tibetische Gerichte. Lobsang kannte viele der mongolischen Mönche, die ihre Studien teilweise in tibetischen Klöstern absolviert hatten. Geshe Wangyal-la gehörte zum engsten Freundeskreis. Wir fühlten uns in dieser Atmosphäre auf Anhieb heimisch und besuchten oft den einen oder anderen Tempel. Mein Schwager Thubten Norbu kam einmal im Jahr mit seiner Frau und den drei Söhnen zu Besuch. Die drei Norbu-Jungen, Tenzin und Tenpa Dhondup, der Sohn eines guten Freundes, stellten gemeinsam das Haus auf den Kopf. Später verlegten wir die meisten Wiedersehensfeiern aufs Land, wo Tenpas Familie wohnte, um Beschwerden unserer Nachbarn vorzubeugen. Tenpas Familie bewirtschaftete eine Hühnerfarm in Jackson, New Jersey, wo es genug Platz für drei energiegeladene Jungen gab.

Ein außergewöhnliches Erlebnis in dieser Zeit war das Wiedersehen mit meinem Bruder, dem Rinpoche, den wir als Zehnjährigen in Tibet hatten zurücklassen müssen; seit damals waren achtzehn Jahre vergangen. Mein Vater war gerade nach Texas gezogen und meine Mutter sollte so schnell wie möglich nachkommen. Eines Sonntags, als ich mit Chuki meine Mutter besuchte, traf ich sie beim Streichen der Garage an. Wir gingen in die Küche, um eine Tasse Kaffee zu trinken, als sie betont beiläufig sagte: »Ich habe gute Nachrichten.« Da meine Mutter kein emotionaler Mensch war, wunderte ich mich, was geschehen sein mochte. »Der Rinpoche ist in Nepal, ich habe ein Telegramm erhalten.« Zuerst wusste ich nicht, wen sie mit Rinpoche meinte. Dann dämmerte mir, dass es sich um meinen kleinen Bruder handeln musste, der in Tibet bei den Mönchen geblieben war, und ich fand keine Worte, um meine Freude zum Ausdruck zu bringen. Ich weinte nur. Meine Mutter weinte mit. Es war ein Wunder. Mein Bruder, Drikung Chetsang Rinpoche, war das Oberhaupt der Drikung Kagyu Linie des Buddhismus. Wir konnten es einfach nicht glauben. Damals kam niemand über die Grenze. Die chinesische Armee hatte Tibet hermetisch von der Außenwelt abgeriegelt. Mein Vater flog ihm entgegen, nach Indien, und es war ein bewegender Augenblick, als mein Mann und ich zum Flughafen fuhren, um meinen Vater und meinen Bruder abzuholen, den ich seit achtzehn Jahren nicht mehr gesehen hatte. Aus dem pausbäckigen kleinen Jungen mit den Grübchen war ein großer schlanker Mann mit ernstem Blick geworden. Er hatte viel durchgemacht, doch wenn er lächelte, kamen die Grübchen und das Zwinkern in seinen Augen wieder zum Vorschein.

Mein Bruder fand zunächst bei meinen Eltern in Texas Unterschlupf, wo er Englisch in der Abendschule lernte und als Tellerwäscher und Küchenhilfe in einem Steak and Ale House arbeitete. Als er beschloss, Texas zu verlassen, versuchte der Geschäftsführer des Restaurants, ihn mit einer Beförderung zu halten. Schade, dass er ihn heute nicht sehen kann, als Oberhaupt mehrerer Klöster und Meister für buddhistische Studien!

Im Sommer 1977 zog mein Bruder, die Drikung-Heiligkeit, zu uns an die Ostküste, um eine Zeit lang bei uns zu leben. Er hatte in seiner Kindheit und Jugend große Entbehrungen erlitten. Mit zehn Jahren musste er das Drikung-Kloster verlassen, das für ihn ein Hort der Sicherheit und Geborgenheit gewesen war. Bei seiner Rückkehr nach Lhasa erfuhr er, dass sich sein Großvater und sein Onkel im Gefängnis befanden und das Haus der Familie Tsarong von chinesischen Truppen konfisziert worden war. Er schlug sich durch, fand mal hier, mal da eine Bleibe und musste ungeheure Herausforderungen meistern, doch er sprach nie verbittert über seine Vergangenheit und war ein wunderbarer Gesellschafter, stets lächelnd und voller Zuversicht. Es war schön, ihn bei uns zu haben. Lobsang und er verbrachten viel Zeit in der Küche und kamen sehr gut miteinander aus. Tenzin nutzte die Gutmütigkeit des Rinpoche aus und drangsalierte ihn so lange, bis er mit ihm Ringkämpfe auf dem Boden machte.

In der Zeit, als mein Bruder bei uns wohnte, erhielten wir Besuch von Seiner Heiligkeit Sakya Trizin Rinpoche aus Indien, dem Oberhaupt der Sakya-Sekte des Buddhismus, dessen Vorfahren Tibet im dreizehnten Jahrhundert regiert hatten. Er führte eine Langes-Leben-Initiation für die tibetische Gemeinde in Manhattan durch und Lobsang bewirtete seine Familie und einen anderen gelehrten Lama der Sakya-Linie, Dezhung Rinpoche, in unserem Haus in New Jersey. Das Einzige, was uns Kopfzerbrechen bereitete, war die Transportfrage. Drikung Rinpoche sollte ihn mit unserem Wagen abholen und Lobsang machte sich Sorgen, ob er eine so wichtige Persönlichkeit unbeschadet durch das Verkehrsgewühl in

Manhattan zu uns bringen konnte, als unerwartet und zu unserer großen Erleichterung am Abend vor dem Mittagessen mein Vater aus Texas eintraf.

Sakya Trinzin Rinpoche war ungefähr im gleichen Alter wie Drikung Rinpoche, Anfang dreißig, ein stiller, bescheidener und warmherziger Mann mit großem Wissen und hohem Ansehen. Er unterhielt sich angeregt mit meinem Bruder über das Leben in Tibet und die früheren Oberhäupter der verschiedensten buddhistischen Richtungen, die sich einst gegenseitig bekämpft und befehdet hatten. Wir taten unser Bestes, um sie angemessen zu verköstigen. Es gab Lammkeule, Bratkartoffeln und Gemüse, von Lobsang zubereitet, und ich steuerte einen Salat aus verschiedenen frischen Gemüsen bei. Sie blieben lange und es war eine Ehre, so erlauchte Persönlichkeiten in unserem bescheidenen Heim zu bewirten. In Tibet wäre ein solcher Besuch nicht ohne Formalitäten, Zeremonien und ein Heer von Bediensteten möglich gewesen.

Im August 1977 erhielten wir schlechte Nachrichten über den Gesundheitszustand meiner Schwiegermutter. Wir wussten, dass man uns nicht benachrichtigt hätte, wenn es nicht ernst gewesen wäre. Gyalyum wollte nie jemandem zur Last fallen oder jemanden beunruhigen. Es war ihr auch vorher schon nicht gut gegangen, sie hatte jedoch kein Wort über ihre Schmerzen verloren. Lobsang hatte das Gefühl, dass es schwierig wäre, wieder nach Amerika zurückzukommen, wenn er zu ihr nach Indien flöge. Außerdem führte er an, dass sie unter der Trennung letztendlich noch mehr leiden würde. Um uns musste er sich keine Sorgen machen, weil mein Bruder bei uns wohnte, dennoch sperrte er sich aus irgendeinem unerfindlichen Grund gegen die Reise nach Indien. Sein Bruder Norbu hatte ebenfalls beschlossen, darauf zu verzichten, und deshalb hielt ich Lobsang vor Augen, dass er seine Entscheidung zeitlebens bereuen würde, falls seine Mutter stürbe. Erst ein Telegramm von Tenzin Tschögyal, Lobsangs jüngstem Bruder, bewirkte einen Sinneswandel bei Lobsang und Norbu. Ich war sehr erleichtert.

Gyalyum wurde gesund und Lobsang hatte nach seiner Rückkehr, wie vorhergesagt, nur noch ein Thema: nach Indien zu übersiedeln. Er meinte: »Kundun (Dalai Lama) trägt eine schwere Bürde auf seinen Schultern und in Indien gibt es noch viel zu tun für die tibetische Sache, während wir hier in einem bequemen Haus leben, genug zu essen haben und unser Augenmerk nur auf unser eigenes Wohlergehen richten. Ich habe deswegen ein schlechtes Gewissen. Ich finde, wir sollten nach Indien zurückkehren, ich möchte alles tun, was in meiner Macht steht, um Kundun und die tibetische Sache zu unterstützen.«

Wir überlegten ernsthaft und sprachen viel über die Möglichkeit, nach Indien zurückzugehen. Tenzin hatte gerade eine Phase erreicht, in der er aufsässig und schwer zu bändigen war. Chuki, ein ausnehmend hübsches Mädchen, wurde von Verehrern belagert. Ihre Freundinnen drängten sie, mit dem einen oder anderen jungen Mann auszugehen, doch die Aufmerksamkeit war ihr lästig. Sie hatte auch keine Lust, die Highschool zu besuchen, ein Wechsel, der im darauf folgenden Jahr anstand. Wir beriefen den Familienrat ein, um eine Übersiedlung nach Indien zu erörtern, und die Kinder waren begeistert von der Idee. Wir waren gerade erst in ein größeres Haus umgezogen, hatten es mit viel Eigenleistung und Liebe renoviert und nun sollten wir uns schon wieder davon trennen! Unsere Freunde rieten uns ab, was uns sehr entmutigte.

Ich wollte nur eines, dass unsere Familie beisammen blieb und glücklich war. Nach all den Veränderungen und Anpassungen, die mit den zahlreichen Ortswechseln einhergingen, war ich an Lobsangs unvermitteltes Bedürfnis nach Abwechslung gewöhnt. Es war nicht leicht zu bewältigen, doch auf diese Weise sahen wir zumindest einiges von der Welt. Damals feierten die Beatles gerade triumphale Erfolge und sie machten den indischen Guru Maharishi und seine transzendentale Meditation auch im Westen bekannt. Ich war neugierig auf seine Lehre, die dazu beitrug, Körper, Geist und Seele zu harmonisieren, eine höhere Bewusstseinsebene zu erreichen, sich zu entspannen und ein ganzheitliches, gesünderes Leben zu führen. Ich las alles über Meditation, was mir unter die Finger kam, und dabei stieß ich auf zahlreiche Bücher über den Buddhismus. Wie sich herausstellte, war Indien als Wiege des Buddhismus und der Meditation der beste Ort, um mehr darüber zu erfahren.

Ich war Buddhistin, allerdings nur oberflächlich. Ich hatte meine Gebetsschnur und rezitierte mein ›Om Mani Padme Hum‹-Mantra, zündete meine Lampen in den Schreinräumen an und sprach meine Bittgebete, doch die tiefere Bedeutung der Mantras, der Drei Zuflchten oder der Gottheiten, vor denen ich mich niederwarf, war mir nicht klar. Ich hatte das eine oder andere Buch über Buddhismus, von denen damals nur wenige in englischer Sprache existierten; einige meiner Mitfahrer im Bus sagten, ich solle aufhören, mich mit so morbiden Themen wie Tod und Wiedergeburt zu befassen. Ich hielt den Buddhismus nicht für morbide, sondern für eine Lehre, die lebensbejahend und realitätsbezogen ist und es mir ermöglichte, nach Wegen zu suchen, das Leid auf dieser Welt zu mildern. Mit diesem Wissen gerüstet, kann man dem Leben mit Mut und innerer Kraft gegenübertreten.

Weihnachten fiel die endgültige Entscheidung, unser Haus zu verkaufen und nach Indien zurückzukehren. Bei einem reichhaltigen Frühstück im großen Familienkreis mit Muffins und Spiegeleiern teilten wir meinen Eltern die Neuigkeit mit. Meine Tante Tess, die in Indien lebte, besuchte uns gerade mit ihrem Mann. Wie immer enthielten sich meine Eltern jeglichen Kommentars. Sie respektierten unsere Wünsche, denn schließlich waren wir erwachsen. Außerdem gehörte ich genau genommen nicht mehr zu ihnen: mit der Eheschließung hatte ich die Familie Tsarong verlassen und war Mitglied der Familie meines Mannes geworden. Viele Leute meinten, die Rückkehr nach Indien sei die schlechteste Entscheidung unseres Lebens, vor allem im Hinblick auf die Zukunft unserer Kinder.

Wir verkauften unser Haus an ein frisch vermähltes Paar, einschließlich brandneuer Waschmaschine und Kühlschrank. Ein Großteil der Einrichtung ging bei einem Garagenverkauf weg, den Rest schenkten wir tibetischen Freunden. Nachdem wir unsere Bücher über Tibet, einige Küchenutensilien und die Koffer gepackt hatten, waren wir reisefertig. Die tibetische Gemeinde richtete uns ein wunderbares Abschiedsfest aus.

Leider konnten wir nicht so bald zurück wie geplant. Es dauerte lange, bis unsere Papiere fertig waren, und als wir endlich unsere Pässe erhielten, mussten wir feststellen, dass nicht Tibet, sondern China als Geburtsort angegeben war. In früheren Reisedokumenten hatte es immer Tibet geheißen. Wir verstanden die plötzliche Änderung nicht. Ngawang Phakchok, ein Tibeter aus Pennsylvania, hatte das gleiche Problem mit seinem Reisepass. Nach Nixons Besuch in China änderten die USA ganz allmählich ihre Politik gegenüber den Tibetern. Wir hatten gegen die unrechtmäßige, gewaltsame Besetzung unseres Landes durch das kommunistische China gekämpft, seit wir unsere Heimat verlassen hatten und ins Exil gegangen waren; wir konnten nicht einfach die Hände in den Schoß legen und diese demütigende Entscheidung der größten demokratischen Nation der Welt tatenlos hinnehmen. Die USA verurteilten Menschenrechtsverletzungen und hier handelte es sich um eine eklatante Verletzung unserer Rechte: Wir waren in Tibet geboren und hatten Anspruch darauf, dass unser Geburtsland richtig eingetragen wurde.

Ngawang kam aus Pennsylvania angereist und wir trafen uns mit Angehörigen des Tibet Büros und der United States Tibet Association, um die Öffentlichkeit für dieses Thema zu sensibilisieren. Sie leisteten ganze Arbeit und organisierten Unterschriftenaktionen und Protestmärsche. Unsere amerikanischen Freunde zeigten ebenfalls Flagge und halfen uns, wo es nur ging. Das Datum für den Auszug aus unserem Haus näherte sich und uns blieb keine Wahl, als nach Maryland zu fahren und die Kinder bei meinem Eltern zu lassen, während Lobsang und ich zwischen New York City, Washington D.C. und Maryland hin und her pendelten, um für unsere Rechte zu kämpfen. Einige unserer amerikanischen Freunde meinten, es sei unmöglich, eine erneute Änderung unserer Pässe durchzusetzen, da in Regierungskreisen ein politischer Klimawechsel stattgefunden habe. In Washington versuchten Lobsang und ich, die Unterstützung unseres Kongressabgeordneten aus New Jersey, Matthew Rinaldo, und anderer Politiker zu gewinnen, einschließlich Ted Kennedy, William Goodling, Charles Percy und Patrick Moynihan. Wir erhielten unterschiedliche Ratschläge. Bei einem Treffen der Tibetischen Gesellschaft hatte jemand die Idee, sich aus Protest an den Zaun vor dem Weißen Haus zu ketten. Sie wurde natürlich nicht umgesetzt. In unserer kleinen tibetischen Gemeinde herrschte große Verwirrung. Da Lobsang der Bruder des Dalai Lama war, waren viele Tibeter der Ansicht, er könne mehr ausrichten als alle anderen. Doch die Zeit lief uns davon und wir waren bereits seit zwei Monaten ohne Arbeit oder eigenes Dach über dem Kopf. Auf eigene Kosten hin und her zu fahren war ein Problem und die Kinder gingen in dieser Zeit nicht zur Schule. Dazu kam, dass wir oft mit den Worten abgespeist wurden: »Wir bringen Ihrer Sache großes Wohlwollen entgegen.« Ich hatte solche hohlen Phrasen satt. Wohlwollen brachte uns keinen Schritt weiter. Es war eine zermürbende Zeit für Lobsang und mich. Irgendwann waren wir an dem Punkt angelangt, wo wir beschlossen, auf unsere amerikanischen Pässe zu verzichten. Wir sprachen auf dem indischen Konsulat und beim indischen UN-Botschafter Mr Jaipal mit der Bitte um Ausstellung von Reisedokumenten für die Rückkehr nach Indien vor. Botschafter Jaipal empfahl uns, mit unseren amerikanischen Pässen nach Indien zu reisen und den Fall von dort aus weiterzuverfolgen.

Wieder machten wir die Runde in Washington. Der Kongressabgeordnete Bill Goodling aus Pennsylvania teilte uns mit, dass er einen Gesetzesantrag stellen werde, Tibet wieder als Geburtsort in unsere Pässe eintragen zu lassen. Mr Rinaldo, der Vertreter unseres US-Bundesstaates New Jersey, versprach, den Antrag zu unterstützen. Beide schlugen vor, wir sollten nach Indien reisen; sie würden uns über die amerikanische Botschaft in Neu Delhi auf dem Laufenden halten.

Viele amerikanische Freunde und führende Persönlichkeiten des öffentlichen Lebens waren sehr hilfsbereit in dieser Angelegenheit. Sie schrieben an den Präsidenten und den Außenminister. Auch die Tibeter standen geschlossen hinter uns, als der Kampf fortgesetzt wurde. Wir informierten unsere Freunde in New York regelmäßig über die Ergebnisse unserer Gespräche mit den Kongressabgeordneten und Senatoren. Die Tibeter baten uns, in den USA zu bleiben, bis der Gesetzesantrag verabschiedet sei. Das war freilich unmöglich ohne Arbeit und ein richtiges Dach über dem Kopf und deshalb hatten wir keine andere Wahl, als den Kampf von Indien aus fortzusetzen.

288

Am 2. Juli 1978, nach zahlreichen Abschiedspartys, die unsere Freunde für uns gegeben hatten, sagten wir New York City im Schein eines orangerot glühenden Sonnenuntergangs Lebewohl. Der Himmel war so klar, dass man das Empire State Building von der Boeing 747 sah, und Abermillionen Lichter blinkten über und unter uns. Der Abschied von diesem Land der unbegrenzten Möglichkeiten, den vielen guten Freunden und so lieb gewonnenen Erinnerungen fiel uns schwer.

Am 11. Juli 1978 erhielten wir einen Brief von Loren E. Lawrence, Deputy Assistent Secretary in der Reisepass-Abteilung des Auswärtigen Amtes, in dem es hieß:

»Der Präsident und der Außenminister haben mich beauftragt, Ihr letztes Schreiben bezüglich der Verwendung von China statt Tibet in den U.S. Pässen zu beantworten. In Anbetracht des großen Interesses, das Sie und andere an diesem Thema und an weiteren Fragen hinsichtlich des Geburtsortes gezeigt haben, überprüfen wir derzeit unsere gesamte Politik auf dringlicher Basis. Ich werde mich im Anschluss daran wieder mit Ihnen in Verbindung setzen.«

Am 30. April 1979 wurden die Geburtsorte in unseren amerikanischen Pässen von der amerikanischen Botschaft in Neu Delhi geändert: Statt China wurde in Lobsangs Pass Kumbum und in meinen Lhasa eingetragen.

Dharamsala: Zuflucht

Als wir in Neu Delhi aus dem Flugzeug stiegen und die Treppe hinuntergingen, traf uns die Gluthitze wie ein Schlag, schnürte uns die Lunge ab, sodass wir atemlos und schweißgebadet waren. Auf dem Weg zum Terminal wurden wir von einem Heuschreckenschwarm in Empfang genommen, von denen viele mit uns zusammen in das Flughafengebäude gelangten. Hier herrschte das reinste Chaos, doch wir schafften es trotz des Menschengewühls und des allgemeinen Durcheinanders, den Zoll zu passieren und ein Taxi zu rufen. Sobald wir im Taxi saßen, kehrte dank des freundlichen Fahrers Ruhe ein und ich spürte, dass hier das Leben in einem gemächlicheren Rhythmus verlief: Keine Spur mehr von der Schnelllebigkeit, an die ich mich in den letzten Jahren gewöhnt hatte. Mit einem Mal war ich glücklich, wieder in Indien zu sein.

In Delhi rief Lobsang eine Reihe unserer indischen Freunde an, einschließlich Dr. Lokesh Chandra, Professor Sondhi und Professor Ram Rahaul. Professor Rahaul war ein indischer Gelehrter, hochgewachsen und mit schlohweißen Haaren, dicken Brillengläsern und einem einnehmenden Lächeln. Er war schnell mit Ratschlägen bei der Hand, wie die Tibeter ihre Probleme gemeinsam mit dem indischen Volk lösen könnten. Er warnte uns, allzu große Hoffnung in die Hilfe der Politiker zu setzen, auch wenn Indien und Tibet gemeinsame Interessen hatten und durch eine gemeinsame Grenze und eine gemeinsame Religion verbunden seien.

In Delhi war es extrem heiß, der Monsun stand unmittelbar bevor. Wir warteten händeringend darauf, dass es regnete. Die Erde war verdorrt und alle hatten nur noch ein Thema, wann der Regen endlich einsetzen würde. Wie gewöhnlich besaß Tenzin als Einziger die Energie herumzulaufen, doch dann erkrankte er an Malaria. Der arme Tenzin: Gerade war er noch gesund und munter gewesen und plötzlich hatte er Schüttelfrost in der Hitze von Delhi. Sein Fieber stieg derart an, dass wir ihn schleunigst zu einem Arzt bringen mussten.

Wir blieben lange genug in Delhi, um den Geburtstag des Dalai Lama im Tibet Büro zu feiern, bevor wir mit dem Zug nach Dharamsala weiterreisten, an unseren endgültigen Bestimmungsort. Die Landschaft war atemberaubend. Nach der sengenden Hitze im indischen Tiefland empfanden wir die kühle Bergluft als große Erleichterung. Auf dem Weg ins Gebirge kamen wir an grünen, üppigen Reisfeldern und Flüssen vorüber, die kristallklar zu Tal strömten. Kleine Holz- und Steinhäuser mit malerischen Schindeldächern sprenkelten die smaragdgrünen Felder. Kinder, so klein und zierlich wie Puppen, winken uns zu, als wir an ihnen vorbeifuhren, und die Bananenbäume wiegten sich im Wind. Zur Freude unserer Kinder tauchten ganze Affenfamilien am Straßenrand auf und warteten geduldig darauf, dass die Reisenden ihnen Bananen zuwarfen.

In Dharamsala angekommen, fuhren wir unverzüglich zum Kashmir Cottage, wo Gyalyum Chenmo wohnte und auf uns wartete. Der einzige Wermutstropfen, der die Freude des Wiedersehens trübte, war, mit ansehen zu müssen, wie sehr Lobsangs Mutter durch ihre Krankheit gealtert war. Sie war überglücklich, uns wieder zu sehen. Mein Bruder Jigme und seine Frau Ann, die Tochter von Gyalo Thondup, waren ebenfalls gekommen, um uns zu begrüßen. Gyalyum war froh, dass sogar das Wetter mitspielte: Es hatte mehrere Tage hintereinander geregnet, worin sie ein gutes Omen sah. Bald darauf kam auch meine Schwägerin Pema mit ihren beiden Töchtern Thenchoe und Yangzom und ihrem Sohn Tenzin Choedak zu Besuch. Wir aßen gemeinsam zu Abend und es wurde eine fröhliches Familienfest. Lobsangs jüngerer Bruder Tenzin Tschö-gyal und seine Frau Rinchen Khando wohnten ebenfalls im Kashmir Cottage, doch sie waren in der Klinik in Kangra bei ihrem kleinen Sohn, der erkrankt war. Wir verbrachten in den nächsten Tagen viel Zeit miteinander.

Am nächsten Morgen waren wir schon früh unterwegs, um Dharamsala zu erkunden. Lobsang ging mit uns zum Palast des Dalai Lama und bat Seine Heiligkeit über seinen Privatsekretär um eine Audienz. Der Weg führte steil bergauf, doch die Luft war erfrischend und belebend. Überall blühten Wildblumen. Im Tal unter uns lag Kangra, eine der wenigen Bergstädte in Indien, wo man den schneebedeckten Gipfeln des Himalaya nahe sein kann.

Im Kloster sahen wir einige Besucher, die ihre Gebetsmühlen drehten, ihre Niederwerfungen verrichteten und meditierend den ringförmigen Wandelpfad entlanggingen; ihr Glaube war tief und inspirierend. Die Leute hier waren arm, doch sie wirkten glücklich, entspannt und friedvoll, verglichen mit den Menschen im Westen. Wir besichtigten das Zentrum für Tibetische Medizin, in dem mein Bruder Jigme als Verwaltungsdirektor tätig war. Lobsang traf sich mit zahlreichen alten Freunden und wir tranken so viel Tee, dass wir in Ermangelung öffentlicher Toiletten verzweifelt nach einer Möglichkeit suchten, unsere Notdurft zu verrichten, bevor die nächste Teerunde eingeläutet wurde, eine Zeremonie, aus der es kein Entrinnen gab.

Wir legten eine Pause ein, um in einem kleinen Lokal zu Mittag zu essen, das der Fahrer des Dalai Lama betrieb. Chuki und ich brachten kaum einen Bissen hinunter, weil wir um zwei Uhr eine Audienz bei Seiner Heiligkeit und folglich Lampenfieber hatten. Wir kehrten zum Klostergelände zurück und wurden am Tor des Palastes von bewaffneten indischen Polizisten in Empfang genommen. Kurz darauf wurden wir in einen Salon gebracht, wo sich *Kundun*, Seine Heiligkeit, uns unvermittelt zugesellte. Wir warfen uns vor ihm nieder, wie es der Brauch ist, und überreichten ihm unsere *khadaks*, bevor wir Platz nahmen und Tee mit ihm tranken. Seine Heiligkeit wirkte so kraftvoll und lebendig, dass wir uns von seiner Energie überwältigt fühlten. Er erkundigte sich bei Lobsang nach unseren Problemen mit den Reisepässen und richtete das Wort an die Kinder und mich. Meine Hände zitterten vor Nervosität, sodass ich kaum die Tasse halten konnte. Nachdem Seine Heiligkeit uns gesegnet hatte, verließen wir den Palast. Wie es schien, stand unser neues Leben in Indien unter einem glücklichen Stern.

Ich hatte Lobsang selten so unbeschwert und gelöst gesehen wie in der Gesellschaft seiner Mutter. Gyalyum wurde von ihrer Familie umschwärmt wie ein Honigtopf von einem Bienenschwarm. Sie gab uns allen das Gefühl, zusammenzugehören und geliebt zu werden. Tenzin konnte es kaum erwarten, die neue Umgebung zu erforschen, die Chuki, von Haus aus ängstlicher, nicht ganz geheuer schien. Kurz nach unserer Ankunft erkrankte sie, sodass ein tibetischer Arzt kommen musste. Anhand der Pulsdiagnose und Urinuntersuchung stellte er eine Gallenblasen- und Leberentzündung fest: Sie hatte das Trockenfleisch nicht vertragen, dem sie am Tag zuvor herzhaft zugesprochen hatte. Doch die tibetische Medizin, die ihr der Arzt verordnete, wirkte Wunder.

Chuki und Choezim, die Tochter von Ngari Rinpoche und Rinchen Khando-la, wurden Freundinnen. Sonntags kam Pema mit ihren Kindern zu uns zu Besuch. Manchmal gesellten sich Jigme und Ann dazu und aus dem Mittagessen wurde ein fröhliches Familienfest. Wir waren so viele Personen, dass die Kinder an Beistelltischen Platz nehmen mussten. Gyalyum hatte ihre Kinder und Enkelkinder gerne um sich und freute sich immer auf das Festmahl, bei dem jeder sein Lieblingsessen vorgesetzt bekam. Mir schmeckten die langen, von Hand gerollten Nudeln mit gebratenen Zwiebeln, Knoblauch und Sojasoße am besten. Es gab *momos* und *tscho-thang,* einen Erbsenbrei, der im Dialekt von Lhasa wie ›Kuhfladen‹ klang und auch so aussah. Das war das einzige, für die regionale Küche am Geburtsort meines Mannes typische Gericht, dem ich nichts abgewinnen konnte.

Für Chuki und Tenzin war es auch höchste Zeit, wieder in die Schule zu gehen. Wir entschieden uns für die Schule im tibetischen Kinderdorf. Ungefähr zu der Zeit beschlossen Lobsang und ich, uns eine eigene Bleibe zu suchen, da Kashmir Cottage für zwei Familien auf Dauer zu eng war. Wir hatten Glück und konnten das Gästehaus im Kinderdorf mieten, was den zusätzlichen Vorteil hatte, dass die Kinder es nicht weit zur Schule hatten.

Wir verbrachten zwei Jahre in dem kleinen Haus, das mitten im Wald lag. Die Kinder teilten sich das Schlafzimmer, Lobsang und ich schliefen im Wohnzimmer. Anfangs bekamen wir nachts oft Besuch von Mäusen. Nach langem Hin und Her lösten wir das Problem, indem wir uns eine Katze anschafften.

Im Badezimmer klaffte ein handbreiter Spalt zwischen Wand und Decke, was das Baden in den eisigen Wintermonaten zur Tortur machte. Die Küche war nicht größer als eine Besenkammer und das Dach an mehreren Stellen schadhaft. Wir kochten auf einem Kerosinofen und wenn es regnete, mussten wir einen Schirm über der Herdplatte aufspannen. Ich sehnte mich nach meinem Gasofen und manchen anderen Annehmlichkeiten, die in Amerika zur Grundausstattung in jedem Haus gehört hatten. Das ständig verfügbare heiße Wasser aus der Leitung war ebenfalls ein Luxus, den wir vermissten. Doch abgesehen davon fühlten wir uns wohl.

Wenn die Kinder in der Schule waren, erledigten Lobsang und ich gemeinsam die Hausarbeit, packten eine Kleinigkeit zum Mittagessen und eine Thermosflasche mit Tee ein und machten zu Fuß einen Ausflug in die Berge, wo wir lasen oder uns sonnten. Von den mit Kiefern und Rhododendren bewachsenen Hügeln hatte man einen herrlichen Blick auf die üppigen grünen Reisfelder im Tal. Die Landschaft wirkte idyllisch und friedvoll. Im Frühjahr und Herbst war die Sonne so stark, dass wir uns ein kühles, schattiges Plätzchen unter einem Baum suchten, um unser mitgebrachtes Mittagessen zu verzehren.

Bei unseren Wanderungen begegneten wir oft Eremiten, in der Mehrzahl buddhistische Mönche, aber auch Nonnen, die in Höhlen oder Steinhütten lebten. Wir freundeten uns mit einigen von ihnen an und brachten ihnen hin und wieder etwas zu essen oder andere Dinge mit, an denen es ihnen mangelte. Die Gespräche mit ihnen bei einer Tasse unseres mitgebrachten Tees waren eine wichtige spirituelle Erfahrung. Die Eremiten hatten allem materiellen Komfort entsagt, schienen jedoch rundum zufrieden und mit sich selbst und der Welt im Reinen zu sein. Von ihnen lernte ich, dass wahres Glück von innen kommt und nichts mit Äußerlichkeiten zu tun hat. Es gab eine Nonne, die ich besonders häufig besuchte. Sie lebte seit neun Jahren in einer Höhle. In ihrer Jugend war sie zu Fuß durch ganz Tibet gepilgert und nun verbrachte sie ihre Tage als Einsiedlerin, zurückgezogen von der Welt. Ihr Bett bestand aus Steinen, auf dem ein Bündel zerlumpter Kleider und Decken lag. Ihre einzigen Besitztümer waren ein paar Töpfe und Pfannen, gerahmte

Bilder von ihren spirituellen Lehrern, einige Opferschalen aus Messing und andere rituelle Gegenstände, die sie auf einem Holzbrett neben ihrem Lager aufbewahrte. Nicht weit entfernt, in einer ähnlichen Höhle, lebte ein alter Eremit. Seine Frau und er waren aus Tibet geflohen und hatten ihre Kinder zurücklassen müssen. Als seine Frau in einem Bauarbeiter-Camp in Indien starb, zog er sich in die Einsamkeit der Berge zurück und weihte sein Leben dem Glauben. Seine einzige Gesellschaft war eine Hand voll Mäuse, die so zahm waren, dass sie ihm aus der Hand fraßen. In der Nähe hatte ein weiterer Mönch seine Behausung, der gelobt hatte, drei Jahre, drei Monate und drei Tage in der Einsiedelei zu verbringen.

Gelegentlich nahm ich die Kinder mit, wenn ich die Eremiten besuchte, damit sie sahen, dass man trotz größter Armut zufrieden mit seinem Leben sein kann. Und dass viele Menschen, die genug zu essen und ein weiches Bett mit warmen Wolldecken und gestärkten sauberen Laken hatten, unzufrieden waren. Meine Kinder sollten erkennen, dass wahres Glück und wahre Freude von innen kommen.

In dieser Zeit lernte ich einen Mönch kennen, der in einer kleinen Hütte unweit des Kinderdorfes lebte. Es fiel mir damals sehr schwer, die buddhistischen Gebete in Englisch zu verstehen. Die tibetischen Texte waren in Langschrift verfasst und mit einer englischen Übersetzung versehen. Geshe Samdup-la erklärte sich auf meine Bitte hin einverstanden, mir zu helfen: Er erklärte die Anmerkungen zu den Gebeten aus dem tibetischen Text, danach musste ich ihn in Tibetisch lesen. Dank meines Lehrers

machte ich Fortschritte und erhielt Einblick in die kurze *lam-rim*-Meditation, eine Darstellung aller Belehrungen
des Buddha. Danach war ich in der Lage, an einer spirituellen Unterweisung und *Chenresig*-Initiation Seiner
Heiligkeit teilzunehmen, gemeinsam mit rund einem Dutzend Schülern aus aller Welt. Die Belehrungen wurden von
Jeffrey Hopkins, einem Professor für buddhistische Studien an der University of Virginia, in die englische Sprache
übersetzt. Obwohl ich nicht in allen Punkten folgen konnte, erinnerte mich mein Lehrer daran, dass ich mich glücklich schätzen durfte, diese Initiation zu erhalten, und
spornte mich an, meine Dharma-Studien fortzusetzen.

Ich bin ihm und allen Lehrern, die mir halfen, den
Dharma zu verstehen, und die gewährleisteten, dass ich
nicht eine der Frühjahrsbelehrungen Seiner Heiligkeit
verpasste, zu großem Dank verpflichtet.

Der Mönch Chamdo Geshe-la war ein weiterer wundervoller Lehrer und Freund. Er lebte hoch droben in
den Bergen in einer kleinen Hütte, die früher als Unterstand für die Kühe gedient hatte. Er war groß gewachsen,
mit hellem Teint und ausdrucksvoller, heiterer Miene.
Nach einem Schlaganfall war sein rechter Arm steif
geblieben. Trotz der Behinderung konnte er sich sehr gut
allein versorgen. Das Feuer, um Tee zu kochen, wenn
Lobsang und ich zu Besuch kamen, zündete er mit der linken Hand an. Wir teilten immer unseren mitgebrachten
Imbiss mit ihm, während wir draußen vor der Hütte
saßen und uns unterhielten.

Geshe-la schlief auf einer dünnen Strohmatte und
besaß einen schmalen Teppichstreifen, ein Warenmuster,

das seinen Besuchern als ›Sitzkissen‹ vorbehalten war. Neben seinem Bett befanden sich buddhistische Schriften und ein Rollbild der Göttin Tara. Abgesehen davon gab es keinerlei Mobiliar in diesem Raum. Der Vorraum war ebenfalls leer, bis auf ein paar Tiegel zum Kochen und einen Lehmofen. Beide Räume waren makellos sauber und die Genügsamkeit, die darin zum Ausdruck kam, verlieh ihnen eine besondere Atmosphäre.

Ende Juli 1979 kam Lobsang eines Tages aufgeregt von einem Besuch bei Seiner Heiligkeit nach Hause. Er war ausgewählt worden, mit einer Delegation nach Tibet zu reisen. Die Neuigkeit war schier unglaublich: Sollten die Chinesen den so genannten ›Abtrünnigen‹ tatsächlich eine Einreisegenehmigung erteilen? Lobsang war überglücklich, bat mich jedoch nachdrücklich, kein Wort über die Mission verlauten zu lassen, bis die Delegation den indischen Boden verlassen hatte.

Zur gleichen Zeit, als Lobsang nach Tibet abreiste, war ich auf dem Weg nach Ladakh. Mein Bruder Drikung Kyabgon hatte Lobsang und mich zur Hundertjahrfeier der Drikung Kagyü-Linie des tibetischen Buddhismus eingeladen. Der Tag sollte mit ganz besonderen religiösen Zeremonien begangen werden. Meine Eltern und meine Brüder Jigme und Paljor wollten ebenfalls an dem großen Ereignis teilnehmen.

Ich begab mich mit Pema auf die Reise. Wir fuhren mit dem Jeep nach Leh, der Hauptstadt von Ladakh. Beim Anblick der Landschaft fühlte ich mich nach Lhasa zurückversetzt und brach vor lauter Heimweh in Tränen aus.

Das Piang-Kloster (sprich: Fiang) war ungefähr zwanzig Minuten von der Hauptstadt entfernt und schon von weitem sichtbar; es thronte wie ein Adlerhorst auf dem Gipfel eines hoch zerklüfteten Felsens. Hoch aufragende Berge in verschiedenen Farbschattierungen bildeten einen imposanten natürlichen Schutzwall um die gesamte Region. Am Fuße des Klosterfelsens, von dem sich ein schmaler Fluss ins Tal hinabschlängelte, befand sich der einzige Streifen Grün weit und breit.

Der Aufstieg zum Kloster war anstrengender als alle meine bisherigen Bergwanderungen und jeder Schritt eine Qual. In einer Höhe von mehr als 3800 Metern musste ich im Schneckentempo gehen und alle paar Meter anhalten, um zu verschnaufen. Nachdem ich die ungezählten, in den Fels gehauenen Stufen erklommen hatte, kam ich völlig außer Atem in der Unterkunft meines Bruders an.

Der Raum hätte als Kulisse eines tibetischen Hauses dienen können: Er sah aus wie der Gebetsraum meiner Großmutter. Ich warf mich vor dem Rinpoche nieder und empfing seinen Segen. Er fragte mich, wo Lobsang sei und warum er mich nicht begleitet habe. Rinpoches Schatzmeister und Diener waren im Raum, und deshalb bemühte ich mich um eine unverfängliche Antwort und erwiderte: »Er hatte keine Zeit.« Der Rinpoche lachte und meinte: »Heutzutage kann man nichts mehr geheim halten. Kungoe befindet sich auf dem Weg nach Tibet!« Alle lachten und ich war erleichtert, denn ich hasse Notlügen. Bald darauf wurde Tee gebracht und meine Eltern leisteten uns Gesellschaft.

Die Mönche waren gastfreundlich und bescheiden und

ich fühlte mich sogleich heimisch. Während unseres Aufenthalts hatten meine Familie und ich die Gelegenheit, noch zwei weitere namhafte Drikung-Klöster zu besuchen. Von Piang aus ritten wir nach Shang, durch unwegsames Gelände und eine Schlucht, in der das Sonnenlicht von den Bergen reflektiert wurden. Sie bestanden aus kristallinem Gestein in den unterschiedlichsten Formen und Farben, von Purpurrot bis Rosa und Weiß. Der Ritt nach Shang war atemberaubend.

Das Kloster von Lama Yuru lag abgeschieden auf einer Höhe von mehr als 4000 Metern, höher noch als Leh. Wir gelangten an einen steilen Pass, der zum höchsten Punkt der Welt führte. Das uralte Kloster lag tief unter uns in einem Talkessel. Sandfarbene kahle Berge, die an bizarr geformte Kegel erinnerten, säumten ringsum das Dorf. Mit dem Bus fuhren wir den Rest der steilen Passstraße bis zum Gipfel hinauf und von dort ging es zu Fuß zum Kloster hinunter. Die Mönche begrüßten uns, wie es in jedem Kloster der Brauch war, mit religiöser Musik, Räucherwerk und *khadaks*. Die Dorfbewohner standen in ihrer besten Kleidung Spalier, um ihren Lama willkommen zu heißen. Es war ein einzigartiger Tag und während des Abstiegs zum Kloster erschien plötzlich ein gewaltiger Regenbogen am Himmel. Die Dorfbewohner waren außer sich vor Freude über dieses Glückszeichen. Der Rinpoche hatte dieses Kloster vor einigen Jahren für ein Retreat für drei Jahre, drei Monate und drei Tage erwählt. Der derzeitige Abt des Drikung-Klosters, Khenpo Kunchok Gyaltsen, hatte hier ebenfalls lange Zeit ›in Klausur‹ gelebt. An jenem Abend wurden wir von *dama* und *suna* in den Schlaf gewiegt, eine schaurige Musik, mit der man die hohen Lamas in dieser Region willkommen heißt. Meine Eltern und ich hatten einen kleinen Raum für uns und kaum war ich eingeschlafen, stürzten sich die ausgehungerten Wanzen auf mich. Wie sich herausstellte, war ich ihr Lieblingsopfer. Ich konnte das Beißen und Jucken nicht ertragen und als ich eine Kerze anzündete und meinen Schlafsack in Augenschein nahm, sah ich Hunderte der kleinen Plagegeister, deren Haut im Lichtschein glänzte. Ich weckte meine Mutter, vielleicht wusste sie, was zu tun war. Beim Aufwachen stellte sie fest, dass ihre Perlenohrringe fehlten, und wir verbrachten einen Großteil der Nacht damit, sie zu suchen. Der Morgen dämmerte schon, als wir sie endlich unter ihrer Strohmatte entdeckten und ich einschlief.

Am nächsten Abend schloss ich mich meinen Brüdern und meinem Cousin Phursam-la an, die ihr Nachtlager auf dem Dach des Klosters aufgeschlagen hatten. Es war eisig kalt, doch ich hatte eine Decke über meinen Schlafsack gebreitet und es gab keine Wanzen, die meine Nachtruhe störten. Das Mondlicht ergoss sich in Kaskaden über hoch aufragenden, schroffen Bergen und die Sterne funkelten am Firmament wie Diamanten, auf einer schwarzen Samtdecke verstreut. Der Anblick war von so ergreifender Schönheit, dass ich noch lange wach lag. Endlich schlief ich ein, tief und traumlos, und erwachte erst am nächsten Morgen, als der Gong ertönte und die Mönche in die Gebetshalle rief.

Am Ende unseres Ausflugs kehrten wir in das Piang-Kloster zurück, wo Lamatänze stattfanden. Tongden Rinpoche, der Oberste Lama der Drikung Kagyu-Klöster in Ladakh, war der Haupttänzer. Kurz und gedrungen, trug er das traditionelle Gewand des Schwarzhuttänzers. Die Hirschtänzer machten muntere Luftsprünge und die Clowns brachten alle Anwesenden zum Lachen. Diese Tänze symbolisieren den Sieg des Guten über das Böse und veranschaulichen die Notwendigkeit, uns von Betrübnissen oder Hindernissen auf dem Weg zu Seelenfrieden und innerem Glück zu befreien. Die Lamatänze sind sehr spirituell: Die Tänzer müssen sich zu den Götter und Wesenheiten, die sie darstellen, transformieren. Nach den Tänzen fanden die religiösen Unterweisungen statt.

Ich war stolz und glücklich, als ich meinen Bruder würdevoll auf seinem hohen Thronsessel sitzen sah; Hunderte von Besuchern waren zu den Powa-Belehrungen ins Kloster gekommen. Die Drikung-Lehrer sind für diese spezielle Praxis bekannt, in deren Mittelpunkt die Bewusstseinsübertragung steht: In der Stunde unseres Todes sollen wir in der Lage sein, das feine Bewusstsein in eine höhere Stufe zu versetzen, damit es in einer besseren Daseinsform wieder geboren wird. Das ist der Pfad der Erleuchtung. Während der Übungen verloren einige Teilnehmer das Bewusstsein. Ihr Bewusstsein, so heißt es, war durch die Kraft der Belehrungen in der Lage, den Körper zeitweilig zu verlassen.

Am nächsten Tag war es für mich an der Zeit, den Heimweg anzutreten. Die Reise nach Ladakh war ein unvergessliches Erlebnis, eine sehr interessante und spirituelle Erfahrung. Für kurze Zeit fühlte ich mich in das

Tibet meiner Kindheit zurückversetzt. Ich genoss die Gesellschaft meiner Eltern und Brüder, auch wenn ich meine Schwester vermisste. Ihr Mann erlaubte ihr nicht, allein zu reisen, und das strenge Klosterleben lag ihm nicht. Auch meinen Eltern fiel die Anpassung schwer, da sie beide rauchten, was die Mönche innerhalb der Klostermauern nicht gerne sahen; da sie jedoch nicht in der körperlichen Verfassung waren, mehrmals am Tag den beschwerlichen Weg über die Felsenstufen zu bewältigen, und ohne Zigaretten nicht leben konnten, durften sie ihrer Leidenschaft ausnahmsweise in ihrem Zimmer nachgehen. Normalerweise war Frauen überhaupt nicht gestattet, im Kloster zu übernachten, doch als Mutter und Schwester des Rinpoche gewährte man uns das Privileg, für die Dauer unseres Aufenthalts in dem uralten Gemäuer zu wohnen.

Bei meiner Rückkehr nach Dharamsala erfuhr ich, dass sich mein Sohn die Krätze geholt hatte. Es war ihm peinlich gewesen, die Krankenschwestern auf die ersten Pusteln aufmerksam zu machen, und so breitete sich der juckende Hautausschlag am ganzen Körper aus. Ein ehrenamtlicher Helfer der Klinik namens Karma behandelte ihn mit Purpursalbe und das Schlimmste war überstanden. Abgesehen davon waren die Kinder gesund und munter. Lobsang hatte mehrere Briefe geschrieben, in denen er uns mitteilte, dass es ihm gut gehe.

Ich vermisste Lobsang, doch meine religiösen Studien mit Geshe Samdup-la sorgten für Ablenkung. Wenn ich mich einsam oder innerlich leer fühlte, besuchte ich Kyabje Ling Rinpoche, den ehemaligen Tutor Seiner Heiligkeit. Ling Rinpoche bestand darauf, dass ich zum Tee blieb. Er erkundigte sich nach meiner Familie und war immer zu einem Scherz aufgelegt. Er fragte mich stets, ob ich Anstoß an seinen Bemerkungen nähme, die bisweilen eine sarkastische Note hatten. Vermutlich wollte er sehen, wie ich darauf reagierte. Ein so liebenswerter, heiliger Mann hätte mich nie aus der Fassung bringen können. Nach einem Besuch bei ihm fühlte ich mich immer gut gelaunt, gelassen und beschwingt.

Endlich kehrte Lobsang aus Tibet zurück. Ich freute mich darüber, ihn wieder zu Hause zu haben, doch er war völlig verändert. Er war verzweifelt über die Lebensbedingungen unserer Landsleute in Tibet, die unter der chinesischen Besatzung versklavt und zum Betteln verurteilt waren. Nur Tibeter, die in chinesischen Firmen arbeiteten, waren anständig gekleidet. Lobsang brachte Fotos von Menschen aus Kham, Amdo, Zentraltibet und anderen Teilen des Landes mit, die ihre Angehörigen suchten, und es gelang ihm, Verbindung mit ihren geflüchteten Familien in Indien oder im Ausland aufzunehmen. Ich war erstaunt, wie viele Menschen sich um Hilfe an ihn gewandt hatten. Der Strom der Bittsteller war nicht abgerissen und er hatte nachts nicht mehr als drei oder vier Stunden geschlafen.

Im Laufe der Zeit wurde Lobsang immer schwermütiger. Er konnte nicht vergessen, was er gesehen hatte. Die Menschen, die in Tibet zurückgeblieben waren, setzten große Hoffnungen in ihre Landsleute im Exil. »Was können wir tun, um ihr Los zu erleichtern?«, war die Frage, die Lobsang Tag und Nacht quälte. Manchmal weinten wir beide. Er zog in Erwägung zurückzukehren, um gemeinsam mit unseren Landsleuten den Boden für eine bessere Zukunft zu bereiten. Ich war glücklich, als er zum Direktor des Instituts für Tibetische Medizin und Astrologie ernannt wurde. Die Arbeit und die damit verbundenen Pflichten würden ihn fordern, sodass er keine Zeit hatte, ständig über den Besuch in Tibet nachzugrübeln. Wir brauchten das Geld dringend, weil sich unsere Ersparnisse aus den Vereinigten Staaten dem Ende zuneigten.

Als Lobsang Direktor des Instituts wurde, erhielt ich den Auftrag, mich der englischen Korrespondenz anzunehmen. Im April 1980 begannen wir beide mit unserer neuen Tätigkeit und zogen in ein kleines Gästehaus unweit des Instituts in der Ortschaft McLeod Ganj. Wir hatten zwei Räume für uns, das Badezimmer mussten wir uns mit den anderen Bewohnern teilen. Chuki kam zu uns, Tenzin wollte unbedingt im Kinderdorf bleiben, in einem Wohnheim für Jungen. Sogar am Wochenende war es schwer, ihn nach Hause zu locken: Er war der große Basketballstar, gehörte zur Fußballmannschaft seiner Schule und hatte einen großen Freundeskreis. Im Kinderdorf war immer etwas los.

Das Zentrum für Tibetische Medizin war ein kleines zweistöckiges Gebäude direkt unterhalb unserer Wohnung. Im zweiten Stock befanden sich die Konsultationsräume, das Büro, die Arzneimittelausgabe und Lagerräume. Im ersten Stock war die Apotheke, in der die Medizin hergestellt wurde. Hier wurden die Ingredienzien getrocknet und aufbewahrt. Die Räume im Erdgeschoss dienten als Personalunterkünfte.

Ich war für die Korrespondenz mit den Patienten zuständig, die sich für die Traditionelle Tibetische Medizin interessierten. Sie schilderten ihre Krankheitssymptome in aller Ausführlichkeit und die Ärzte stellten die Diagnose und schickten ihnen die Arzneien zu. Ich erinnere mich besonders an einen Fall, eine Frau aus Deutschland. Sie hatte so viele Gesundheitsprobleme, dass mir schleierhaft war, wie Dr. Tamdin zu einer klaren Diagnose gelangte. Die verordnete Arznei half, sie genas und wir erhielten ein begeistertes Dankschreiben; auch blieben wir regelmäßig in Kontakt. Nach einem halben Jahr schickte sie uns ein Foto von ihrer Hochzeit. Sie schrieb, dass sie uns dieses Glück verdanke.

Damals war die Tibetische Medizin bei weitem nicht so bekannt wie heute. Sie stellt eine sehr alte Form der Heilkunst dar, eine Verschmelzung von griechischen, indischen, persischen, chinesischen und traditionellen tibetischen Elementen, die in einem Grundlagentext, den so genannten ›Vier Tantras der Medizin‹ festgehalten und überliefert sind. Die Arzneien werden aus Heilkräutern, Mineralien, Edelsteinen und Tierextrakten hergestellt, die auf natürliche Weise getrocknet oder erhitzt und pulverisiert werden. Die Patienten erhalten nicht nur Arzneien, sondern auch Anweisungen für Gebete und für Ernährung, Lebensführung und Spiritualität; oder die Ärzte führen bestimmte Behandlungen durch, zum Beispiel medizinische Bäder, Moxibustion, Goldnadeltherapie und Massage.

Da das Institut auch für astrologische Berechnungen zuständig war, musste ich bei den Übersetzungen helfen.

Für jeden Auftraggeber wurde ein individuelles Horoskop erstellt, das Aussagen über wichtige Ereignisse im Leben eines Menschen von der Geburt bis zum Tod enthält. Ich erfuhr von mehreren, dass ihr Horoskop sehr genau war; auch in meinem Fall stimmten die Ereignisse ziemlich genau mit meinem Horoskop überein.

Unsere Astrologen empfahlen bestimmte Gebete und religiöse Praktiken für Buddhisten, um Hindernisse und Krankheiten zu überwinden. Nicht-Buddhisten wurde nahe gelegt, Armen und Bedürftigen zu helfen, sich gegen das Töten von Tieren zu engagieren und unentgeltliche Arbeit für einen guten Zweck zu leisten.

Wir waren auch in unserer eigenen tibetischen Gemeinde sehr aktiv, was unserem Leben einen tiefen Sinn verlieh. Ich war sehr glücklich, wenn Patienten, die Dr. Tamdin geschrieben hatten, selbst auf die Entfernung hin von ihrer Krankheit geheilt wurden. Wenn Dr. Tamdin keine klare Diagnose stellen konnte, wurde der Leibarzt des Dalai Lama, Dr. Jamyang Tashi, hinzugezogen. Dr. Tashi war ein älterer Herr und stets gut gelaunt. Nur wenn er sich einem schwerwiegenden Gesundheitsproblem gegenübersah, wurde seine Miene ernst. Er untersuchte seine Patienten sehr gründlich.

Ich bin Dr. Tashi auch ungemein dankbar, dass er sich meiner annahm, als ich krank wurde. Ich litt in Folge eines gynäkologischen Problems unter furchtbaren Rückenschmerzen und die Tibetische Medizin bewirkte keine Besserung. Ich fuhr deshalb nach Delhi, um mich von Kopf bis Fuß untersuchen zu lassen, und der behandelnde Arzt, ein Schulmediziner, schlug einen kleinen chirurgischen Eingriff vor, um eine Zyste am Gebärmutterhals zu entfernen. Es war eine geringfügige Operation. Als ich aus der Narkose aufwachte, saß meine Tante Daisy mit ihrem Mann Gelek Rinpoche an meinem Bett. Sie erzählte mir, ich hätte geweint und gesagt: »Doktor, die Menschen in Tibet leiden so sehr!« Meine Augen seien weit offen gewesen, doch allem Anschein nach hätte ich niemanden erkannt. Der Arzt erklärte immer wieder, die Operation sei vorbei und ich könne nach menschlichem Ermessen keine Schmerzen mehr empfinden.

Ich erinnere mich, dass Gelek Rinpoche meine Hand hielt und betete, als ich aus der Narkose aufwachte. Meine Tante stand am Fußende des Bettes. Die Gebete und die Anwesenheit der vertrauten Gesichter bewirkten, dass ich mich entspannte und meine Umgebung wahrnahm. Doch ich fühlte mich völlig kraftlos und bat den Rinpoche, mir die Gebetsschnur zu reichen, die von mehreren hohen Lamas gesegnet worden war.

Ich musste einige Veröffentlichungen für das Institut vorbereiten und deshalb schleunigst an die Arbeit zurück. Die Fahrt nach Dharamsala war beschwerlich und dazu kam, dass ich in aller Eile den Wagen wechseln musste, just bevor der Zug abfahren wollte, weil meine Fahrkarte falsch ausgestellt worden war. Zu Hause angekommen, legte ich mich in die Badewanne und plötzlich setzten rasende Kopfschmerzen ein. Als ich in die Küche ging, wo ich zwei Aspirin nahm, wurde ich ohnmächtig. Mein Mann war in der Nähe und fing mich auf, bevor ich auf dem Fußboden landete. Als ich aufwachte, hielt er meine Hand. Dr. Tashi kam und war sehr beunruhigt. Er stellte eine schwere Störung in meinem Windenergie-System und ein Ungleichgewicht in meiner lebenserhaltenden Windenergiebahn fest. Er verbrannte eine pulverisierte Arznei, gab mir einige Pillen und ich schlief eine Weile.

In den nächsten zwei Wochen kam Dr. Tashi jeden Tag, um mir zu helfen, die Schmerzen in den Handflächen und im Brustkorb zu bekämpfen. Am schlimmsten waren die Schlafstörungen. Wenn es mir gelang, für kurze Zeit einzuschlafen, träumte ich von Hunderten von Tibetern, die mich mit ausgestreckten Händen um Hilfe anflehten. Ich wachte erschöpft und mit einem Gefühl der Ohnmacht auf. Nur die Rezitation des ›Mani‹-Mantra und meine Gebetsschnur vermochten mich so weit zu beruhigen, dass ich still lag und meinen armen Mann nicht auch noch aufweckte. Die Hiobsbotschaft über die Ereignisse in Tibet und der Stress der letzten Monate hatten ihren Tribut gefordert und ich litt unter Depressionen. Nach der Rückkehr Seiner Heiligkeit von einer Auslandsreise erhielt ich eine Audienz bei ihm und danach ging es mir merklich besser. In Dharamsala lernte ich auch einen indischen Psychiater kennen, der mit modernen Medikamenten arbeitete. Die tibetische Medizin mit ihren sanften Wirkstoffen war dem Trauma des chirurgischen Eingriffs nicht gewachsen. Mit dem Segen Seiner Heiligkeit, Dr. Khannas Arznei, Dr. Tashis täglichen Besuchen und Lobsangs und Chukis liebevoller Pflege erholte ich mich langsam. Es dauerte einige Monate, bis ich wieder voll auf dem Damm war und meine Arbeit wieder aufnehmen konnte. Während der schlimmsten Phasen meiner Depression fürchtete ich, nie mehr in der Lage zu sein, wie ein normaler Mensch zu funktionieren. Ich hatte Angst, ein Pflegefall zu werden und meiner Familie zur Last zu fallen. Mein Mann und meine Tochter waren sehr geduldig. Meine Schwiegermutter, die gesundheitlich auch nicht ganz auf der Höhe war, drängte mich, sie zu besuchen, sobald es mir besser ging. Sie päppelte mich regelrecht auf und redete mir gut zu: »Wenn man krank ist, hat man keinen Appetit. Aber du musst dich notfalls zum Essen zwingen, damit du wieder zu Kräften kommen.« Ich werde ihren Rat nie vergessen.

Endlich konnte ich meine Arbeit im Institut und meine Dharma-Studien wieder aufnehmen. Ich brauchte einen Lehrer, der sich näher an meinem Wohnort befand. Lobsang schlug vor, mich an Serkhong Tsenshab Rinpoche zu wenden. Ich bat ihn, mir einen guten Lehrer zu nennen, keinen Gelehrten, sondern jemanden, der das Dharma praktizierte. Er durfte weder aus Kham noch aus Amdo stammen, da ich nur den zentraltibetischen Dialekt sprach und die Schriftsprache des Dharma sich in hohem Maß von der Umgangssprache unterscheidet. Der Rinpoche erklärte sich bereit, mich als Schülerin anzunehmen. Ich konnte mein Glück kaum fassen. Vor lauter Aufregung vergaß ich zu fragen, wann wir mit dem Unterricht beginnen würden. Deshalb suchte ich ihn ein paar Tage später abermals auf, um mich zu erkundigen. Wir tranken Buttertee und nachdem der Rinpoche mir Fragen über meine Familienbiografie und bisherigen Studien gestellt hatte, erklärte er, er werde mich wissen lassen, wann der Unterricht beginnen würde. Ich wartete. Als sich nichts tat, suchte ich ihn ein weiteres Mal auf und wieder wartete ich, vergebens. Eines Tages sagte ich zu Lobsang: »Serkhong Rinpoche hat zwar gesagt, dass er mich als Schülerin annimmt, aber nicht, wann wir mit den Studien beginnen. Könnte es sein, dass er keine Zeit hat?« Lobsang war der Ansicht, dass der Rinpoche mich auf die Probe stellte, um zu sehen, ob es mir mit meinen Dharma-Studien ernst sei, und dass ich ihn erneut aufsuchen solle. Und siehe da, dieses Mal sagte Serkhong Rinpoche, wann ich mit dem Text ›Drei wesentliche Aspekte des Pfades‹ zurückkehren sollte. Dieser Text war verhältnismäßig kurz, doch der Rinpoche legte Wert auf Gründlichkeit und ich studierte ihn unter seiner Anleitung annähernd ein Jahr. Er machte mir klar, dass ich mich für meine Dharma-Studien nicht von meiner Arbeit im Institut beurlauben lassen sollte, da die Arbeit den Kranken zugute kam, was genauso wichtig sei wie geistige Belehrungen und die Praxis des Dharma. Die Unterweisungen fanden nach der Arbeit und im Urlaub statt.

Serkhong Rinpoche verdanke ich meine Begeisterung und meine positive Einstellung zur Arbeit und zum Leben. Er war ein hervorragender Lehrer und half jedem, der mit der Bitte um Divinationen, Gebete oder um einen Krankenbesuch zu ihm kam. Er war ein wohlbeleibter Mann Ende sechzig, mit einem rundem Gesicht, das von zahlreichen Falten und Runzeln durchzogen war. Sein gewaltiger Körper bebte beim Lachen und er lachte gerne und oft. Seine Heiterkeit war ansteckend. Wenn wir über das Leid der Menschen sprachen, füllten sich seine Augen oft mit Tränen. Er verstand es meisterhaft, dafür zu sorgen, dass ich mir meinen Optimismus, meine

Lebensfreude und meinen Glauben an die Zukunft bewahrte.

Der Rinpoche war ein Mensch, der nichts von Extremen hielt. Einmal sagte er: »Schau dir diesen Becher Tee an. Wenn ich ihn austrinke, ist mein Durst gelöscht. Zwei Becher zu trinken wäre gierig und möglicherweise schädlich für die Gesundheit, aber nichts zu trinken wäre auch nicht gut für den Körper, weil ich nach unseren langen Gesprächen Durst habe. So ist es mit allem, was du dir im Leben wünschst. Lass dich nicht zu Extremen hinreißen.« Der Dank, dem ich diesem Lehrer schulde, ist unermesslich. Er ging leider von uns, nachdem er an den Vorbereitungen für eine *Kalachakra*-Initiation Seiner Heiligkeit mitgewirkt hatte.

Das Rad des Lebens

Nach zwei Jahrzehnten des undurchdringlichen Schweigens öffnete sich Tibet schließlich der Welt. Der Bambusvorhang wurde geöffnet und wir erhielten Kenntnis von den Gräueltaten, die in den Jahren der Stille begangen worden waren. Wir hörten etwas von unseren Angehörigen, die wir zurückgelassen hatten. Menschen aus ganz Tibet überquerten das endlose Gebirge, um wieder mit ihren Familien in Indien und Nepal vereint zu sein. Manche hatten eine noch weitere Reise vor sich, nach Europa, Kanada und den USA. Aus kleinen Kindern waren Erwachsene geworden, seit die Eltern sie vor zwanzig Jahren in Tibet zurückgelassen hatten. Männer und Frauen mussten nach den Jahren der Trennung feststellen, dass der Partner oder die Partnerin in der Zwischenzeit wieder geheiratet hatte. Menschen, die in Tibet in größter Armut gelebt und finanzielle Unterstützung von Angehörigen im Exil erhofft hatten, erfuhren nun, dass diese Flüchtlinge waren und sich selbst nur mit knapper Not über Wasser halten konnten. Die Familienzusammenführung bot nicht immer Anlass zur Freude. Menschen, die sich früher nahe gestanden hatten, waren einander fremd geworden. Auf die eine oder andere Weise bekamen die meisten tibetischen Familien die

Nachwirkungen der langen, erzwungenen Trennung zu spüren.

Besucher aus Tibet kamen auch, um sich vom Dalai Lama segnen zu lassen. Viele betagte Menschen wollten Seine Heiligkeit ein letztes Mal mit eigenen Augen sehen, um in Frieden sterben zu können.

Auch Lobsang und ich hatten Verwandte, die ausreisen durften und nach Indien kamen. Zu den ersten Besuchern gehörten mein Cousin Jigme und meine Cousine Kunsang Taring. Jigme und Kunsang waren Verwandte ersten Grades, die Kinder meiner Tante Betty Taring. Tante Betty und Onkel George hatten sich zur Zeit des Aufstands der Tibeter in Indien aufgehalten, die Kinder in Lhasa bei den Großeltern. Die Großeltern mussten 1959 fliehen, als Lhasa umkämpft wurde, und hatten die noch kleinen Kinder in der Obhut der Urgroßmutter zurücklassen müssen.

Ich fuhr zu den Tarings nach Dehra Dun, wo sich die ganze Familie versammelte. Es war ein kalter Winterabend, als ich das Anwesen erreichte. Ich stieg die Verandastufen empor und betrat das Wohnzimmer, wo Mola gerade in eine angeregte Unterhaltung mit Jigme-la vertieft war. Sie bemerkten mich nicht. Jigme-la hatte das Gesicht der Tür zugewandt und als er aufblickte, zögerte er, unsicher, ob er aufstehen und mich begrüßen oder sitzen bleiben sollte. Auf Reisen trug ich keine tibetische Kleidung, sondern der Bequemlichkeit halber Bluejeans und Pullover, deshalb erkannte er mich nicht. Als ich »Jigme-la!« rief, erwiderte er »Acha Namgyal Lhamo-la«. Wir blickten uns an, den Tränen nahe. Mola kam zu mir und umarmte mich und ich wurde von meinen Gefühlen überwältigt. In diesem tränenreichen und zugleich freudigen Moment betrat Pola den Raum, gefolgt von Kunsang-la. Wir umarmten uns und alle weinten.

Dreiundzwanzig Jahre war es her. Kunsang-la war damals ein pausbäckiges kleines Mädchen gewesen, drei oder vier Jahre alt. Jetzt war sie eine junge Frau. Sie trug schwarze, ausgebeulte Hosen und eine lose Strickjacke. Ihre Haare waren zu einem Zopf geflochten und sie war völlig ungeschminkt, ähnlich den Chinesinnen, wie man sie aus Zeitschriften kannte. Sie hatte zwei kleine Söhne und den jüngeren mitgebracht. Jigme-la war ein paar Jahre älter als Kunsang-la und ein niedlicher kleiner Junge gewesen. Jigme war immer noch klein, aber spindeldürr. Er wirkte traurig, müde und viel älter, als er war.

Das Wiedersehen kam mir vor wie der Versuch, die verlorene Lebenszeit zurückzuholen. Wir redeten und redeten, über Angehörige in Tibet und im Exil und erfuhren zu unserem Leidwesen, dass die älteste Schwester der beiden, Nordon-la, die oft mit Norzin und mir gespielt hatte, verstorben war. Sie wurde während der Kulturrevolution nach Chamdo in Kham zwangsumgesiedelt, wo sie im Kindbett starb und zwei kleine Mädchen verwaist zurückließ.

Mein Cousin und meine Cousine hatten wegen ihrer Herkunft viel erdulden müssen. Sie waren Kinder und hatten niemandem etwas zuleide getan, doch sie stammten aus einer aristokratischen Familie und das allein reichte aus. Außerdem lebten ihre Eltern und Großeltern

in Indien im Exil und deshalb wurden sie als Abkömm-
linge von Reaktionären und Verrätern gebrandmarkt.
Jigme-la wurde der Besuch einer weiterführenden Schule
verwehrt und Kunsang-la durfte überhaupt nicht zur
Schule gehen. Wir brauchten vier Tage, um zu erzählen,
was jeder in der Zwischenzeit erlebt hatte, um uns zu
erinnern, zu lachen, zu weinen und glücklich zu sein,
weil wir beisammen waren.

Mein Cousin und meine Cousine versprachen, mich in
Dharamsala zu besuchen, weil sie Seiner Heiligkeit ihre
Aufwartung machen wollten, bevor sie nach Tibet zurückkehrten. Ihre Familien warteten auf sie. Auch wenn
die beiden es mit keiner Silbe erwähnten, bin ich mir
sicher, dass ihre Angehörigen in Tibet als Geiseln festgehalten wurden, um zu gewährleisten, dass mein Cousin
und meine Cousine sich jeden Fluchtgedanken aus dem
Kopf schlugen. Der Abschied fiel uns schwer, doch da wir
noch jung waren, hofften wir auf den Tag, an dem wir
uns wieder sehen und mehr Zeit miteinander verbringen
würden, vielleicht bald, in Tibet.

Immer mehr Tibeter trafen in Indien und Nepal ein.
Viele Kinder blieben im Exil und besuchten tibetische
Schulen, weil sie hier eine bessere Ausbildung bekamen. Die Neuankömmlinge wirkten misstrauisch und
bedrückt. Es dauerte lange, bis sie wieder lernten zu
lachen, offen ihre Meinung zu sagen und ihre Gefühle
unverblümt zum Ausdruck zu bringen. Sie brauchten
Zeit und viel Verständnis, damit die Wunden heilen
konnten.

Zu den Neuankömmlingen gehörte auch ein berühmter tibetischer Arzt. Da es Gyalyum, meiner Schwiegermutter, nicht gut ging, hatte Lobsang die chinesischen Behörden ersucht, ihrem ehemaligen Leibarzt, Dr. Tenzin Choedrak, die Ausreise nach Indien zu gestatten, um sie zu behandeln. Wir freuten uns sehr, als wir erfuhren, dass man ihm die Genehmigung erteilt hatte. Gyalyums jüngere Schwester und ihr Mann waren ebenfalls aus Tibet angereist. Von ihnen zu hören, wie es um die Situation in Tibet bestellt war und dass keine Aussicht auf eine baldige Rückkehr in die Heimat bestand, trug dazu bei, dass meine Schwiegermutter den Mut verlor und ihr Gesundheitszustand sich verschlechterte. Sie war in denkbar schlechter körperlicher und seelischer Verfassung, als Dr. Choedrak Ende 1980 in Dharamsala eintraf.

Dr. Choedrak war ein anschauliches Beispiel für die leidvollen Erfahrungen des tibetischen Volkes unter der chinesischen Herrschaft. Er stammte aus einem einfachen Elternhaus und war nie politisch aktiv gewesen, sondern hatte sich mit Leib und Seele seinem Beruf verschrieben. Vor der chinesischen Okkupation war er Mönch und einer der besten Ärzte im Mentsi-khang, dem Zentrum für Tibetische Medizin in Lhasa. Zu Beginn der fünfziger Jahre wurde er Assistent des Leibarztes Seiner Heiligkeit des Dalai Lama, Dr. Khenrab Norbu. 1959 wurde er als Spion verdächtigt. Die Chinesen schlugen ihm einen Handel vor: Er sollte Seiner Heiligkeit in einem Schauprozess Straftaten zur Last legen, die Seine Heiligkeit nicht begangen hatte. Dr. Choedrak wollte nicht lügen, nur um seiner eigenen Verurteilung und Inhaftierung zu entgehen. Er war ein Mann, der seine Prinzipien hatte, und so sperrte man ihn ins Gefängnis. Er sagte: »Jeder in Tibet, der eine wichtige Stellung in der Gemeinde bekleidete oder einen akademischen Beruf ausübte, wurde zur Umerziehung ins Arbeitslager geschickt, gefoltert, ins Gefängnis gesteckt. Sie wollten unseren Widerstand brechen, chinesische Marionetten aus uns machen.«

Dr. Choedrak wurde nach Chuchen deportiert, in ein Massenarbeitslager an der Grenze zwischen Nordost-Tibet und China. In dem Camp befanden sich etwa fünf-undsiebzig Männer, von denen nur dreiundzwanzig nach verbüßter Strafe nach Lhasa zurückkehrten. Sie hungerten und mussten schwere körperliche Arbeit verrichten. Wenn sie krank oder entkräftet waren, wurden sie in ein Krankenhaus gebracht; sobald sie wieder arbeitsfähig waren, schickte man sie ins Lager zurück. Diese unmenschliche Prozedur wiederholte sich mehrmals.

Dr. Choedrak wurde schwer misshandelt: Dabei prügelte man derart auf ihn ein, dass ein Augapfel aus der Augenhöhle rutschte und ihm auch Zähne ausgeschlagen wurden. Bevor er andere behandeln konnte, brauchte er selbst Hilfe und Zahnersatz. Doch nach all den Torturen, die er erlitten hatte, und dem Berufsverbot in seiner Heimat freute er sich darauf, wieder als Arzt tätig zu sein. Er war ein begnadeter Heiler. Die Patienten standen Schlange vor dem Medizinischen Zentrum und sein Ruf verbreitete sich rasch. Dr. Choedrak wurde der Erste Leibarzt des Dalai Lama, bereiste die ganze Welt und wurde mit Ehrungen für seine Arbeit überhäuft.

Mein Onkel Phuntsok hatte ebenfalls Schlimmes

erlebt. Er war 1959 nach Tibet zurückgekehrt, kurz vor der Revolte gegen die Chinesen. Weil er Mitglied der tibetischen Regierung und am Aufstand beteiligt gewesen war und weil er eine englische Schule in Indien besucht hatte, sperrte man ihn fast zwanzig Jahre ein. Er wurde mit Dr. Choedrak in das Arbeitslager nach Chuchen deportiert. Nach seiner Freilassung war Phuntsok zwar körperlich präsent, doch in Gedanken weit weg. Er konnte nicht über seine Erlebnisse sprechen. Er saß schweigend da, rauchte eine Zigarette nach der anderen. Oft trübte sich sein Blick. Wenn wir uns nach seiner Gesundheit oder seinem Leben in Tibet erkundigten, huschten seine Augen angstvoll durch den Raum und er gab notgedrungen das eine oder andere Bruchstück seiner Erfahrungen preis. Doch nach spätestens fünf oder zehn Minuten ließ seine Konzentration nach. Dann senkte er den Kopf, umklammerte ihn mit beiden Händen und entzog sich der Welt. Ihm fehlten die Worte, er konnte keinen klaren Gedanken mehr fassen. Wir hörten auf, ihm Fragen zu stellen, aber wir sahen, dass ihn die Vergangenheit zerstörte. Er hatte Angst, uns seine Geschichte zu erzählen, weil er noch immer glaubte, die Chinesen könnten ihn hören und ihn zur Strafe wieder ins Arbeitslager oder Gefängnis stecken. Um uns ein Bild von dem zu machen, was ihm widerfahren war, waren wir auf die Aussagen anderer angewiesen, die ihn in der Zeit persönlich erlebt hatten.

Die Chinesen hatten versucht, den Widerstand des tibetischen Volkes zu brechen, es gefügig zu machen. Manche Menschen hatten so viel erlitten, dass es wie bei meinem Onkel unsäglicher Anstrengungen bedurfte, den Heilungsprozess einzuleiten und zu einer gewissen Normalität zurückzukehren. Mein Onkel überlebte. Er ist inzwischen verheiratet und schmiedet sogar wieder Zukunftspläne. Er war einer von denen, die Glück gehabt hatten.

Der Januar 1981 war trübselig. Er gehört in Dharamsala zu den kältesten Monaten im Jahr. Sobald Schnee auf den höheren Berggipfeln lag, wurden wir von Heimweh und dumpfer Verzweiflung geplagt. Die blassen Sonnenstrahlen taten ihr Bestes, die dunkle Wolkendecke zu durchbrechen, doch die Mühe war vergebens. Gyalyum wurde schwer krank. Sie hatte einen schlimmen Husten, die Bronchien waren voller Schleim, die Lunge angegriffen und jeder Atemzug eine Qual. Sie konnte nicht liegen, war ruhelos.

Wenige Tage, bevor sie von uns ging, kam Seine Heiligkeit. Er empfahl ihr, vor dem Bildnis Mahakalas, der Schutzgöttin unserer Familie, zu meditieren. Er wusste, dass sie sterben würde: »Du hast ein hohes Alter erreicht, warst dein ganzes Leben lang für andere da und hast ihnen geholfen, deshalb ist alles gut.« Das Rollbild wurde an ihr Bett gebracht und während sie den Thangka von Gonpo betrachtete, wurde sie sehr friedvoll.

Es war eine traurige Zeit für uns alle, aber wir trösteten uns mit dem Wissen, dass es ein Glück war, dass wir sie so lange bei uns haben durften. Sie war einundachtzig Jahre alt. Nie hatte sie sich über ihre Krankheit beklagt, sondern nur ihrer Sorge Ausdruck verliehen, sie könnte uns zur Last fallen. Sie war eine außergewöhnliche Frau, die immer zuerst an andere dachte. Sie starb am 12. Januar, in den Armen meines Mannes. Alle, die sie kannten, vermissten sie, aber sie lebt weiter in unseren Erinnerungen.

Seine Heiligkeit war zu einer Belehrung nach Bodh Gaya gereist, doch vorher hatte er seinen Ersten Sekretär angewiesen, Gyalyums Beisetzung in die Wege zu leiten. Er kümmerte sich auch um die Gebete für die Verstorbene und die Bevölkerung wurde gebeten, das ›Om Mani Padme Hum‹-Mantra zu rezitieren. Von ihren sechs noch lebenden Kindern war nur Lobsang anwesend, als sie starb.

Für uns ging das Leben weiter. Chuki schloss die Schule als eine der Besten und mit Auszeichnung in Französisch ab. Wir schickten sie auf ein kleines College in Darjeeling, da sie sich in einer Großstadt verloren gefühlt hätte. Das Loreto College war eine renommierte Mädchenschule, bekannt in ganz Nordindien, und wir waren froh, dass meine Schwägerin Chutan Thondup, die in Darjeeling lebte, sich um sie kümmern konnte. Meine Eltern wohnten nicht weit entfernt in Kalimpong. Ich hatte zwölf wunderbare Jahre in der Mount Hermon School in Darjeeling verbracht und dachte, meine Tochter würde sich in der kleinen Bergstadt auf Anhieb heimisch fühlen. Das war allerdings nicht der Fall. Da Chuki zum ersten Mal von zu Hause weg war, war es jedoch kein Wunder, dass sie unter Heimweh litt. In ihren Briefen klagte sie über das Essen und die winzige Kammer, die sie mit zwei Mädchen teilte, und ständig war sie krank: An einem Tag hatte sie eine schlimme Grippe, am nächsten eine Augenentzündung. Es dauerte nicht lange, bis sie völlig überraschend in Dharamsala auftauchte. Sie hatte Acha Chutan erklärt, lieber wolle sie sterben als in Darjeeling bleiben. Die arme Acha-la war derart in Sorge, dass sie Chuki ein Flugticket nach Delhi kaufte und sie postwendend nach Hause schickte. Kurz danach meldeten wir Chuki im Government College for Women in Chandigarh an, wo sie Psychologie studierte und bis zum Abschluss blieb.

Lobsang und ich hatten viel zu tun im Zentrum für Tibetische Medizin, das mit der Ankunft mehrerer Ärzte aus Tibet rasch expandierte. Die Menschen kamen aus ganz Indien und dem Ausland, auf der Suche nach Heilung und Linderung ihrer Beschwerden. Mit dem wachsenden Zustrom von Patienten wurden auch mehr Arzneien gebraucht und deshalb mussten mehr Kräuter und Ingredienzien gekauft und verarbeitet werden. Immer mehr Studenten interessierten sich für die traditionelle tibetische Heilkunde und unser kleines medizinisches Lehrinstitut platzte aus allen Nähten. Über Langeweile konnten wir uns wirklich nicht beklagen.

Tenzin schloss sich bald darauf Chuki an: Er legte an der Chandigarh University sein Vorexamen ab und wurde im darauf folgenden Jahr am renommierten St. Stephen's College für Jungen angenommen wurde, das zur Delhi University gehörte. Er war Mitglied der Basketballmannschaft und der Tibetan Youth Association. Die Jugendlichen, die dem Verband angehörten, verrichteten ehrenamtlich Sozialarbeit in den tibetischen Gemeinden und waren sehr aktiv im Kampf um die tibetische Unabhängigkeit. Es gab eine kleine Splittergruppe, die ungeduldig und unzufrieden war mit den langsamen Fortschritten bei den Bemühungen, der chinesischen Herrschaft auf dem Verhandlungsweg ein Ende zu setzen. Im Gegensatz zu der friedlichen, gewaltlosen Position, die der Dalai Lama und die tibetische Regierung vertraten, befürworteten sie eine Konfrontation und harte Linie gegenüber den Besatzern. Einige von Tenzins Freunden gehörten einer extremistischen Gruppierung an: Sie waren für eine Konfliktlösung, wie sie die Palästinenser damals praktizierten, die mit Flugzeugentführungen und Geiselnahmen die Aufmerksamkeit der ganzen Welt auf ihren Kampf lenkten. Manchmal verstand ich ihre Frustration, aber solche Maßstäbe entbehrten der Realität. Die Welt ist der Gewalt und Zerstörung überdrüssig. Was gebraucht wird, sind gewaltfreie Konfliktlösungen, die nicht noch mehr Leid für die Menschen verursachen. Diese Position vertrat der Dalai Lama.

Meine Kinder nahmen an den Studentendemonstrationen vor der chinesischen Botschaft in Delhi teil. Lobsang und ich arbeiteten zu der Zeit an einem Projekt in Delhi und hatten vergeblich versucht, uns mit ihnen in Verbindung zu setzen. Wir erfuhren, dass beide verhaftet worden waren, als sie gegen den Besuch eines chinesischen Würdenträgers in Indien protestiert hatten. Wir versuchten per Telefon etwas über Chukis und Tenzins Verbleib herauszufinden. Das Personal des Tibet Büros teilte uns mit, dass man die Mädchen in ein Stadion an der Peripherie der Stadt gebracht hatte. Lobsang und ich liehen uns einen Motorroller aus und fuhren hin, aber es war niemand zu sehen. Einige Leute, die in der Nähe des Eingangstors standen, erzählten uns, dass eine Gruppe von Demonstranten in das Gefängnis von Tihar überstellt worden sei. Dort forderte man uns auf, am nächsten Morgen wieder zu kommen, da die Besuchszeit vorüber sei.

Zu diesem Zeitpunkt hielt sich zufällig mein Vetter Paljor Dorji aus Bhutan in Neu Delhi auf, der den König von Bhutan bei einem Staatsbesuch begleitet hatte. Wir setzten uns mit ihm in Verbindung und als er hörte, dass sich meine Tochter in Tihar befand, sagte er: »Namlha, in Tihar sitzen hartgesottene Verbrecher, Kriminelle. Das ist kein Aufenthaltsort für ein junges Mädchen; du musst sie dort sofort herausholen. Wenn ich etwas für dich tun kann, ruf mich an.« Natürlich waren wir nach dem Telefonat so besorgt, dass wir in der Nacht kein Auge zutaten.

Am nächsten Morgen standen wir vor dem großen mit Bolzen versehenen Eingangstor von Tihar und nachdem wir mit blauer Tinte einen Stempel am Handgelenk erhalten hatten, wurden wir in den Besucherraum geführt. Ich kam mir wie eine Schwerverbrecherin vor. Es dauerte einige Zeit, bis Chuki vorgeführt wurde, und die Aufseher beruhigten uns. »Machen Sie sich bitte keine Sorgen, wir behandeln sie gut, unsere Politischen«, sagte einer. »Sie können stolz sein, dass Ihre Tochter im selben Gefängnistrakt gelandet ist, in dem auch Indira Gandhi war, aber sagen sie ihr und den anderen Mädchen, dass sie essen sollen. Sie rühren keinen Bissen an und wer erfährt schon außerhalb der Gefängnismauern, dass sie in ihren Zellen aus Protest in den Hungerstreik getreten sind.«

Das Klirren von Ketten kündigte Chukis Ankunft an. Als sie uns sah, brach sie in Tränen aus. Ich auch. Wir versprachen, dass ihr Cousin alles daransetzen würde, sie freizubekommen, doch Chuki lehnte ab und wollte erst dann gehen, wenn alle entlassen würden, die mit ihr verhaftet worden waren. Ich war sehr stolz auf meine Tochter. Wir baten sie und ihre Freundinnen inständig, den Hungerstreik zu beenden. Sie erzählten uns, einer der Mönche und Anführer der Demonstration habe ihnen dazu geraten, für den Fall einer Verhaftung in den Hungerstreik zu treten.

Wir besuchten Tenzin in der Männerabteilung und kurz danach wurden alle Tibeter auf freien Fuß gesetzt. Tenzin wurde fünfmal bei Demonstrationen verhaftet und wir erhielten des Öfteren Mitteilungen vom College, dass er wieder einmal wegen seiner politischen Aktivitäten, die viel Zeit in Anspruch nahmen, gefehlt hatte. Ich musste ihm vor Augen führen, wie schwer es uns fiel, die Kosten für das College aufzubringen, und wir es uns nicht leisten konnten, dass er bummelte. Auf unseren Rat, den Kampf um Tibets Unabhängigkeit nach seinem Schulabschluss fortzusetzen, erklärte er: »Ihr solltet stolz auf eure Kinder sein, die für Tibet kämpfen.« Lobsang und ich waren stolz, wir mussten jedoch darauf bestehen, dass die Schule nicht darunter litt, da wir es waren, die das College bezahlten.

Chuki war zu einer sehr hübschen jungen Frau geworden. Sie hatte das College abgeschlossen und besuchte eine Sekretärinnenschule in Delhi. Ihre Verehrer standen Schlange, sie interessierte sich jedoch für keinen. Wir wussten nicht, dass sie im College von Chandigarh einen jungen Mann aus Himachal Pradesh kennen gelernt hatte, Raj Mahant. Er stammte aus Manali und war ein Freund von Tenzin, ein stiller, ernsthafter junger Mann. Die Beziehung war nicht leicht für Chuki. Viele ihrer tibetischen Kommilitonen und Landsleute waren wenig erfreut darüber, dass sie sich ausgerechnet einen Inder in den Kopf gesetzt hatte. Sie waren der Ansicht, Chuki müsse als Nichte des Dalai Lama mit gutem Beispiel vorangehen und die junge tibetische Generation nicht auch noch ermutigen, eine Verbindung mit einem Ausländer einzugehen. Da Chinas Abtreibungspolitik und die stringente Einschränkung des Bevölkerungswachstums in Tibet einem Genozid gleichkam, sollten die jungen Exil-Tibeter Angehörige ihres eigenen Volkes heiraten. Ich beschloss, Chuki für ein Jahr nach Deutschland zu schicken, in der Hoffnung, dass Gras über die Geschichte wachsen würde. Raj war außerdem Hindu und Brahmane, stammte aus einer orthodoxen Familie und seine Angehörigen konnten der Ehe mit einer Andersgläubigen ebenso wenig abgewinnen.

Lobsang hatte sich seit seiner Reise nach Tibet völlig verändert. Er wirkte niedergeschlagen und in sich gekehrt. Die heitere, hoffnungsvolle, humorvolle Seite seines Wesens war verschwunden. Mit seiner Gesundheit stand es nicht zum Besten, obwohl die letzte ärztliche Untersuchung ergeben hatte, dass ihm nichts fehlte. Er hatte begonnen, im Übermaß zu trinken, und seine Exzesse machten mir Angst. Als ich ihm ins Gewissen redete, meinte er, nur wenn er in Gesellschaft seiner Freunde trinke, könne er seine Sorgen vergessen und unbeschwert sein. Das war natürlich keine Art, Probleme zu lösen. Zwischen uns gab es keine Unstimmigkeiten, die Kinder entwickelten sich gut, doch der Gedanke an die Zukunft Tibets trieb ihn zur Verzweiflung. Die Situation, die derzeit dort herrschte, gab wenig Grund zur Hoffnung.

Im Sommer 1985 hatten wir gerade ein Haus erworben und eingerichtet, das als Klinik für Tibetische Medizin fungieren sollte. Nachdem wir sechs Wochen lang in der Hitze Delhis nach einem passenden Objekt gesucht und alles in die Wege geleitet hatten, konnten wir uns endlich auf die Rückreise begeben. Lobsang war ein Perfektionist und akribisch darauf bedacht, alles bis ins Kleinste zu organisieren, wenn es um seine Arbeit ging; folglich waren wir beide ziemlich erschöpft. Kurz vor der Abfahrt unseres Busses traf Seine Heiligkeit im Anschluss an einen Auslandsaufenthalt in Delhi ein. Er bat Lobsang, ihn mit dem Zug nach Dharamsala zu begleiten. Ich verließ Delhi mit zwei Kollegen und war froh, dass Lobsang in Gesellschaft von Kundun in einem Sonderabteil reisen würde. Es war bequem und geräumig, der Service gut und Lobsang konnte sich ausruhen. Später erfuhr ich, dass er in letzter Minute abgesagt hatte, wegen einer wichtigen Angelegenheit: Unser Institut suchte seit einiger Zeit dringend ein größeres Grundstück, um ein Krankenhaus zu bauen. Der indische Regierungsbeamte, der in das Projekt einbezogen war, traf sich mit Lobsang am Tag der geplanten Abreise nach Dharamsala, um ihm mitzuteilen, dass sein Vorgesetzter ihn in zehn Tagen empfangen würde.

Aus den zehn Tagen wurden zwei Wochen und ich machte mir langsam Sorgen. Eines Nachts träumte ich, dass Lobsang nach mir rief; er wirkte völlig aufgelöst. Ich hatte Angst, ihm könne etwas passiert sein. Ich fuhr unverzüglich zum Haus meiner Schwägerin Pema und rief Chuki an, die in Delhi war. Sie beruhigte mich: Lobsang hatte sich eine schwere Grippe zugezogen und kurierte sich in der Wohnung meiner Schwägerin aus. Montagmorgen konnte ich mich nicht auf meine Arbeit konzentrieren. Ich war einer Panik nahe, was mir nie zuvor passiert war. Ich rief Acha-la an, die mir sagte, Lobsang sei an diesem Morgen noch einmal bei einem Arzt gewesen, der eine Gelbsucht diagnostiziert hatte. Als ich mit Lobsang sprach, klang seine Stimme nicht Besorgnis erregend, aber ich beschloss trotzdem, noch am selben Abend mit dem Bus nach Delhi zu fahren.

Ich traf am nächsten Morgen in Delhi ein und fuhr sofort zur Wohnung meiner Schwägerin. Lobsang saß im Wohnzimmer und las die Tageszeitung; er trug den weißen indischen Baumwoll-Pyjama, den ich ihm aus Bombay mitgebracht hatte. Er war überrascht, mich zu sehen. Er stand auf, kam auf mich zu und umarmte mich. Wir waren beide in Tränen aufgelöst. Er sah schwach und abgemagert aus. Ich wollte wissen, warum er mir nichts von seinem Gesundheitszustand gesagt habe, doch er wich mir aus. Nach meiner Ankunft aß er in seinem Schlafzimmer. Er wollte niemandem zur Last fallen, genau wie seine Mutter. Er hatte eine tibetische Arznei genommen, die gut bei Lebererkrankungen war, bevor Dr. Kunga Ngarongshar kam und seinen Urin, der die Farbe von starkem Tee hatte, untersuchte, um eine Diagnose zu stellen. Am dritten Tag nach meiner Ankunft weigerte sich Lobsang, seine Tabletten einzunehmen. Er wollte nicht, dass wir auch nur in seine Nähe kamen, aß nichts mehr. Unser Koch, mein Bruder Jigme und ich brachten ihn ins Holy Family Hospital. Es war spät am Abend, als wir ankamen; der Nachtdienst hatte begonnen und die Fachärzte waren bereits nach Hause gegangen. Die Belegschaft in der Notaufnahme, ein Praktikant, zwei Assistenzärzte und zwei Krankenschwestern, wurden nicht mit ihm fertig. Trotz seiner Schwäche entwickelte er solche Bärenkräfte, dass fünf starke Leute nicht ausgereicht hätten, um ihm eine Spritze zu geben.

Ich blieb die ganze Nacht bei Lobsang in der Notaufnahme. Es war die schlimmste Nacht meines Lebens. Lobsang konnte seine Blase nicht entleeren. Er litt furchtbare Schmerzen und schlug wild um sich, wenn jemand auch nur in seine Nähe kam. Die beiden Assistenzärzte musste ihn am Bett festschnallen, aus Angst, er könnte sich verletzen. Ich flehte sie an, ihm irgendetwas zu geben, um seine Schmerzen zu lindern, doch sie erklärten, dazu seien sie ohne Genehmigung des Chefarztes nicht befugt, ich müsse mich bis zum nächsten Morgen gedulden. Als ich mit Lobsang allein war, löste ich die Bandagen, mit denen sie ihn ans Bett gefesselt hatte. Er war schweißgebadet und flehte um Hilfe. Ich kühlte seine Stirn mit einem nassen Handtuch und rezitierte ›Mani‹-Mantras an seinem Ohr, was ihn für einige Stunden zu beruhigen schien. Es zerriss mir das Herz, hilflos mit anhören zu müssen, wie Lobsang vor Schmerzen schrie. Die Nacht dauerte ewig: da es keine zusätzliche Liege gab, musste ich mit dem Fußboden und einer Decke vorlieb nehmen, die ich von zu Hause mitgebracht hatte, um wenigstens meine Beine auszustrecken. Doch der Boden war hart und ich war so unruhig und besorgt, dass ich keine Minute still sitzen konnte. Die Krankenschwestern durften überhaupt nichts ohne Zustimmung der Ärzte tun und sie waren vollauf beschäftigt und genauso machtlos wie ich. Wenn Lobsang erschöpft einzunicken schien, irrte ich durch die Gänge und half der Nachtschwester dabei, den Patienten Wasser zu geben, die Durst hatten. Ich habe es nur meinen Gebeten zu verdanken, dass ich die Nacht überstand. Ich rezitierte Mantras und stellte mir dabei die verschiedenen Gottheiten vor, um mich von Lobsangs Qualen abzulenken.

Am nächsten Morgen kam der Chefarzt und gab Lobsang eine Spritze gegen die Schmerzen; danach entspannte er sich so weit, dass die Schwester einen Blasenkatheter einführen konnte. Der Doktor bezweifelte, dass Lobsang eine Überlebenschance hatte, die Hepatitis sei nach seinem Dafürhalten zu weit fortgeschritten. Am späten Vormittag wurde er in eine Spezialklinik verlegt, wo sich die Diagnose bestätigte.

Lobsang wachte nicht mehr aus seinem Schlaf auf. Er lag dreizehn Tage im Koma. An seinem Todestag trafen seine Schwester Pema, Chuki, Tenzin und ich ungefähr zur gleichen Zeit in der Klinik ein, aus verschiedenen Ecken Delhis kommend. Chuki und ich waren an seiner

Seite, als er starb, als hätte er nur darauf gewartet, dass wir Abschied von ihm nahmen.

Ich wusch den Leichnam mit dem geweihten Wasser, das Seine Heiligkeit aus Dharamsala geschickt hatte; dabei ging mir Tashi Tsering vom Privatbüro Seiner Heiligkeit zur Hand. Chuki und ich hatten an dem Tag seinen Anzug mit den weißen lockeren Pumphosen mitgebracht, frisch aus der Wäscherei, den wir ihm anzogen. Doboom Rinpoche vom Tibet House kam, um das *phowa*-Gebet zu rezitieren, die letzten Riten für die Toten, damit Lobsang in ein besseres Leben wieder geboren werden konnte.

Das Leben ist so zerbrechlich. Lobsang war nur dreiundfünfzig Jahre alt geworden und ungeheuer vital; erst vor wenigen Monaten hatte ihm der Arzt nach einer Generaluntersuchung bestätigt: »Sie haben eine beneidenswerte Konstitution!« Noch vor drei Wochen war er gesund und munter gewesen und von einem Tag auf den anderen war es vorbei. Doch das war typisch für seinen Lebensweg gewesen, der immer voller unverhoffter Veränderungen gewesen war. Unsere Pläne wurden stets vom Schicksal durchkreuzt. Auch sein Tod kam plötzlich und unerwartet. Ohne die buddhistischen Lehren, die das Leben zeigen, so wie es ist, und ohne die Meditationen und die Gebete der letzten Jahre hätte ich diese Zeit nicht heil überstanden. Lobsang und ich hatten uns sehr nahe gestanden. Oft hatten wir den gleichen Gedanken oder fingen einen Satz zur gleichen Zeit mit den gleichen Worten an. Unsere Freunde pflegten zu sagen, dass sie sich den einen nicht ohne den anderen vorstellen konnten, und nun musste ich mein Leben allein in die Hand nehmen. Ich hatte das Gefühl, einen Teil meines Selbst verloren zu haben. Die Zeit danach war sehr schmerzlich für mich. Ich war dreiundvierzig Jahre alt und hatte zwei Kinder, die an der Schwelle des Erwachsenenalters standen und meine Hilfe und Unterstützung brauchten.

Lobsang wurde in Dharamsala eingeäschert und die anschließend vorgeschriebenen Trauerrituale und Gebete lenkten uns kurzfristig ab. Erst danach wurde uns mit aller Härte bewusst, wie sehr er uns fehlte. Ich begann mich abzukapseln, vom Kummer überwältigt. Eines Tages gab Seine Heiligkeit eine Belehrung im Kloster und meine Mutter bestand darauf, dass ich hinging. Sie sagte: »Wozu soll das gut sein, jedes Mal aufs Neue die Geschichte von Lobsangs Tod zu erzählen und dir dabei die Augen aus dem Kopf zu weinen? Raff dich auf und hör dir die Unterweisungen Seiner Heiligkeit an. Das hilft dir besser über deinen Schmerz hinweg. Pema und ich werden uns um die Leute kümmern, die einen Kondolenzbesuch machen.«

Die Belehrungen und Gebete waren ein großer Trost in meinem Kummer. Meine Verwandten und Freunde waren besorgt und meinten, ich solle meine Tochter bitten, wenigstens für ein Jahr bei mir zu wohnen. Ich hatte noch nie ganz allein gelebt, doch ich wollte meine Tochter nicht noch mit meiner Verzweiflung belasten; sie musste ihre eigene Trauer bewältigen. Ihr Vater und sie hatten sich auch sehr nahe gestanden. Außerdem sollte sie ihre Ausbildung schnellstmöglich beenden und musste viel lernen. Und zu guter Letzt bot sich mir die Möglichkeit, meine buddhistischen Studien der letzten Jahre in die Praxis umzusetzen. Ich durchlebte das Leiden und erfuhr, dass der einzige Weg, dieses Leiden zu überwinden, darin bestand, den Lehren Buddhas zu folgen.

Ich erkannte plötzlich, was Shantideva, ein weiser buddhistischer Lehrer, gemeint hatte, als er sagte: »Wenn du Glück erfahren willst, denk an das Wohl der anderen; wenn du Leid erfahren willst, denk an dein eigenes Wohl.« Je mehr ich in Selbstmitleid versank, desto größer wurde mein Kummer. Wenn ich dagegen an andere dachte, selbst wenn es nur darum ging, für einen Besucher Tee zu kochen oder mich nach jemandes Befinden zu erkundigen, grübelte ich weniger über meine eigenen Probleme nach.

Die Gebete, die an jedem siebten Tag für die Verstorbenen gesprochen werden, linderten ebenfalls meinen Kummer. Sie erforderten aufwändige Vorbereitungen, die mir wenig Zeit zum Nachdenken ließen. Wir Buddhisten glauben, dass man nach neunundvierzig Tagen des Todes den *Bardo* verlässt, die Welt zwischen Leben und Tod, um wieder geboren zu werden. Ein Leben, das von guten Taten bestimmt war, führt zur Wiedergeburt in einer besseren Daseinsform. Ein Leben, in dem wir anderen Leid oder Schaden zufügen, zieht eine Wiedergeburt in einer niedrigeren Daseinsform nach sich.

Nach Lobsangs Einäscherung drängten mich die Mitarbeiter des Instituts für Tibetische Medizin und Astrologie, in Lobsangs Fußstapfen zu treten und den Posten des Direktors zu übernehmen. Ich lehnte ab. Ich zog es vor, meine alte Stellung zu behalten und mit einem neuen Direktor zusammenzuarbeiten. Doch die Belegschaft ließ nicht locker und wandte sich mit einer entsprechenden Eingabe an Seine Heiligkeit und verschiedene Mitglieder des *Kashag,* des tibetischen Kabinetts. Da es sich um eine schwerwiegende Entscheidung handelte, bat ich meinen geistigen Lehrer um eine Divination. Er befragte das Orakel und als er mir zuriet, versuchte ich mein Bestes, um die Position auszufüllen, bis ich 1989 ins Gesundheitsministerium versetzt wurde.

Der Tag, an dem ich mich mit meiner Habe an Lobsangs Schreibtisch niederlassen musste, war sehr schmerzlich. Ich konnte nicht aufhören zu weinen. Gadong Loden-la, der Generalsekretär des Instituts, kam mehrmals herein, um den Raum gleich darauf fluchtartig zu verlassen, als er mich in Tränen aufgelöst sah. Zufällig kam Rosette Jean vorbei, eine ältere, warmherzige Französin, die sich nach einer vakanten Stelle im Institut erkundigen wollte. Als sie mich fragte, was mit mir sei, schüttete ich ihr mein Herz aus. Danach ging es mir besser. Rosette Jean sagte: »Mrs Taklha, das ist die beste Gelegenheit, an das *Dharma* zu denken.« Sie war eine praktizierende Buddhistin und ersparte mir an jenem Tag viel Kummer.

Nach Lobsangs Tod begann ein völlig neues Kapitel in meinem Leben. Ich war zum ersten Mal auf mich selbst gestellt, ohne Familie, Bedienstete, Freundinnen aus der Schulzeit und Ehemann. Ich musste zahlreiche Herausforderungen bewältigen, beruflich und privat. Ich hatte zwei Kinder, die ihren Platz im Leben noch nicht gefunden hatten und meine Unterstützung und Anleitung brauchten. Es war ein Lernprozess ohnegleichen. Ich bemühte mich nach besten Kräften, die positive Seite des Lebens zu sehen und das Beste aus jeder Situation zu machen. Nach jedem Monsun erscheint ein Regenbogen am Himmel.

Eines Morgens wachte ich auf und ein heller Lichtschein drang durch die Vorhänge meines Schlafzimmers. Die Morgendämmerung zog herauf und ich trat auf die Veranda hinaus, atmete tief die kalte Winterluft ein. Am dunklen Firmament funkelten noch die Sterne und im Osten leuchtete der Neumond. Direkt unterhalb der Sichel tauchten die ersten Sonnenstrahlen hinter der dunklen Silhouette der Berge auf, bereit, den neuen Tag zu begrüßen. Die Dhauladhar-Kette war mit Schnee gepudert, rein und klar. Ich war dankbar, einen so herrlichen Anblick genießen zu dürfen und froh, am Leben zu sein.

Hollywood

Nach Lobsangs Tod stürzte ich mich in meine Arbeit und in meine buddhistische Praxis. Schließlich nahm ich eine neue Stellung im Gesundheitsministerium der tibetischen Exilregierung an. Zu meinen Aufgaben gehörte unter anderem die Betreuung des öffentlichen Gesundheitswesens, das heißt, aller Einrichtungen, die der Förderung und dem Erhalt unserer tibetischen Landsleute in Indien und Nepal dienten, die Organisation von Ausbildungsmöglichkeiten für das Personal im öffentlichen Gesundheitsdienst, der Entwurf einer staatlichen Gesundheitspolitik, die Gesundheitsvorsorge durch Aufklärung der Bevölkerung bei meinen Besuchen in den tibetischen Ansiedlungen und die Gewährleistung, dass Gesundheits- und Hygienestandards den Anforderungen entsprachen.

Nachdem Chuki und Raj sich fünf Jahre lang geschrieben und gegenseitig besucht hatten, drohten sie, ledig zu bleiben, wenn sie nicht heiraten durften. Ich gab nach und die beiden wurden im Oktober 1988 getraut. Mit Raj Mahant, einem liebenswerten, verantwortungsbewussten jungen Mann, bekam ich einen Sohn dazu. Rajs und Chukis erstes Kind kam in dem kleinen Missionskrankenhaus in Manali zur Welt. Ich war bei der Geburt meines Enkels dabei, durfte das Wunder miterleben. Zu der Zeit, als meine Kinder geboren wurden, durften weder der Vater noch andere Familienangehörige in den Kreißsaal. Ich sah ehrfürchtig zu, wie der winzige neue Erdenbürger gebadet, gewogen, gewickelt und der Obhut seiner Mutter übergeben wurde. Die Unterbringung auf der Säuglingsstation und die frisch gebackenen Väter, die vor der Glasscheibe standen und sich danach sehnten, ihr Kind in den Armen zu halten, gehörten ein für alle Mal der Vergangenheit an. Raj entschied, das Baby Siddharta zu nennen. Bald darauf kam mein zweiter Enkelsohn Atisha zur Welt. Auch diese Geburt durfte ich hautnah miterleben.

Im Sommer 1994 kehrte ich zu einer Stippvisite nach Europa zurück. Professor Heinrich Harrer, der in seiner Heimatstadt in den österreichischen Alpen ein Tibetisches Museum eröffnet und mit der Errichtung eines *lingkhor* begonnen hatte, eines buddhistischen Pilgerpfades, hatte mich nach Beendigung der ersten Bauphase gebeten, ihn einzuweihen. Ich war seit 1987 nicht mehr in Europa gewesen und sehr aufgeregt. Als ich am Flughafen in Wien ankam, den Zoll passiert hatte und die Abflughalle für die Inlandsflüge betrat, wurde ich zu meiner Überraschung mit einem »Tashi Delek!« begrüßt. Sprachlos blickte ich mich um und entdeckte einen jungen Tibeter unter all den fremden Gesichtern. Später schloss sich uns Mrs Tseten Zöchbauer an, die Vorsitzende der Tibetischen Gemeinde Österreichs, eine Tibeterin, die mit einem österreichischen Rocksänger verheiratet war. Sie waren gekommen, um mich in Österreich willkommen zu heißen. Sie hätten es gerne gesehen, wenn ich meinen Aufenthalt in Wien um einen Tag oder zwei verlängert hätte, doch Harrer und seine Frau Karina hatten mich gebeten, den Anschlussflug zu nehmen.

Professor Harrer und ein Freund holten mich am Flughafen von Klagenfurt ab; von dort sollte die Fahrt nach Huttenberg mit dem Auto fortgesetzt werden. In der Ankunftshalle wurde mir ein unverhoffter und bewegender Empfang zuteil: An den Fenstern des Gebäudes hing ein riesiges Plakat mit dem Konterfei meines Großvaters Tsarong Pola, das für das Harrer Museum warb.

Auf der Fahrt kamen wir an kristallklaren Flüssen, hoch gewachsenen Kiefern und weidenden Rinderherden vorüber, als wir uns unversehens inmitten einer tibetischen Landschaft befanden. Da war der *lingkhor* mit Gebetsfahnen, die im Wind flatterten, ein mächtiger Stein-*tschör-ten* am Fuße der Hügel, eine Statue des Guru Rinpoche, eine Felsenzeichnung der Göttin Tara, Mani-Steine mit eingravierten Gebeten und der Kristall-*tschörten* auf dem Gipfel des Berges! Ich hatte das Gefühl, in Tibet zu sein. Tibet und seine Menschen hatten Harrer eine Heimat geboten und nun trug er dazu bei, die Kultur und Kunst unseres Volkes zu bewahren. Ich konnte ihm nicht genug danken.

Von Österreich flog ich nach New York, wo ich mich mit dem bekannten Filmregisseur Martin Scorcese und der Drehbuchautorin Melissa Mathison Ford treffen sollte, der Frau des Schauspielers Harrison Ford. Es war eine faszinierende Kette von Ereignissen, die mich hierher geführt hatte.

Meine Mutter war eine praktisch denkende Frau, die

mich stets ermahnte, Vorsorge für mein Alter zu treffen. Sie sagte oft: »Wie hoch ist die Rente, die du später einmal für deine Arbeit bekommen wirst? Wir sind sehr stolz, dass du dich so für die tibetische Sache engagierst, doch wir werden irgendwann nicht mehr da sein und die Kinder haben ihr eigenes Leben. Wer soll dich unterstützen, wenn du im Alter keine finanziellen Rücklagen hast? Es wäre besser, wenn du in den USA arbeitest und wenigstens deine Sozialversicherungsbeiträge einzahlen kannst.«

Lobsang und ich hatten unser ganzes Leben lang für die tibetische Regierung gearbeitet, mit Ausnahme der acht Jahre, die wir in den Vereinigten Staaten verbracht hatten. Dort war es uns gelungen, ein wenig Geld auf die Seite zu legen, um in Indien ein bescheidenes Auskommen zu haben. Jetzt erhielt ich wenig mehr als dreitausend Rupien im Monat für meine Tätigkeit in der tibetischen Exilregierung, von denen kaum etwas übrig blieb. Mir wurde bewusst, dass es um meine Altersvorsorge schlecht bestellt war. Was war, wenn ich krank wurde? Wer sollte mich finanziell unterstützen? Meine Ersparnisse reichten nicht aus und ich wollte meinen Kindern nicht zur Last fallen, die unter Umständen selbst zu kämpfen hatten, um sich über Wasser zu halten. Nach langem Nachdenken beschloss ich, mich an den Rat meiner Mutter zu halten. Ich schrieb an ein paar Freunde in Amerika und erkundigte mich, wie es mit Arbeitsmöglichkeiten aussehe. Nicht lange danach kam eine Anfrage, ob ich Interesse hätte, die Recherche für einen Hollywoodfilm über das Leben Seiner Heiligkeit des Vierzehnten Dalai Lama zu übernehmen. Ich konnte mein Glück nicht fassen.

Plötzlich wendete sich das Schicksal zu meinen Gunsten. Vielleicht war das mein Karma, die Folge meiner Arbeit für einen guten Zweck.

Es war eine große Ehre, an einem Projekt über das Leben Seiner Heiligkeit mitzuwirken. Außerdem wurde ich in den Vereinigten Staaten für meine Tätigkeit vergütet und konnte in die Sozialversicherung einzahlen und trotzdem in Indien bleiben, da die Recherche hier stattfinden sollte. Ich stimmte ohne zu zögern zu. Ich setzte mich mit Melissa Mathison Ford in Verbindung und wir vereinbarten ein Treffen mit Martin Scorcese.

Meine Freunde zogen mich auf: »Du willst aber hoch hinaus! Zuerst das Gesundheitsministerium und jetzt auch noch Hollywood!« Ich war aufgeregt und auch ein wenig verunsichert, wie man eine Recherche durchführt, vor allem für einen Hollywoodfilm! Mein letzter Kinobesuch war fünf oder sechs Jahren her und ein Fernsehgerät besaß ich nicht. Nach meiner Ankunft in New York meinte mein Sohn, der damals dort lebte: »Da du jetzt mit dem berühmten Regisseur Martin Scorcese arbeitest, musst du dir seinen letzten Film ansehen.« Ich hatte weder gewusst, wie bekannt der Mann war, noch *E.T.* gesehen, der weltweit Furore gemacht und für den Melissa das Drehbuch geschrieben hatte. Tenzin lieh Scorceses Film *Zeit der Unschuld* auf Video aus. Danach hatte ich keinen Zweifel daran, dass Martin Scorcese einen wundervollen Film über Tibet machen würde.

Nach Indien zurückgekehrt, las ich das Drehbuch von *Kundun*. Lhasa, der Norbulingka-Palast, die Opernaufführungen im herrlichen Garten des Sommerpalastes, das schimmernde Dach des mächtigen Potala und viele andere Erinnerungen aus meinem früheren Leben wurden auf jeder Seite, die ich umblätterte, schmerzhaft in mir wach. Erinnerungen an meine Kindheit, an meine liebevolle Familie und an die Bediensteten, die mich betreut hatten. An meine Tanten und Cousinen, die wie Gefangene in Tibet lebten, seit das Land von China besetzt war.

Ich dachte an Seine Heiligkeit den Dalai Lama, der von zwei alten Mönchen erzogen worden war, die Vater und Mutter ersetzt hatten, und an die Bürde der Verantwortung, die ihm schon in jungen Jahren auferlegt worden war. Ich dachte an meine Schwiegermutter, selbstlos und einfühlsam, an meinen verstorbenen Mann Lobsang, der im Geiste bei mir war. Jede Seite des Drehbuchs war mit Erinnerungen befrachtet. Die Recherche entwickelte sich zu einer persönlichen, geistigen Suche, die Schmerz, Wut, Traurigkeit, aber auch Freude auslöste. Die Vorstellung, dass Menschen in aller Welt etwas über die wahre Geschichte Tibets erfuhren, stimmte mich versöhnlich.

Zur Recherche gehörte auch die Beschaffung von Informationen, die dazu beitrugen, die Kulisse und Kostüme für den Film so authentisch wie möglich zu gestalten. Ein besonders schwieriges Unterfangen war die genaue Rekonstruktion des Potala und Norbulingka-Palastes. Ich traf mich mit den wenigen noch lebenden Personen, die in einem der beiden Palastkomplexe in Tibet gelebt hatten. Zu ihnen gehörte ein Mönch im Kloster Namgyal und ein im Ruhestand befindlicher, ehemaliger Lehrmeister Seiner Heiligkeit, der auch für den Schreinraum in einem der Paläste in Norbulingka verantwortlich gewesen war. Für die noch fehlenden Informationen zog ich Artikel aus tibetischen Büchern und Zeitschriften zurate. Ich zeichnete in groben Zügen einen Grundriss vom gesamten Norbulingka-Komplex und beschriftete die Skizze.

Eines Tages fiel mir plötzlich ein Foto meines Vaters ein, das in seiner Kindheit vor einem der Norbulingka-Paläste aufgenommen worden war. Ich schrieb ihm umgehend und fragte, ob er vielleicht noch andere Aufnahmen besäße. Er schickte mir vier oder fünf verschiedene Fotos vom Norbulingka, mit der Anmerkung: »Ich kann mir nicht erklären, wie sie in meine Sammlung geraten sind, denn von mir stammen sie nicht. Ich habe sie erst kürzlich entdeckt, als ich einige alte Aufnahmen von mir für das tibetische Fotoarchiv im Amnye-Machen-Institut in Dharamsala zusammengesucht habe, deshalb schicke ich sie dir für deine Arbeit.« Was für ein Segen!

Ich brauchte auch Fotos und Einzelheiten aus dem Innern des Potala. Wieder hatte ich Glück – oder stand das Projekt von vornherein unter einem guten Stern? Einer meiner Cousins hatte zu den Handwerkern gehört, die mit der Renovierung des Potala beauftragt waren, und hatte meiner Großtante Rinchen Dolma Taring nach Beendigung der Arbeiten ein Album mit zahlreichen Aufnahmen vom Palast geschickt. Eines Tages besuchte sie mich in dem kleinen abgeschiedenen Cottage in Dehra Dun, wo ich zu arbeiten pflegte, und sagte: »Meine Kinder scheinen sich nicht sonderlich für das alte Tibet zu interessieren, im Gegensatz zu dir, deshalb möchte ich, dass du das Album bekommst.« Ich konnte es nicht fassen! Da hatte ich verzweifelt nach Informationen gesucht und nun fielen sie mir in den Schoß! Als ich meiner Tante davon erzählte, sagte sie: »Das ist ein Zeichen, dass dieses Projekt unter einem guten Stern steht!«

Ich musste außerdem etwas über die charakteristischen Merkmale der Personen, die damals zum engsten Gefolge Seiner Heiligkeit gehörten, über den Ablauf verschiedener Zeremonien im Palast und über die Kleidung und Gewohnheiten der chinesischen Machthaber herausfinden, um das historische Bild zu vervollständigen. Die Geschichte, Kultur, Kunst und Sitten und Gebräuche der verschiedenen Volksgruppen in Tibet nahmen mich gefangen. Der Reichtum unserer Traditionen und Vergangenheit erstaunte mich und spornte mich an, immer mehr über dieses bunte Kaleidoskop in Erfahrung zu bringen. Mein Verstand saugte alles auf wie Löschpapier.

Eine Aufgabe, die mir weniger lag, war die Erstellung des Grundrisses von Norbulingka. Ich musste den gesamten Lageplan des riesigen Komplexes insgesamt neunmal zeichnen, denn jedes Mal, wenn ich dachte, nun stimme alles, erinnerte sich irgendjemand an eine ›weitere Einzelheit‹. Der Erste Sekretär Seiner Heiligkeit, Reverend Tara, der als letzte Instanz seine Zustimmung geben sollte, machte mich darauf aufmerksam, dass ich den Unterstand für die Kamele und einige andere Räumlichkeiten in der Nähe vergessen hatte. Ich erhielt die Anweisung, eine neue Skizze anzufertigen.

Wenn ich die Einzelheiten für eine bestimmte Szene beisammen hatte, schickte ich alles per Fax an Melissa in New York. Ich fertigte einige Zeichnungen selbst an, gab viele Skizzen in Auftrag und machte Kopien von Fotos in verschiedenen Bildbänden. Wir drehten sogar einen kurzen Videofilm, um zu veranschaulichen, wie die komplizierte, kunstvoll geflochtene Haartracht der hohen tibetischen Regierungsbeamten entstand. Der einzige Mensch, der sich noch daran erinnerte, war Taring Mola, die damals auf die neunzig zuging. Meiner Mutter gelang es, Taring Molas Gedächtnis auf die Sprünge zu helfen: Sie war dem Frisör zur Hand gegangen, der in Lhasa zu uns nach Hause zu kommen pflegte, um meinem Vater die Haare zu machen.

Kundun sollte ursprünglich in Indien gedreht werden. Ich reiste mit einer kleinen Crew nach Ladakh, auf der Suche nach einem geeigneten Set. Es war bereits die zweite ›Expedition‹ dieser Art. Beim ersten Mal hatte ich allein die Gegend erkundet und Fotos nebst Informationen an Melissa und Barbara De Fina geschickt, die Produktionsleiterin. Dass mein Bruder Oberhaupt mehrerer Klöster in Ladakh war und einflussreiche Freunde in Leh besaß, hatte mir die Aufgabe erheblich erleichtert.

Bei der zweiten Reise besuchten wir fast alle Klöster in und um Leh. Ich reiste noch ein drittes Mal nach Ladakh, Ende Oktober, gemeinsam mit Dante Ferretti, dem Aufnahmeleiter, und Melissa. Die Temperaturen lagen unter Null. Morgens waren die Wasserleitungen zugefroren und wir mussten das Wasser in Eimern aus der Küche in unsere Zimmer tragen. Melissa und ich verstanden uns prächtig; sie war eine wunderbare Begleiterin.

Ein zweiter Film über Tibet und das Leben von Heinrich Harrer war von einem anderen Hollywood-Studio

geplant; der Franzose Jean-Jacques Annaud sollte die
Regie führen. Die Idee zu diesem Film ging auf Harrers
Buch *Sieben Jahre in Tibet* zurück. Als Jean-Jacques und
der Drehbuchautor nach Dharamsala kamen, setzten sie
sich mit mir in Verbindung und fragten an, ob ich nicht
auch für sie die Recherche übernehmen wolle. Ich sagte
ihnen, dass ich bereits bei *Kundun* mitarbeite, aber da ich
gerade ein paar Monate Pause habe, könne ich ihnen vielleicht so lange helfen, bis ich wieder für *Kundun*
gebraucht würde, vorausgesetzt, Melissa sei mit dem
Arrangement einverstanden. Jean-Jacques hatte natürlich nichts dagegen, dass ich vorher Rücksprache mit
Melissa hielt. Sie teilte mir indessen mit, dass die Dreharbeiten in Kürze beginnen würden und das Team nicht
auf mich verzichten wolle.

Ich hatte keine Ahnung gehabt, wie es in Hollywood
zuging und dass sich die großen Studios mit zwei ähnlichen Filmen, die zur gleichen Zeit in die Kinos kommen
sollten, ein Wettrennen lieferten. Gelegentlich musste
einer der beiden Rivalen die Produktion sogar einstellen.
Die Konkurrenz schien mörderisch zu sein. Zum Glück
bekam ich davon kaum etwas mit, bis auf einen unange-
nehmen Zwischenfall während unserer letzten Reise nach
Leh. Wir wollten die Hotelzimmer für den Probedreh im
nächsten Sommer buchen und mussten entdecken, dass
der Repräsentant von *Sieben Jahre in Tibet* alle verfüg-
baren Unterkünfte in der Stadt reserviert und bereits im
Voraus bezahlt hatte. Nach dieser unliebsamen Erfahrung
begab ich mich mit Dante Ferretti, dem Aufnahmeleiter,
auf schnellstem Weg nach Varanasi, um den Brokatstoff

für die Kostüme und die Innenausstattung zu kaufen, damit uns die Konkurrenz nicht wieder zuvorkam.

Die beiden aufwändigen Hollywoodfilme sorgten für großen Wirbel bei unseren Landsleuten in aller Welt. Als bekannt wurde, dass Hollywood die Rollen mit Tibetern besetzen wollte, bewarben sich zahlreiche Schauspieler ohne Engagement. Außerdem gab es viel Arbeit hinter den Kulissen. Der Sohn meines guten Freundes Lhundup Dorjee wurde als meine rechte Hand eingestellt. Er sollte die Kontoführung übernehmen, Listen mit den benötigten Requisiten erstellen und Informationen über die Bewerber für ein Casting zusammentragen. In der letzten Phase vor Drehbeginn war er Assistent des Casting Director. Als die Dreharbeiten begannen, hatte man ihn zum Regieassistenten befördert.

Martin, Barbara, Dante, Ellen Lewis (›der‹ Casting Director) und Melissa kamen mit der neuen Aufnahmeleiterin Laura Fattori und ihrem Assistenten Antonio, um sich die Drehorte anzuschauen, die wir in und um Dharamsala in die engere Wahl gezogen hatten. Danach hatten wir eine Audienz bei Seiner Heiligkeit, da Melissa noch Fragen zum Drehbuch hatte. Bei einer früheren Besprechung hatte sie sechs Stunden beim Dalai Lama verbracht.

Während unserer Audienz erkundigte sich Dante nach Einzelheiten in den Privaträumen der beiden Paläste, da inzwischen niemand mehr lebte, der wusste, wie sie eingerichtet waren. Seine Heiligkeit lud ihn ein, am darauf folgenden Nachmittag, einem Sonntag, wiederzukommen und auch die anderen Mitglieder der Crew mitzubringen. Martin, Barbara, Ellen und Melissa waren glücklich, Dante begleiten zu dürfen. Bei dieser Gelegenheit zeichnete Seine Heiligkeit einen Grundriss seiner Privaträume, einschließlich der Position von Bett, Fenstern, Mobiliar und Altar, begleitet von Beschreibungen und Anekdoten. Das Ganze machte ihm sichtlich Spaß. Er schilderte sogar, wie sich die Mäuse im Potala an den Vorhängen seines Bettes hinunterhangelten.

Einige Zeit später erfuhren wir aus den Medien, dass China gegen die Entstehung der beiden Filme über Tibet protestiert und alles darangesetzt hatte, dass die Produktion eingestellt wurde. Wegen dieser Proteste war es uns nicht möglich, von Indien eine Drehgenehmigung zu erhalten.

Wir hatten einen indischen Filmagenten in Delhi beauftragt, alles Weitere in die Hand zu nehmen. Nach vier Monaten teilte die indische Regierung ihm mit, dass sie wegen der bevorstehenden Wahlen die Erteilung einer Drehgenehmigung auf einen späteren Zeitpunkt verschieben müsse. Hollywood konnte nicht so lange warten und so wurde beschlossen, den Film in Ouarzazate, Marokko, zu drehen, einer kleinen Ortschaft im Atlasgebirge, wo Martin einen seiner umstrittensten Filme, über das Leben Jesu, gedreht hatte.

Kurz darauf reiste ich nach Marokko, um an den Entwürfen für die Kulissen und Kostüme, des Schmucks und der Frisuren mitzuwirken. Ich arbeitete auch mit den Regieassistenten zusammen, um die Anzahl der Statisten zu ermitteln, die für bestimmte Szenen benötigt wurden, und war beratend tätig, wenn es um Fragen des Proto-

kolls bei offiziellen Versammlungen auf politischer Ebene oder den genauen Ablauf religiöser Zeremonien ging.

Ich flog von Neu Delhi nach Riad in Saudi-Ara-
bien. Vor der Kulisse eines malerischen, orange-gelben
Sonnenuntergangs am stahlblauen Horizont setzte die
Maschine inmitten einer braunen, verdorrten Wüsten-
landschaft zum Landeanflug an. Die Architektur des
Flughafengebäudes erinnerte an ein Märchenschloss aus
Tausendundeiner Nacht und der Anblick war so überwältigend, dass ich es bedauerte, als wir landeten. Kaum
hatte ich den Flughafen von Riad betreten, wurde mir
von einem Flughafenangestellten der Pass abgenommen;
er brachte mich in einen großen Transitraum und forderte
mich auf, dort Platz zu nehmen. Ich wartete, aber niemand kam mit meinem Pass zurück. Es war seltsam, so
viele Männer und Frauen in wallenden Gewändern zu
sehen, und noch seltsamer muteten die Asiatinnen in langen Kleidern und Kopftüchern an, die nur die Augen
freiließen. Es waren Malayen, wie ich feststellte, die sich
auf einer Pilgerreise nach Mekka befanden. Als einzige
allein reisende Frau und überdies ohne Kopfbedeckung
fühlte ich mich unbehaglich. Es gab einen großen Ein-
kaufskomplex in der Transithalle, aber ich traute mich
nicht, ihn zu betreten, da dort nirgendwo Frauen zu
sehen waren. Mein Anschlussflug nach Casablanca ging
erst morgens um vier.

Bevor die Crew der Air India in die Stadt fuhr und
unsere Wege sich trennten, kam ein Flugbegleiter zu mir
und sagte: »Tut mir Leid, Madam, da Sie allein reisen,
dürfen wir Sie nicht mitnehmen. Wenn Sie möchten,

351

besorgen wir Ihnen gerne ein Hotelzimmer und arrangieren, dass Sie morgen früh zum Flughafen gefahren werden.« Ich dachte, das sei lediglich eine nette Geste des jungen Mannes. Erst sehr viel später erfuhr ich, dass es Frauen in diesem Land nach den Vorschriften der muslimischen Religion verboten ist, eine Stadt ohne männliche Begleitung zu betreten.

Die Stunden vergingen, unterbrochen von Aufrufen zum Gebet, die von Lautsprechern übertragen wurden, und Passagieren, die ankamen und abflogen, überwiegend Moslems mit wallenden Gewändern und Kopfbedeckung. Wenn der Ruf des Muczzin ertönte, ließen sich viele Männer in der Transithalle auf die Knie nieder. Die Wartezeit schien kein Ende zu nehmen und der Mann war immer noch nicht mit meinem Reisepass erschienen. Die Passagiere blieben in der Transithalle sich selbst überlassen und die Airline Crew war durch eine der geschlossenen Türen getreten und im Labyrinth der Terminals entschwunden. Es gab keine Abfertigungs- oder Informationsschalter in der Lounge, in die man mich gebracht hatte. Plötzlich erspähte ich einen jungen Inder, der den Boden fegte, und sprach ihn, zu seiner Überraschung, in Hindi an. Ich bat ihn, mir bei der Suche nach jemandem zu helfen, der mir meinen Pass wieder beschaffen konnte. Der junge Mann betrat eine der geschlossenen Türen und brachte einen Flughafenangestellten mit, der mir eröffnete, dass ich meinen Pass zurückerhalten würde, kurz bevor ich an Bord der Maschine ginge. Er erbot sich, mich in den Warteraum der Ersten Klasse zu bringen. Ich wurde in einen kleineren, dunklen Raum verfrachtet, wo es eine Bar mit Erfrischungen und eine weiche Couch gab, auf der ich eine unruhige Nacht verbrachte, weil ich mir Sorgen um meinen Pass machte und mich immer wieder fragte, ob ich jemals aus diesem ungastlichen Flughafen herauskommen würde.

Ich war heilfroh, als es endlich nach Casablanca weiterging. Es war noch eine weitere allein reisende Frau an Bord der Maschine, von Kopf bis Fuß in einen schwarzen, zeltähnlichen Umhang gehüllt, die ebenfalls Business Class flog. Ein Paar gesellte sich zu ihr; sie schienen sich zu kennen. Kaum waren wir gelandet, nahm die Frau ihren schwarzen Umhang ab; zu meiner Verblüffung trug sie darunter hautenge Jeans, T-Shirt und jede Menge Make-up. Sie hatte schulterlange Haare und sah aus, als sei sie soeben den Seiten eines Modemagazins entstiegen. Die andere Frau hatte ebenfalls ihr sackähnliches Gewand abgelegt und sah darunter nicht weniger glamourös aus.

In Casablanca wurde ich von einem Filmagenten abgeholt, der mich in ein Hotel fuhr, wo ich mich vor dem Weiterflug nach Ouarzazate, unserem Drehort, ausruhen konnte. Ich nahm ein entspannendes Bad, legte mich kurz hin und aß im Hotel zu Mittag. Hier ging es zu wie in einem Fünf-Sterne-Hotel in Bombay oder Bangkok, wo es viele Touristen gab und keine Einschränkungen für Frauen. Sogar die Einheimischen liefen ohne Kopfbedeckung herum, plauderten miteinander und zeigten sich sogar in Gesellschaft von Männern so zwanglos.

Um zu unserem Drehort zu gelangen, überflogen wir hohe, schroffe Berge, hin und wieder mit winzigen Flecken Grün gesprenkelt. Als wir in der Abenddämmerung in Ouarzazate landeten, hatte ich das Gefühl, in einem fernen magischen Land, abgeschnitten vom Rest der Welt zu sein. Ich befand mich auf dem höchsten Punkt des Atlasgebirges, am Rande der Sahara. Ich wurde von einer Dame abgeholt, die mich in ein kleines Hotel brachte. Sechs Monate sollte ich in Afrika verbringen.

Gedreht wurde in einem Studio außerhalb der Stadt. Ein Bus brachte uns dorthin. In dieser kleinen arabischen Ortschaft entstand eine originalgetreue Kopie Tibets, mitten in Afrika. Mönche in maronenfarbenen Roben schlenderten mit geschorenen Köpfen durch die Straßen der kleinen Touristenstadt oder waren in die Betrachtung der goldenen Dächern der buddhistischen Tempel versunken, die in der heißen afrikanischen Sonne glänzten. Gegen Ende unseres Aufenthalts begrüßten uns die Ladenbesitzer mit »Tashi Delek« und anderen tibetischen Redewendungen, die sie aufgeschnappt hatten.

Das Dorf Thaktse, Geburtsort des Dalai Lama, der Potala, der Norbulingka-Palast und die Straßen von Lhasa wirkten so echt, dass viele tibetische Schauspieler die Hände falteten, wenn sie die Räumlichkeiten der Potala-Kopie betraten. 659 tibetische und 300 chinesische Kostüme für das Massenaufgebot an Darstellern entstanden in nur vier Monaten und waren ein Meisterwerk.

Am Ende eines langen Drehtages rannten die tibetischen und marokkanischen Schauspieler in die Garderobe, um sich in aller Eile umzuziehen und den ersten Bus zum Hotel zu erwischen; Kleider, Hüte und Schuhe blieben auf dem Boden liegen. Die Tibeter waren die Schlimmsten. Sie weigerten sich, den Bitten der Garderobieren Folge zu leisten, die Sachen übersichtlich auf Bügel zu hängen, und diese ließen ihre Wut wiederum an mir aus. Am nächsten Tag kostete es uns viel Zeit, die verstreuten Kostümteile wieder zusammenzufügen. Manchmal wurden in der Szene, die gedreht werden sollte, sehr viele Statisten gebraucht und da wir unterbesetzt waren, schafften wir es nicht, die Sachen rechtzeitig zu sortieren. Die marokkanischen Schauspieler tauchten dann plötzlich in einem Gewand aus Zentraltibet mit einem für Khampa typischen Hut auf oder Frauen aus Amdo mit bestickten Stiefeln aus Lhasa. Dank des Massenaufgebots fiel der Unterschied auf der Leinwand nicht auf. Den Tibetern machte es außerdem Spaß, die Kostüme zu tauschen. Das brachte die Garderobieren noch mehr zur Verzweiflung, denn für Szenen mit weniger Darstellern, die an zwei aufeinander folgenden Tagen gedreht wurden, mussten die Statisten dieselben Kleider wie am Vortag tragen.

Zu den Statisten gehörten auch zwei alte Männer aus Kham (Osttibet), die sich ständig beschwerten, dass ihre Stiefel die falsche Form hatten und der Brokat minderwertig sei. Ich erklärte ihnen, dass die Stiefel von Marokkanern angefertigt worden waren, nach Fotos und Zeichnungen. Niemand würde im Film bei einem solchen Massenaufgebot an Männern und Frauen auf solche Details achten. Mein Argument stieß gleichwohl auf taube Ohren. Abgesehen von geringfügigen Ärgernissen wie diesem, hatten die Tibeter viel Spaß. Vor allem die jüngeren Männer kamen mir vor wie Schuljungen, die nichts als Streiche im Kopf hatten.

Die marokkanischen Goldschmiede waren Meister ihres Fachs. Es machte Spaß, in ihrem Team mitzuarbeiten. Wenn es hoch herging und die Nerven blank lagen, zog ich mich in mein kleines Büro zurück und entwarf Schmuck. Der Entwurf zu dem Schmuck, den die Mutter des Dalai Lama im Film trägt, stammt von mir. Hier, in meiner vertrauten kleinen Welt, konnte ich entspannen, mitten im größten Trubel. Die meisten Mitglieder unserer Filmcrew waren Italiener, temperamentvoll, leicht reizbar und laut, doch ihre Wut verrauchte genauso schnell, wie sie gekommen war.

Ungefähr 330 Tibeter aus Indien, Nepal, USA, Kanada und der Schweiz wirkten in *Kundun* mit. Es muss eine ungeheure Herausforderung für den Regisseur und seinen Assistenten Scot Harris gewesen sein, mit Laiendarstellern zu arbeiten, die weder eine Schauspielausbildung noch Erfahrung hatten. Die Geduld von Martin und seinem Team wurde oft auf eine harte Probe gestellt.

Martin Scorcese war einmalig. In einem Fernsehinterview sagte er später, dass er während der Dreharbeiten zu *Kundun* beinahe wie ein Einsiedler gelebt habe. Das kann ich bestätigen: Er wurde von einer schwarzen Limousine mit Chauffeur ins Atlas Studio gebracht, wo er in seinem Wohnwagen verschwand, der in der Nähe des Set geparkt war. Niemand außer dem Aufnahmeleiter, seinem Regieassistenten und dem Koch durfte sein Refugium betreten. Er nahm das Mittagessen alleine in seinem Wohnwagen ein, kam zum Nachmittagsdreh und fuhr abends schnurstracks ins Hotel zurück. Er konzentrierte sich voll auf den Film und man bekam ihn nur am Set zu Gesicht. Er schien ganz zufrieden zu sein, mit Laiendarstellern zu arbeiten, und sein Gesicht hellte sich auf, wenn ihn die Tibeter im Vorübergehen mit einem Lächeln begrüßten.

Es wunderte mich, dass es keinerlei Proben gab. Martin kam sofort zur Sache, assistiert von Roger Deakin und seiner Crew hinter der Kamera. Ich ging ein paar Mal zum Set, um zuzuschauen: Martin drehte immer wieder die gleiche Szene, so oft, bis sie seinen Vorstellungen entsprach. Er war ungemein konzentriert und einfühlsam. Ihn bei der Arbeit zu beobachten war genauso spannend, als säße man im Kino. War eine Szene gut, machte er aus seiner Begeisterung kein Hehl. Die tibetischen Darsteller verehrten ihn und die Zusammenarbeit mit ihm war immer sehr angenehm.

Zu meinen Aufgaben gehörte es auch, bei der Beschaffung der Requisiten zu helfen, und so galt es herauszufinden, ob es in Marokko irgendwo Gerste für unser traditionelles *tsampa* zu kaufen gab und wenn ja, wo man das Getreide rösten und mahlen konnte. Zu meiner großen Überraschung erfuhr ich von Jimmy, unserem einheimischen Casting Director, dass die Berber ein Gericht aus geröstetem Gerstenmehl aßen. Er brachte mir eine Kostprobe. Es schmeckte wie unser *tsampa*, war allerdings dunkler in der Farbe. Ich entdeckte außerdem, dass die Berber Schmuck aus Korallen, Türkis, Bernstein und Silber fertigten, der große Ähnlichkeit mit dem tibetischen Schmuck hatte, und auch die alten Schlösser und Schlüssel hatten das gleiche verschlunge-

357

ne Muster und den gleichen Schließmechanismus wie die traditionellen Schlösser und Schlüssel der tibetischen Kunstschmiede.

Die Berber sind ein marokkanischer Volksstamm, Nachfahren reicher Dynastien, die über die Berge im Osten ins Land kamen. Der Tibeter, der den Vater des Dalai Lama spielte, sagte eines Tages während der Fahrt zu einem Außendrehort: »Dieses Dorf sieht genauso aus wie mein Geburtsort in Westtibet! Die gleichen Lehmhäuser mit Flachdächern! Das Einzige, was fehlt, sind die Gebetsfahnen.« Angesichts so vieler Ähnlichkeiten fragte ich mich, ob die Berber in grauer Vorzeit vielleicht aus Tibet nach Marokko gekommen waren, über die Seidenstraße.

Ich ging völlig in meiner neuen Umgebung und in meiner Tätigkeit auf, auch wenn sie bisweilen anstrengend war. Wenn man Bilder von Filmstars und Filmschauplätzen sieht, wirkt alles so glamourös, dass man sich kaum vorstellen kann, welche Schwerarbeit hinter den Kulissen geleistet wird. Ich pendelte ständig zwischen Büro, Set, Fundus, Maske und Schmuckabteilung hin und her. Abends taten mir die Beine weh, sodass ich vom Studio schnurstracks ins Hotel fuhr und nur noch in die Badewanne und danach ins Bett wollte. Wir verließen das Hotel morgens um halb acht und kamen manchmal nicht vor halb neun Uhr am Abend zurück.

An den Samstagabenden gingen die Tibeter in die Disco. Sogar einige der Mönche zogen Jeans an und schwangen das Tanzbein. Einmal begleitete ich eine Gruppe tibetischer Darsteller. Sie forderten mich häufig auf mitzukommen, aber wenn ich den ganzen Tag auf den Beinen war, war ich erledigt und brauchte Ruhe.

Die meisten tibetischen Darsteller waren darauf erpicht, die besseren Rollen zu ergattern und die besseren Kostüme zu tragen. Besonders begehrt war bei den jungen Mädchen die prachtvolle Kleidung der Adeligen, die aus schweren Brokatstoffen und noch schwererem Schmuck bestand. Die Dreharbeiten fanden im Sommer statt und ihnen war offenbar nicht bewusst, wie heiß es darin am Rande der Sahara sein würde. Viele baten mich, ein gutes Wort bei der Kostümbildnerin für sie einzulegen, die natürlich nichts mit der Besetzung zu tun hatte. Ich verwies sie an Alberto und einige hatten Erfolg und erhielten die heiß begehrte Rolle. Nach dem Drehtag kamen sie prompt zu mir, beklagten sich über die Hitze und den schweren Schmuck und flehten Alberto an, ihnen eine andere Rolle geben. Die Männer zogen sie auf und erinnerten sie an ein altes tibetisches Sprichwort, das man überall auf der Welt kennt: »Wer schön sein will, muss leiden.«

Interessanterweise gab es sowohl tibetische als auch marokkanische Frauen, die sich weigerten, Bettler, Pilger oder Nomaden zu spielen und dicke Schaffell-Umhänge zu tragen. Der Grund war nicht die Hitze, sondern das Gefühl, dadurch ihr Gesicht zu verlieren. Dazu kam die Angst, dass sich die tibetischen Männer über sie lustig machen könnten. Ich fand es kurios, dass ihr Selbstbild von der Kleidung abhing, auch wenn es sich um ein Kostüm handelte, das zu einer Filmrolle gehörte.

Die marokkanischen Darsteller waren in aller Regel

sehr umgänglich. Sie amüsierten sich köstlich, wenn sie tibetische Gewänder und Hüte trugen. Obwohl keine verbale Kommunikation zwischen Tibetern und Marokkanern möglich war, kamen alle gut miteinander aus.

Eine der Darstellerinnen, Gya Yudon-la, war die Cousine Seiner Heiligkeit. Sie war in Tibet geboren und hatte in Thaktse gelebt, bevor sie nach Lhasa gezogen war. Im Film sollte sie die Rolle ihrer Schwester in einer Szene spielen, in der Seine Heiligkeit nach seiner Chinareise seinen Geburtsort besucht. Die chinesischen Behörden hatten der Schwester damals nicht erlaubt, dem Dalai Lama zur Begrüßung Tee vorzusetzen (ein schwerer Verstoß gegen das tibetische Gesetz der Gastfreundschaft). An dem Tag, als Gya Yudon-la in Ouarzazate eintraf, kam sie ins Studio, um ihr Kostüm anzuprobieren. Wir kleideten sie in die traditionellen Gewänder ihres Heimatdorfes und die Frisörin, eine hübsche, sanfte Italienerin namens Mirella, flocht ihre Haare zu Zöpfen im Stil der Frauen von Thaktse, während ich ihr den Schmuck anlegte. Gya Yudon-la wirkte benommen, als sie sich im Spiegel erblickte. Es war fast ein halbes Jahrhundert her, seit sie sich zuletzt in einer solchen Aufmachung gesehen hatte. Ihre Augen füllten sich mit Tränen, die sie tapfer bekämpfte. Erinnerungen an ihr früheres Leben schienen ihr durch den Kopf zu gehen.

Die Szene sollte in einem weit entfernten Dorf gedreht werden, wo Dante und seine Männer das alte Thaktse originalgetreu wieder aufgebaut hatten. Ich beschloss, Gya Yudon-la auf der Fahrt zu begleiten, weil ich ahnte, welche Gefühle der Anblick auslösen würde. Als sie das

Dorf und das Haus mit der Räucherschale auf dem Dach sah, war sie überwältigt. Als die Szene im Innern des Hauses gedreht wurde, war es um Gya Yudon-las Beherrschung geschehen: Sie brach in Tränen aus und alle weinten, Martin und die Filmcrew eingeschlossen. Später erzählte sie mir, die Kulisse habe so echt gewirkt, dass sie wirklich geglaubt habe, in Thaktse zu sein und Seiner Heiligkeit Tee anzubieten. Thuthob Tsarong, ein Großneffe Seiner Heiligkeit, spielte die Rolle des erwachsenen Dalai Lama; er hatte sogar ein wenig Ähnlichkeit mit ihm.

Viele Aspekte der Dreharbeiten waren auch für mich schwer zu verkraften. Lobsang war einer der wichtigsten Charaktere in diesem Film. Immer wieder wurde mir bewusst, wie sehr ich ihn vermisste. Nur meine buddhistische Praxis half mir, diese schmerzlichen Erfahrungen zu bewältigen.

Eines Tages saß ich mit Melissa Mathison, die für ein paar Tage nach Marokko gekommen war, in einem der Zelte und sah zu, wie Martin und seine Crew die Opernszene im Norbulingka-Palast drehten. Ein hoch gewachsener Asiate kam herein und Melissa klärte mich auf, dass er der Darsteller des Vorsitzenden Mao sei. Er war Schauspieler und stammte vom chinesischen Festland, lebte jedoch inzwischen in den Vereinigten Staaten. Er nahm auf einem Stuhl an der Rückwand des kleinen Zeltes Platz. Als ich in den Fundus zurückmusste, um zu sehen, ob ich gebraucht würde, kam ich an ihm vorüber. Ich reichte ihm die Hand zur Begrüßung und stellte mich als Namgyal Taklha vor, Tibeterin und für die Recherche zuständig. Er lächelte und sagte, sein Name sei Ben. Als ich ins Zelt zurückkehrte, um mir die Opernszene anzuschauen, saß Ben neben Melissa und ich gesellte mich zu ihnen. Er erkundigte sich, ob die Kulisse von Lhasa und die Kostüme authentisch seien, und ich sagte, so sehr, dass ich mich wieder in die Zeit zurückversetzt fühle, als ich ein junges Mädchen gewesen sei.

Nach dem Mittagessen ging ich in den Fundus, wo ich Bona helfen wollte, die Kostüme für die nächsten Szenen vorzubereiten. Als ich das Tor erreichte, das zum Fundus führte, kam Ben aus dem Schminkraum, der sich ganz in der Nähe befand. Mirella hatte ihm den Haaransatz rasiert, sodass er die gleiche fliehende Stirn wie Mao hatte. Es war ein Schock für mich, Mao plötzlich von Angesicht zu Angesicht gegenüberzustehen. Ich merkte, wie Angst, Wut und Hass in mir hochstiegen. Ben bemerkte offenbar, was sich in mir abspielte, denn er sagte beklommen: »Ich trau mich gar nicht vor die Tür.« Ich hielt mir vor Augen, dass Ben keinem Tibeter etwas zuleide getan hatte, und erinnerte mich an die Worte Seiner Heiligkeit: »Jeder Mensch möchte Glück und nicht Leid erfahren.« Mit einem Mal fühlte ich, wie die Anspannung von mir abfiel, und gemeinsam betraten wir den Fundus. Ich lachte sogar, als ich sah, wie Bona ihn auspolsterte und in seinen Mao-Anzug steckte. Jetzt war die Ähnlichkeit mit Mao wirklich verblüffend.

Ben verließ uns nach ein paar Tagen. Er kehrte nur noch einmal zurück, als die China-Szene am Ende des Films gedreht wurde. Zu dem Zeitpunkt war ich schon weg, aber ich traf ihn noch einmal bei der Premiere von

Kundun in New York. Es war schön, ihn wieder zu sehen.

Meine Zeit in Hollywood ging zu Ende, als ich beschloss, nach sechs Monaten Marokko wieder nach Indien zurückzukehren. Meine Mitwirkung an der Entstehung von *Kundun* erschien mir wie ein Traum. Bevor ich Marokko verließ, gab ›der Fundus‹ eine Abschiedsparty für mich in der Halle, in der wir die Kostüme zugeschnitten, genäht und den Darstellern angepasst hatten. Unser Arbeitstisch war liebevoll mit den verschiedenen tibetischen Hüten geschmückt und es gab Champagner und Snacks. Obwohl ich mich wegen der Sprachbarriere nicht richtig mit Ida, Maria, Elsie und Idelwise unterhalten konnte, verstanden wir uns von Herz zu Herz. Es waren liebenswerte, hart arbeitende junge Frauen, und Bona, unsere Chefin, war eine großartige Teamleiterin. Sassa, der einzige Mann in unserer Gruppe, hatte einen schweren Stand und wurde von allen gehänselt. Das marokkanische Kostüm- und Maskenbildner-Team und die Frisöre erwiesen mir ebenfalls die Ehre, genau wie Dante mit seiner Frau Francesca, der Bühnenbildnerin am Set, und Madoka, meine japanische Kollegin. Der Abschied fiel uns schwer und einige der Italienerinnen weinten sogar, als wir Lebewohl sagten.

Sonnenuntergang

Es dauerte zwei Monate, bis ich mich von der Arbeit für *Kundun* erholt hatte. Einige Mitglieder des Teams hatten mir erzählt, dass viele Leute aus dem Filmgeschäft irgendwann unter einem ›Burnout‹ leiden, weil die Arbeitszeiten lang und die Drehorte oft weit weg von zu Hause und der Familie sind. Ich fühlte mich zwar nicht ausgebrannt, aber außerordentlich müde, als ich in Indien ankam. Ich freute mich darauf, mich in mein kleines Cottage zurückziehen und ausspannen zu können. Die Mitwirkung an dem Film war für mich eine ungemein bereichernde Erfahrung gewesen. Ich hatte das Gefühl, einen kleinen Beitrag geleistet zu haben, damit die Welt etwas über das Leben eines ganz besonderen Mannes und eine entscheidende Epoche der tibetischen Geschichte erfuhr, zumal unsere Kultur, unsere Traditionen und unsere Lebensweise mit dem chinesischen Einfluss in Tibet und der Assimilation der Exiltibeter unterzugehen drohten.

Ich kehrte zu meiner Arbeit für die tibetische Exilregierung zurück und war im Planungsausschuss in Dharamsala tätig. Ich besuchte die tibetischen Siedlungen in Karnataka, Südindien, und traf mich mit arbeitslosen Jugendlichen und ihren Eltern. Wir legten großen Wert auf die Schulbildung der jungen tibetischen Generation, die ihnen eine bessere Zukunft ermöglicht, aber auch auf den Erhalt unserer Kultur und Tradition. Fast 98 Prozent der tibetischen Kinder und Jugendlichen konnten lesen und schreiben, eine Leistung, auf die wir stolz sein durften. Wir hatten jedoch keine Vorstellung, wie man den Jugendlichen helfen konnte, die vorzeitig die Schule abgebrochen hatten. In den tibetischen Ansiedlungen gab es damals annähernd dreitausend arbeitslose Jugendliche. Der Planungsausschuss begann, einigen von ihnen eine Berufsausbildung in verschiedenen Unternehmen zu ermöglichen oder half ihnen, selbst kleine Geschäfte zu eröffnen.

Der Planungsausschuss führte auch eine der ersten demografischen Erhebungen unter den Exiltibetern durch und entwarf den dritten Fünfjahresplan für eine integrierte Entwicklung der Exiltibeter. Er kann auch in einem autonomen Tibet als Rahmenplan und Orientierungshilfe für die zahlreichen Organisationen und Einzelpersonen dienen, die den Tibetern gezielt helfen wollen.

Es war eine große Freude für mich, als mein Sohn nach Indien zurückkehrte. Nachdem Tenzin Namdhal seine International Studies am St. Stephen's in Indien abgeschlossen und ein Jahr als Gaststudent an der Georgetown University verbracht hatte, hatte er ein tibetisches Ansiedlungsprojekt in New York geleitet. Danach wurde er Leiter der Sicherheitskräfte des Dalai Lama und sein Erster Leibwächter. Er hütete Seine Heiligkeit wie seinen Augapfel und würde für ihn durchs Feuer gehen.

Tenzin und seine Frau Tsering Dolkar haben einen

Sohn, Tenzin Dhundul. Mit Siddharta und Atisha, den beiden Söhnen von Chuki und Raj, habe ich also insgesamt drei Enkelsöhne, was in meiner tibetischen Heimat als große Gunst der Götter gilt. Dass meine Eltern noch leben, ist ebenfalls ein großes Glück, das mir zuteil wurde. Von ihnen habe ich viel über Werte wie Liebe und Mitgefühl gelernt und mich bemüht, sie an meine Kinder und Enkelkinder weiterzugeben. Lobsang fehlt mir sehr, doch ich versuche mein Bestes, unseren gemeinsamen Zielen treu zu bleiben: gute Eltern zu sein und Seiner Heiligkeit und unseren tibetischen Landsleuten zu dienen.

Jetzt, mit Ende fünfzig, habe ich das Bedürfnis, mein Leben zu vereinfachen und Ruhe einkehren zu lassen, nach fast dreißig Jahren im Dienste Tibets und der Tibeter. Es war mir eine Ehre, den Fußstapfen meines Vaters, Großvaters und Urgroßvaters zu folgen und als zweite Frau in meiner Familie der tibetischen Regierung anzugehören.

Wenn ich den Sonnenuntergang betrachte, wird mir bewusst, dass auch mein Leben zu Ende geht. Ich habe es stets als etwas Kostbares empfunden. Es verlief nicht immer glatt, doch die Herausforderungen haben mich innerlich gestärkt und waren Teil des Lernprozesses. Mein Leben war ein Abenteuer, das mir die Möglichkeit bot zu wachsen.

Irgendwann nach meiner Pensionierung möchte ich nach Tibet reisen. Bis dahin freue ich mich auf den Tag, an dem ich unter dem türkisblauen Himmel in Lhasa stehen, die Glocke am Jokhang läuten, Buddha Shakya-

muni wieder sehen und den Chakpori-Hügel hinaufsteigen werde. Wenn ich nach Tibet zurückkehre, wird sich
für mich der Kreis des Lebensrades schließen. Die Gebetsfahnen werden im Wind wehen und der weiße Rauch der
brennenden Wacholderblätter wird die Gebete für meine
Freunde über die endlose Kette der Berge hinweg in die
ganze Welt hinaustragen.